Angelika und Michael Horowitz

TISCHGESPRÄCHE

Angelika und Michael Horowitz

TISCHGESPRÄCHE

Über Essen, Trinken und die anderen schönen Dinge des Lebens

AMALTHEA

Besuchen Sie uns im Internet unter:
http://www.amalthea.at

Schutzumschlaggestaltung: Kurt Hamtil, verlagsbüro wien
Lektorat: Martin Bruny
Herstellung und Satz: studio e, Josef Embacher
Gesetzt aus der 11/13 Rotis Serif
Gedruckt in der EU

ISBN 978-3-85002-758-8

Inhalt

Lustwandeln ... an einem schön gedeckten Tisch

»Man musste mich zu allem im Leben verführen«, gesteht der »Theaterer« *Otto Schenk* und lädt bei Rehrücken und Most in seine sehr private Welt des Essens und Trinkens ein. Als unübertroffener Meister der »Höheren Kunst des Blödelns« erzählt er von jenen Augenblicken des Lebens, die ihn bewegen, berühren, glücklich und traurig machen ...

»Zur Lebensqualität in Wien gehört auch der libidinöse Zugang der Stadt zu Essen und Trinken«, meint Kabarettist, Schauspieler und Autor *Alfred Dorfer*, dem an manchen Tagen nichts besser schmeckt als Waldviertler mit Senf und Kren – und der an Wirtshäusern vor allem eines nicht mag: »Bitte keinen Gruß aus der Küche« ...

»Ich bin ein scheuer Mensch und kann mich sehr gut unsichtbar machen«, verrät die Diva des deutschsprachigen Films *Christiane Hörbiger* und zeigt sich von ihrer privaten Seite, gibt ihre kleinen »süßen Sünden« preis und erzählt von jenem Platzerl hinter dem Rosenbusch im Heiligenkreuzerhof, das sie so liebt ...

Gespräche bei Tisch. Das heißt mehr, als miteinander reden. Gemeinsam essen und trinken ist laut Statistik eine aussterbende Art, Zeit miteinander zu verbringen. Angelika und Michael Horowitz haben befreundete Künstler um diese Zeit gebeten. Gemeinsam am Tisch sitzen, essen, trinken und eine ganz besondere Art der Gesprächskultur pflegen: Spontan, offen und sehr direkt haben 20 Persönlichkeiten aus Kunst und Kultur Einblicke in ihre private Gefühlswelt gewährt – jenseits von Bühne und Öffentlichkeit. In einem Wirtshaus, in dem sie sich wohlfühlen, wo sie sich im besten Sinne des Wortes »gehen lassen können«. Dort, wo sie eine meist liebevoll gepflegte Liaison zwischen Koch und Künstler leben. Dort, wo sie für wenige Stunden das Spiel auf der Bühne, die ihre künstlerische Welt bedeutet, vergessen können. Denn »die schönste Gegend ist ein gedeckter Tisch«, meinte Johann Nestroy – und unter diesem Motto haben Angelika und Michael Horowitz gebeten, Platz zu nehmen, um gemeinsam in den schönsten Gegenden zu lustwandeln, an einem schön gedeckten Tisch ...

... der für den großen Universalkünstler *Daniel Spoerri* »ein Quadratmeter Kunst« bedeutet.

... an dem *Klaus Maria Brandauer*, der nicht nur Theatermensch mit Leib und Seele ist, sondern auch Altausseer mit großer Leidenschaft, gesteht: »Ich mag meine Heimat so, als ob sie ein Lebewesen wäre.«

... der für den Literaten *Gerhard Roth* inmitten seiner geliebten steirischen Weinberge liegt, obwohl er Wasser über alles liebt: »Aber in dieser Landschaft bilde ich mir ein, die Hügel wären erstarrte Wellen und die Häuser sitzen darauf wie Schiffe.«

... an dem der »Bühnenmensch« *Michael Heltau* erzählt, dass er einem Gefühl, das nur so verblasen daherkommt, nicht traut. Denn »wenn das Gefühl nur ein Rülpser ist, dann ist es mir zu wenig. Es muss immer eine kleine Wahrheit drinnen stecken«.

... der für die Burgschauspielerin *Petra Morzé*, die ein Leben lang auf der Suche nach dem richtigen Maß ist, am Fuße des Semmerings im Looshaus am Kreuzberg liegt: »Denn in den Bergen kann ich loslassen, die Dinge dort stehen lassen, wo sie hingehören.«

... an welchem der Schriftsteller *Robert Menasse* einen kritischen Blick auf seine Geburtsstadt Wien wirft und erklärt, warum es dazugehört, »auf eine Stadt, die man liebt, wütend zu sein«.

... um zu erfahren, warum für den kunstsinnigen Kirchenmann *Propst Maximilian Fürnsinn* große Kultur ohne Kultus genauso banal wie Kultus ohne Kultur ist. Beides schließt allerdings gute Küche nicht aus, denn »der innerste Kern des Glaubens muss die Freude sein«.

... der für die Poetin *Friederike Mayröcker* im vierten Wiener Gemeindebezirk liegt, wo sie sich fast täglich bekochen lässt. Mit ihren 86 Jahren interessiert sie sich nur für eines: »Das was kommt, nicht, was war.«

... um vom Vorstand und Primgeiger der Wiener Philharmoniker *Clemens Hellsberg* mehr über die Beziehung zu seiner Geige und seine Begegnungen mit großen Künstlern zu erfahren beziehungsweise womit seine Frau Lang Lang, Christian Thielemann und Pierre Boulez bekocht.

... um mit der Wiener Kultfigur *Willi Resetarits*, der bereits einige künstlerische Leben hinter sich hat, über seine vielleicht schönste berufliche Lebensphase zu sprechen, obwohl er inzwischen gemerkt hat, »dass ich den Wein, der mir für dieses Leben zugeteilt war, schon ausgetrunken habe«.

... an dem *Johanna Rachinger*, die Generaldirektorin der Österreichischen Nationalbibliothek, erzählt, wie sehr sie es nach einer 60- bis 70-Stunden-Arbeitswoche genießt, sich in ihrem liebevoll renovierten Winzerhaus im Weinviertel zu entspannen.

... um mit dem Pianisten *Rudolf Buchbinder* nicht nur über die Crème de la Crème der Musikwelt zu sprechen, sondern auch darüber, dass er nur selten Restaurants findet, in denen er so gut bekocht wird wie zuhause, denn schließlich sagt man, »dass ich fast so gut Klavier spiele, wie meine Frau kocht«.

... um vom Grandseigneur des österreichischen Journalismus *Hugo Portisch* zu erfahren, dass Pilze zu suchen zwar eine Vergnügen ist, aber die harten Fakten der Weltpolitik ihn nach wie vor mehr interessieren als alles andere, denn »Leidenschaft ist alterslos«.

... an den sich die einstige ZIB-Moderatorin und jetzige Direktorin des Jüdischen Museums Wien *Danielle Spera* am liebsten zuhause oder bei Freunden setzt, und warum sie Wien als eine gelungene Melange aus vielen Kulturen empfindet, denn »das ist das Salz von Wien«.

... um mit dem Schauspieler *Heinz Marecek* auf die Suche nach dem verlorenen Geschmack zu gehen und mit dem großartigen Geschichtenerzähler bei Schweinsbraten mit Knödeln über Golf und Bridge zu plaudern, beziehungsweise die eine oder andere lustige Theateranekdote einzufordern.

... um sich vom Direktor des Wiener Volkstheaters *Michael Schottenberg* nicht nur erklären zu lassen, warum er ein Leben lang Theater im Kopf und im Herzen trägt, sondern sich als Fisch-Vegetarier den Bauch am liebsten mit asiatischen Köstlichkeiten vollschlägt.

... um von der Schauspielerin *Maria Köstlinger* zu erfahren, warum sie sich nach jeder Premiere die Seele aus dem Leib tanzt und am liebsten Preiselbeeren zu allem – auch zum Paprikahuhn und zum Gulasch – isst.

»Ich muss ernst nehmen, was ich spiele«

Christiane Hörbiger

bedarf keiner Beschreibung. Jeder kennt sie als eine der größten Schauspielerinnen und als Diva des deutschsprachigen Films. Eine Grande Dame vom Scheitel bis zur Sohle. Trotzdem ist sie ein scheuer, stiller Mensch geblieben, der gerne unerkannt durch die Straßen Wiens flaniert und es liebt, im Heiligenkreuzerhof auf ihrem Bankerl hinter dem Rosenbusch zu sitzen und in den Himmel zu schauen ...

Wir treffen uns hier im Hollmann Salon. Kommst du oft hierher?

Früher war ich sehr oft hier. Inzwischen seltener. Das soll nicht heißen, dass es mir hier nicht gefällt, im Gegenteil, ich finde das Lokal schöner als je zuvor, aber ich gehe jetzt sehr viel sparsamer mit meiner Zeit um. Außerdem bin ich auch beim Essen sehr sparsam geworden und trinke auch seit Jahren keinen Tropfen Alkohol mehr. Mein Lebensgefährte Gerhard Tötschinger trinkt zwar gerne hier seinen »Nightcup« ...

... und was macht dann die Frau an seiner Seite?

Die trinkt manchmal ein warmes alkoholfreies Bier ...

... ein warmes Clausthaler oder ein warmes Null Komma Josef?

Ein warmes Schlossgold. Aber ehrlich gesagt, das ist schon ein bisserl fad ...

... ja, das stelle ich mir auch so vor.

Daher gehe ich auch sehr gerne sehr bald nach Hause.

Und zuhause, was kochst du dir da?

Da habe ich eine ganz besondere Spezialität. Dadurch, dass ich in den letzten Jahren sehr viele Spielfilme gedreht habe, habe ich sehr viele Catering-Firmen kennengelernt. Und da dort ja alles schnell gehen muss, habe ich ein schnelles Gericht gelernt, das ich jetzt mit Vorliebe esse. Dazu nehme ich ein wenig Gemüse ...

Welches?

Am liebsten Brokkoli – oder was es gerade frisch am Markt gibt. Das wird kleingeschnitten, mit Pinienkernen und Olivenöl kurz angeröstet – das Gemüse muss dabei unbedingt knackig bleiben – und danach mit ein wenig Sahne aufgegossen. Und das ist es auch schon. Und zu Mittag – das geht überhaupt ganz einfach –, bevorzuge ich ganz etwas Leichtes ...

... um das bisschen Müdigkeit, die sich zu dieser Tageszeit so gerne bleiern über den Körper legt, zu vermeiden?

Du sagst es. Wenn ich nur daran denke, was früher im gutbürgerlichen Wien so alles gegessen wurde. Beginnend mit dem Frühstück, danach die »Zehnerjause«, die fast direkt in das Mittagessen übergegangen ist, ehe man eventuell ins Theater zu gehen hatte, und spätnachts folgte dann das Nachtmahl. Wenn ich mir das nur vorstelle. Heute esse ich mittags – und das habe ich auch von einem Caterer gelernt – frische Früchte mit türkischem Jogurt. Das ist phänomenal. Und zwar das Jogurt mit dem gelben Deckel, das ist zwar etwas reichhaltiger ...

... cremiger?

Oh ja. Ein sahniger Traum. Den nehme ich jetzt immer mittags in den Wohnwagen mit, wenn ich mich dort zwischendurch zurückziehe.

Und in der Früh? Wie schaut so ein Drehtag denn überhaupt aus?

Ich stehe zirka um fünf Uhr auf, ehe ich um halb sieben Uhr abgeholt werde, dann trinke ich am liebsten einen Nespresso ...

... mit einem frischen Semmerl oder Kipferl?

Nein, mit einer Vitamintablette.

Welche?

Jene, die mir meine Apothekerin mit dem Argument »Die gebe ich auch meiner Mutter« empfohlen hat.

Und lebt sie noch?

Ja, ja, der Frau Mama geht es sogar sehr gut. Jedenfalls bin ich danach um sieben Uhr in der Maske, und um neun Uhr ist Drehbeginn.

Was denkst du dir, wenn du um fünf Uhr Früh aufwachst? Freust du dich da auf den neuen Drehtag?

Erst nachdem ich bei offenem Fenster meine 30 Kniebeugen gemacht habe. Das mache ich jeden Tag. Eisern. Danach beginne ich mich auf den Tag zu freuen.

Auch, wenn du spät nach Hause gekommen bist?

Ich komme nicht mehr spät nach Hause.

Ich kann mich aber noch an Zeiten erinnern, in denen du spät nach Hause gegangen bist und auch das eine oder andere Achterl Wein getrunken hast ...

... oh ja, ich erinnere mich auch. Und wir haben manchmal auch über jede Blödheit gelacht.

Stimmt, aber das Schöne ist, das kannst du heute noch genauso gut wie damals – auch ohne Alkohol.

Gott sei Dank. Aber lass uns in die Maske zurückkehren. Dort trinke ich nämlich meinen zweiten Kaffee, einen Caffè Latte. Danach beginnt sich mein Magen leicht zu verkrampfen, weil ich die ersten großen Textpassagen vor mir habe. Erst dann, wenn ich diese hinter mir habe, ist Mittagspause.

Das türkische Jogurt wartet auf dich?

Genau, das mit dem gelben Deckel. Mit Honig, wenn ich schlecht aufgelegt bin, und mit frischem Obst, wenn ich gut aufgelegt bin.

Und danach bist du satt?

Zumindest bin ich nicht müde. Um zirka vier Uhr kommt der nächste Kaffee-Gusto. Dann nehme ich einen Espresso und – jetzt kommt es – dann esse ich kleine schwarze, weiße und braune »Dickmann's«.

> »Ich belohne mich gerne mit kleinen schwarzen, weißen und braunen ›Dickmann's‹.«

Die erste Belohnung an diesem Tag.

Ja. Und Rüstzeug für die letzten zwei Drehstunden.

Und abends im Hotel? Womit verwöhnst du dich dann?

Wenn der Heißhunger kommt, gönne ich mir ab und zu ein Club-Sandwich – oder »Clöb-Sandwich«, wie ich dann gerne korrigiert werde.

... und dazu vielleicht einen »Cöp of Tea«, gnä' Frau?

Ja, genau.

Aber – obwohl du so diszipliniert bist – verwöhnst du dich doch manchmal auch gerne mit Süßem? Wie oft passiert so eine süße Sünde?

Immer öfter. Ungefähr zwei Mal in drei Wochen.

Besser als drei Mal in zwei Wochen.

Da hast du Recht.

Stimmt es, dass du auf Wunsch deiner Eltern eine Zuckerbäckerlehre gemacht hast?

Nein, ich wollte das nicht, aber meine Mutter hatte bereits einen Lehrplatz bei »Janele« im zweiten Bezirk für mich gefunden. Dann kam jedoch der Produzent Fritz Schulz aus Wiesbaden, hat mich zu Probeaufnahmen eingeladen und ich bekam die Rolle in den Film »Der Major und die Stiere«.

Und aus war es mit der Zuckerbäckerlehre?

Ja, die »Janele«-Karriere war dahin.

Wann hast du denn begonnen, dich so bewusst zu ernähren? Mir erscheint dein Leben geradezu asketisch.

Ja, merkwürdig, nicht? Schau, solange ich Theater gespielt habe, habe ich die Belohnung nach der Vorstellung dringend gebraucht. Wenn man auf der Bühne steht und am Ende der Vorhang fällt, hat man sehr viel von sich gegeben. Doch all das, was man an Wärme ausgeteilt hat, bekommt man höchstens in einer Minute Applaus zurück. Das ist zu wenig, da muss man sich danach einfach selbst belohnen. Oder man sucht sich Trost, wenn einmal etwas nicht so gut funktioniert hat. Manche machen das mit Wein, andere mit Essen.

Womit hast du dich früher belohnt oder getröstet?

Damals hat mich in Zürich noch meine Frau Maria bekocht und mir immer für spätnachts – wenn ich nach der Vorstellung nach Hause kam – etwas zum Essen vorbereitet. So wurde ich zum Beispiel mit einem kalten Fleischlaberl verwöhnt, aus dem dann meist sowieso drei wurden. Herrlich, so ein Fleischlaberl auf einem Butterbrot! Oder ein kaltes Wiener Schnitzel, aber auch gebackene Leber habe ich geliebt. Köstlich! Und natürlich nicht zu vergessen die »Luxemburgerli« von Sprüngli. In all ihren Farben. Manchmal hab' ich sogar den ganzen Karton auf einmal gegessen. Aber das kann ja heute auch immer noch das eine oder andere Mal vorkommen.

> »Herrlich, so ein Fleischlaberl auf einem Butterbrot!«

Da du jetzt das Theater angesprochen hast, wann dürfen wir dich wieder auf der Bühne sehen?

Darauf würde dir mein Sohn Folgendes sagen – das empfinde ich übrigens als seinen ehrlichsten und reinsten Liebesbeweis an mich: »Willst du meiner Mutter denn etwas Schlechtes wünschen? Weißt du, wie sehr sie am Theater gelitten hat?« Und er hat Recht. Ich bin heute glücklich, vor der Kamera zu arbeiten und nicht mehr auf der Bühne stehen zu müssen.

Kann man von einem Tag auf den anderen

sagen: »Ich lasse das Theater hinter mir, das alles ist jetzt für mich vorbei.«?

Ja.

Brauchst du dieses Prickeln nicht mehr?

Überhaupt nicht. Endlich keine Anspannung mehr. Endlich keine Angst mehr, den Text zu vergessen. Endlich nicht mehr rasch aus dem Kino laufen, die nächste Zeitung kaufen, um sicherzugehen, dass man heute wirklich seinen spielfreien Tag hat und sich nicht im Tag geirrt hat. Auf den Punkt gebracht, heißt das: Ich bin heute ein angstfreier Mensch und übe trotzdem meinen Beruf aus.

Dann lass uns doch über deine Filme reden. Was ist – ganz spontan – das Schlimmste am Set?

Wenn man beim Text hängt.

Wie viele Tage im Jahr drehst du im Schnitt?

Letztes Jahr habe ich vier Filme gedreht, davon ausnahmsweise eine kleinere Rolle in dem wunderbaren Film »Die lange Welle hinterm Kiel« nach einem Roman von Pavel Kohout. Insgesamt waren das zirka 65 Drehtage. Und um den Text zu lernen, brauche ich auch noch zirka 30 Tage pro Film.

Was macht man zum Beispiel in jenen Zeiten am Set, wenn man auf den nächsten Einsatz wartet?

Das ist mir seit ein paar Jahren fast die liebste Zeit während des Drehens. Einfach nur zu sitzen und die Gedanken kommen und gehen zu lassen. Das ist wunderbar entspannend. Geradezu, als würde man vor einem Aquarium sitzen und die schwimmenden Fischerl beobachten. Das sind fast meditative Momente. Das mache ich inzwischen auch, wenn ich am Flughafen sitze und warte. So kann ich mich herrlich entspannen.

»Was man auf der Bühne an Wärme ausgeteilt hat, bekommt man höchstens in einer Minute Applaus zurück.«

Lässt du dann nur schöne Gedanken zu?

Ich muss mir nicht erst auferlegen, an etwas Schönes zu denken. Es kommen ganz automatisch schöne Gedanken. Zum Beispiel denke ich, wie gut es mir geht, freu' mich über meine schöne Lederjacke und überlege mir, wann ich sie anziehen werde oder wann ich das oder jenes tragen werde. Wie ich mich schminke oder welchen Schmuck ich tragen werde.

Welch herrlich leichte Gedanken gehen mir da durch den Kopf. Wie entspannend. Allerdings mag ich es dann auch nicht, von jemandem angesprochen beziehungsweise aus meiner Gedankenwelt gerissen zu werden.

Hast du einen Lieblingsfilmpartner?

Ja, da gibt es nur einen: Götz George. Er gehört für mich zu den Aristokraten unseres Berufes.

Fällt dir spontan ein Film ein, den du gerne mit ihm machen möchtest?

»Liebe unterm Dach« zum Beispiel.

Wir sitzen hier an einem der schönsten Plätze Wiens, dem Heiligenkreuzerhof. Was fällt dir ein – woran denkst du als Erstes, wenn du irgendwo im Ausland drehst und an Wien denkst?

Nach Hause zu kommen ist, wenn ich von irgendwoher komme und über den Kahlenberg fliege. Dann denke ich: »Da unten war die Mama und dort ist jetzt die Maresa.«

Tut es dir leid, dass du nicht mehr in eurem Haus in der Himmelstraße wohnst?

Früher wollte ich mit meinen Schwestern zusammen dort wohnen und habe mir vorgestellt, dass jede von uns ein Stockwerk bewohnt. Aber dann hat meine ältere Schwester Elisabeth sehr klug gemeint: »Grinzing ist in unserem Kopf, und dort soll es auch bleiben.«

> »Grinzing ist in meinem Kopf, und dort soll es auch bleiben.«

Maresa hat ja das Haus inzwischen sehr schön umgebaut und sie nützt es auch mit dem »Theater zum Himmel« auf ganz wunderbare Weise. Aber es ist natürlich nicht mehr das Haus meiner Eltern und heute würde mir die Größe dieses Hauses auch Angst machen. Ich bewundere sie für diese Arbeit. Sie muss sich selbst um alles kümmern, um das Haus erhalten zu können. Maresa lebt für dieses Haus und Grinzing ist ihr Ein und Alles.

Als ich dich zuletzt bei einem deiner Geburtstagsfeste mit diesem prachtvollen Feuerwerk dort gesehen habe, hatte ich schon das Gefühl, dass du dich dort sehr zuhause fühlst. Bist du heute dort Gast oder kommst du nach Hause?

Ich ärgere mich nur manchmal, wenn eine Angestellte des Hauses glaubt, mir sagen zu müssen, wo in diesem Haus die Garderobe ist. »Gnädige Frau, da müssen S' hinauf, in den ersten Stock ...« Das macht mich wütend.

Aber die Maresa hat etwas Wunderbares gemacht, sie hat meiner Schwester und mir einen Schlüssel von dem Haus gegeben. Als Symbol dafür, dass wir dort jederzeit willkommen sind.

Aber ist es nicht auch eine gewisse Befreiung von der Kindheit und den Eltern?

Natürlich. Selbstverständlich. Man hat ja an seine Kindheit und Jugend nicht nur schöne Erinnerungen. Außerdem habe ich dadurch auch das Gefühl, dass ich das, was ich heute besitze, mir selbst erschaffen habe. Das ist mir sehr wichtig. Mein zweiter Mann, Rolf Bigler, hat mir immer gesagt: »Wenn mir etwas passiert, nimmst den Bub'n und gehst nach Wien zurück.« Aber genau das wollte ich nicht, ich wollte in Zürich bleiben und mich alleine durchbeißen.

Hast du gerne in Zürich gelebt?

Oh ja, ich habe mich in Zürich sehr wohlgefühlt. Ohne Vater, Mutter, Onkel und Tante. Nach Zürich zu gehen, war für mich ein Befreiungsschlag. Ich habe dort wunderbare Künstler und Menschen – von Friedrich Dürrenmatt über Max Frisch bis Federico Fellini – kennengelernt. Darunter waren auch viele Emigranten, die einst in die Schweiz geflüchtet sind. Man hat mich dort mit offenen Armen empfangen. Dazu hat auch der wunderbare Erwin Parker gehört, der gesagt hat: »Du gehörst zu uns.«

Hast du jemals mit diesen Künstlern über das Verhalten deiner Eltern während der Nazizeit gesprochen?

Weißt du, diese Menschen, die Remigranten, die mir damals begegnet sind, waren die gütigsten überhaupt – egal ob das noch im Gasthaus »Zur Linde« beim Haeusserman-Stammtisch in Wien oder später in Zürich war. Alle sind sehr liebevoll mit mir umgegangen, und manchmal habe ich mich später gefragt, ob sie nicht mit meinen Eltern – vor allem mit meiner Mutter – zu gütig umgegangen sind. Dadurch, dass sie meine Mutter so angebetet und geliebt haben, kam nie ein Wort des Vorwurfs. Dadurch hat sie sich – meiner Meinung nach – zu wenig von dieser Zeit distanziert. Zu uns Kindern kam immer nur der Satz: »Ihr habt ja keine Ahnung, wie das damals einmal war.«

War es für dich als junge Schauspielerin nicht oft sehr schwierig, die Tochter dieser berühmten Eltern zu sein? Wie bist du damit umgegangen?

Danke für die Frage, denn es war wirklich nicht einfach. Gott sei Dank, hatte ich damals bereits meinen ersten Karmann-Ghia, der mich wenigstens einigermaßen getröstet hat ...

... ein Coupé oder ein Cabrio?

Ein Cabrio. Ich gab ihm den Namen »Primavera«.

Welche Farbe?

Grün métallisée. Ich erinnere mich gut, als ich eines Tages vor das Geschäft des Fleischhauers Hieblinger in der Habsburgergasse vorfuhr, um mich dort vor sein Portal zu stellen ...

... und dir eine Schnitzelsemmel zu kaufen?

Nein, um zu weinen.

Warum?

Weil ich schlechte Kritiken über mich gelesen hatte. Damals war meine Mutter großartig und hat gesagt: »So, jetzt zeigst du es ihnen erst recht.«

Gibt es Plätze in Wien, die du besonders liebst?

Einige, aber diesen wunderschönen Heiligenkreuzerhof liebe ich besonders. Vor allem am Abend, wenn die meisten Autos weg sind. Dann sitze ich gerne auf der Bank hinter diesem Rosenbusch dort drüben und schau' in den Himmel ...

Wie verbringst du deine freie Zeit, wenn du in Wien bist?

Da ich sehr körperbewusst bin, liebe ich Massagen, flaniere gerne durch die Stadt – am liebsten

»Mein erstes Auto war ein Karmann-Ghia und hieß ›Primavera‹.«

unerkannt – und weiß sehr genau, wo ich mein Geld ausgeben kann.

Würdest du sagen, du bist ein scheuer Mensch?

Ja. Ich kann mich – wenn ich nicht erkannt werden will – sehr gut unsichtbar machen und so tun, als ob ich gar nicht da wär'.

Wie macht man das?

Sonnenbrille aufsetzen und nie die Menschen anschauen, die den Blick auf dich richten.

Kannst du dich an eine lustige Begegnung mit Menschen auf der Straße erinnern?

Ich war damals noch sehr jung, spielte am Burgtheater und trug meinen ersten selbstgekauften Pelzmantel, der innen ein Bändchen zum Zuschnüren hatte, das ich allerdings vergessen hatte zusammenzubinden. Da kam eine Frau auf mich zu und sagte: »Sie sind die Christerl Hörbiger, net? Ihnen hängt hinten ein Banderl runter. Des is so schiach.«

Am schönsten ist allerdings die Geschichte, die mir meine Mutter erzählt hat. Meine Eltern sind gemeinsam über den Graben gegangen, als sie hörten, wie jemand sagte: »Schau, do geht's. Er a. Olle zwa.«

Dein Schauspieler-Kollege Klaus J. Behrendt hat einmal über dich gesagt: »Sie ist immer von Kopf bis Fuß eine Dame, von der korrekten Kleidung bis zum perfekten Make-up.« Gibt es trotzdem Momente, in denen du dich gehen lässt?

> »Ich bin ein scheuer Mensch und kann mich sehr gut unsichtbar machen.«

Zuhause vorm Fernseher trage ich einen Bademantel. Aber selbst dieser ist sehr schön, sehr weich, sehr weiß. Und sicherheitshalber habe ich einen zweiten davon noch unbenützt in Reserve. Nein, ich glaube nicht, dass ich mich gehen lasse.

Es ist jetzt fast 25 Jahre her, dass wir unser erstes »Tischgespräch« in der Züricher Kronenhalle über Essen, Trinken und die schönen Dinge des Lebens geführt haben. Friedrich Dürrenmatt hat über dieses wunderbare Restaurant einmal gesagt: »Den Wert des Schweizer Franken erkennt man am Preis der Bratwurst in der Kronenhalle.«

Eine herrliche Geschichte. Ja, ich erinnere mich.

Jetzt frage ich dich heute noch einmal: Was sind die »anderen schönen Dinge des Lebens« für dich? Damals hast du ja noch recht ordentlich in so eine saftige Bratwurst hineingebissen.

Ich genieße es heute sehr, dass ich keine Existenzängste mehr habe, keine Angst davor habe, dass mein Vertrag nicht verlängert wird, keine Geldsorgen mehr habe und mir zum Beispiel schöne Kleider leisten kann, ohne auf den Preis zu schauen ...

Hattest du je Existenzängste?

Natürlich. Vertragsverlängerungen waren keine Selbstverständlichkeit. Verträge wurden nur von einem Jahr auf das andere verlängert. Egal, wer das war.

Ich erinnere mich gut, dass selbst

Willy Birgel, der damals noch zum Entzücken vieler Menschen am Zürcher Schauspielhaus auftrat, aus der Straßenbahn gestiegen ist, seiner Frau mit dem Vertrag in der Hand zugewinkt und geschrien hat: »Ich habe ihn wieder – den Vertrag für ein neues Jahr.« Du kannst daher sicherlich verstehen, dass ich es sehr genieße, heute diese Ängste nicht mehr zu haben. Zu wissen, dass sich mein Sohn sehr gut selbst versorgen kann. Dass er eine eigene glückliche kleine Familie hat und in Wien lebt ...

... und du einen Enkel hast, den du verwöhnen kannst?

So ist es. Das sind die Freuden meines Lebens. Ich bin nur auf Fußdistanz von meinem Enkelkind Luca entfernt, wenn er mit mir spielen will.

Ich habe gelesen, dass du zwei große Wünsche hast: einen blonden Mops und eine Fahrt mit der »Queen Mary« von New York nach Hamburg. Wann wirst du dir diese Wünsche erfüllen?

Du hast Recht, für den Mops wird es tatsächlich Zeit. Aber da ich vorhabe, 95 Jahre alt zu werden, geht sich das noch gut aus. Wie alt werden Möpse eigentlich?

15 Jahre bei guter Pflege.

Na dann. Sind Möpse auf der »Queen Mary« erlaubt?

Hollmann Salon – im Heiligenkreuzerhof | Grashofgasse 3 | 1010 Wien
T +43 (0)1 9611 960 40 | essen@hollmann-salon.at | www.hollmann-salon.at
Öffnungszeiten: Mo–Fr 12–15 Uhr, 18–22 Uhr; Sa 10–15, 18–22 Uhr

Christiane Hörbiger

Im Alter von 16 Jahren stand sie an der Seite ihres Vaters Attila Hörbiger in dem Film »Der Major und die Stiere« zum ersten Mal vor der Kamera. Sie besuchte das Reinhardt Seminar, das sie jedoch nach einigen Wochen aufgrund der Dreharbeiten zum Film »Kronprinz Rudolfs letzte Liebe« abbrechen musste. Fortan nahm sie privaten Schauspielunterricht bei der Burgschauspielerin Alma Seidler. Trotz der schnellen Filmerfolge lernte Christiane Hörbiger den Beruf von der Pieke auf und ging zum Theater.

Ihr Debüt auf der Theaterbühne feierte sie schließlich als Recha in Lessings »Nathan der Weise« am Wiener Burgtheater. Die Kritiken waren schlecht. Doch ihre Mutter Paula Wessely meinte nur: »So, jetzt zeigst du es ihnen erst recht.« Das war der Anfang einer großen Karriere als Bühnen- und Filmschauspielerin.

Über 25 Jahre lang spielte sie an renommierten Bühnen wie dem Wiener Burgtheater, den Münchner Kammerspielen, der Münchner Komödie im Bayerischen Hof, dem Schauspielhaus Zürich sowie bei den Salzburger Festspielen die größten Rollen der Theaterliteratur.

Mitte der achtziger Jahre wagte Christiane Hörbiger mit der Hauptrolle in der Fernsehserie »Das Erbe der Guldenburgs« den Sprung in die Fernsehunterhaltung. Seither wirkte sie in zahlreichen österreichischen und deutschen Spielfilmen mit. Helmut Dietls Kino-Satire »Schtonk!«, in der sie auf unnachahmliche Weise die Freya von Hepp darstellte, wurde sogar für den Oscar als bester ausländischer Film nominiert. Weitere Filmerfolge: »Tafelspitz«, »Alles auf Anfang«, »Lamorte«, »Die Gottesanbeterin«, »Alpenglühen«, »Mathilde liebt«, »Alma ermittelt – Tango und Tod« – um nur einige Beispiele für die Bandbreite ihrer Schauspielkunst zu nennen. Mit der Serie »Julia – eine ungewöhnliche Frau« erreichte sie zwischen 1999 und 2003 abermals ein Millionenpublikum.

»Bitte keinen Gruß aus der Küche«

Alfred Dorfer

ist nicht nur einer der brillantesten österreichischen Kabarettisten und Schauspieler, er macht auch als Regisseur und Autor von sich reden. Darüber hinaus genießt der Doktor der Philosophie Reisen, Essen und Trinken – »solange Genuss nicht in Verwöhntheit umschlägt und man nicht vergisst, dass an manchen Tagen nichts besser schmeckt als eine Waldviertler mit Senf und Kren«.

Wir sitzen hier beim Ubl, einem alten Urwiener Wirtshaus. Warum hast du das als Treffpunkt für unser Tischgespräch gewählt?

Erstens, weil hier gut gekocht wird, zweitens, weil ich das Publikum hier gerne mag, und drittens, weil es keines dieser »überkandidelten« Wirtshäuser ist, keines, das auf Wirtshaus macht, aber keines ist. Außerdem liebe ich Wirtshäuser, in denen es keinen »Gruß aus der Küche« gibt.

Gibt es eine Top Fünf, also fünf Gründe, warum du ein Wirtshaus nicht magst?

An allererster Stelle steht – wie schon erwähnt – der »Gruß aus der Küche«, gefolgt von warmem Weißwein, über- und unnatürlicher Soßengestaltung mit Schäumchen und Häubchen, langen Wartezeiten mit der Ausrede »wir machen's ja frisch« – und ein schwieriges Publikum.

Wie ist ein schwieriges Publikum?

Na ja, wie soll ich das beschreiben? Auf den Punkt gebracht: München in Wien. Verstehst du, was ich meine?

Ja, aber du trittst doch sehr oft in München auf, wie zum Beispiel im Münchner Lustspielhaus. Ist das Theaterpublikum anders als jenes in einem Münchner Wirtshaus?

Ja, ganz anders.

Was zeichnet denn ein gutes Theaterpublikum aus? Merkt man, wenn man auf der Bühne steht, sofort, wie das Publikum ist?

Nein. Es gibt Vorstellungen, die beginnen schlecht und entwickeln sich sehr gut, aber es gibt ebenso Abende, die toll beginnen und danach abflachen. Es gibt auch Theaterpublikum, das während der Vorstellung eigentlich kaum reagiert und danach frenetisch applaudiert. Das ist in Deutschland sehr häufig – Publikum, das sich beim Lachen zurückhält.

Weißt du, wenn du auf der Bühne stehst, ob du gerade gut oder eher weniger gut bist?

Nein, das spüre ich nicht. Ich erkenne nur, dass es vom Rhythmus her an manchen Abenden besser läuft als an anderen. Aber dass das auch beim Publikum so ankommt, bezweifle ich.

Stehst du lieber auf der Bühne als vor der Kamera?

Ja.

Du bist beruflich sehr erfolgreich, und ich hoffe für dich, dass du damit auch genug Geld verdienst. Ist es immer noch so, dass dir materielle Statussymbole nicht wichtig sind und du dein Geld am liebsten für Reisen, Bücher und gutes Essen ausgibst?

Stimmt, daran wird sich auch nie etwas ändern.

Wenn du dieses Bild hier an der Wand siehst, jenes über dem Schild »Stammtisch – ein Stillleben«. Welche Speisen und Getränke müssten für dich auf dieses Bild gemalt werden?

Der Ansatz mit dem Beinschinken gefällt mir schon einmal sehr gut.

Darf er auch so üppig und fett sein?

Das muss er sogar sein. Wenn du es genau wissen willst, der Beinschinken vom Schwarzen Kameel ist für mich zum Beispiel genau so, wie er sein sollte. Dazu Kren, etwas Brot und Senf. Ich liebe Senf.

Welchen Senf magst du am liebsten?

Jeden, nur keinen »Kremser Senf«. Pfefferoni und ein Glas Wein würden mein Stillleben abrunden.

Ein krachend kalter Weißwein, das verstehe ich gut. Welcher?

Auf dem Gebiet der weißen Weine bin ich noch ein Neuankömmling. Ich habe jahrelang keinen Weißwein getrunken, da ich ihn nicht vertragen habe. Aber mittlerweile, das weißt du ja aus eigener Erfahrung, wenn man erst einmal in den Herbst des Lebens kommt, muss man seine Gewohnheiten ändern, und man verträgt plötzlich den Rotwein nicht mehr so gut. Das wirst du ja auch kennen?

Ich vertrage den weißen und den roten – wie am ersten Tag.

Wahrscheinlich gehst du maßvoller mit dem Weine um und bist ein »homöopathischer Trinker«.

Du sagst es. Das bewährt sich. Bitte stell dir die nächste Frage selbst, ich muss jetzt diese herrlichen Lammbratwürstel kosten.

Möchtest du vielleicht wissen, ob ich selbst auch koche?

Eine kulinarische Frage. Sehr gut.

Ich glaube, dass es sogar wichtig ist, selbst kochen zu können – auch wenn man das so schlecht macht wie ich –, weil man erst dann gutes Essen richtig schätzen kann. Zum Beispiel habe ich den Satz »Die wahre Kochkunst sind die Saucen« nie wirklich verstanden. Bis ich selbst eine gemacht habe.

Bis du versucht hast, eine zu machen.

Ich habe eine gemacht. Aber sie war nicht essbar.

Welche Sauce? Ein reduziertes Safterl?

Genau, es sollte der Saft einer Rindsroulade werden.

Oh, ganz heikel. Hast du auf einschlägige Literatur zurückgegriffen?

Ja, auf das »Sacher Kochbuch«.

Hattest du Probleme mit der Sprache oder hast du das Rezept unaufmerksam gelesen?

Du glaubst es vielleicht nicht, aber man kann auch beim Nachkochen von Rezepten Fehler machen.

Darum bin ja ich eher für das Improvisieren. Hast du nach diesem Saucen-Missgeschick die Freude am Kochen verloren?

Die Freude an Saucen, ja. Seitdem bleibe ich bei der Zubereitung im Wok und koche Erdäpfelgulasch.

Du bist sehr viel unterwegs und auf Tour, dabei hast du nicht immer die Möglichkeit, dir selbst dein Erdäpfelgulasch zu kochen, und auch den Wok wirst du ja nicht immer dabeihaben. Womit belohnst du dich nach einem Auftritt? Gehst du – wenn du irgendwo in der Provinz spielst – dann zu einem schlechten Chinesen, Thailänder oder zum Italiener ums Eck?

Oder zu einem schlechten Österreicher. Nein, das habe ich mir bereits in den achtziger Jahren abgewöhnt. Damals habe ich ein Jahr lang nur vegetarisch gegessen. Ich glaubte, das sei der gesündere Weg sich zu ernähren. Zu dieser Zeit lag die vegetarische Küche in Österreich ja noch im Argen, speziell am Land.

... in Oberwaltersdorf, Deutschlandsberg und Gänserndorf.

Ja, aber durchaus auch in Mattighofen, und selbst im Bayerischen war das Leben als Vegetarier nicht ganz einfach – um es milde auszudrücken. Wenn man eine lauwarme Platte mit gemischtem Dosengemüse vorgesetzt bekam, war das schon viel. Geröstete Knödel galten geradezu als kulinarischer Hit.

Allenfalls sogar in der Luxusvariante mit einem Ei darübergeschlagen?

Und danach bist du also zu uns Fleischessern zurückgekehrt?

Reumütig. Aber ins Wirtshaus ums Eck gehe ich trotzdem eher selten. Auch wenn das gastronomische Angebot inzwischen wesentlich besser geworden ist.

Du bist vielseitig begabt, und neben vielen anderen Dingen auch jemand, der Menschen zum Lachen bringen kann. Konntest du das schon immer?

Ja, schon in der Schule. Dort war ich Klassensprecher.

Und hast die Lehrer oder die Schüler zum Lachen gebracht?

Die Lehrer eher weniger, aber vom Klassensprecher können viele Lebenswege ausgehen. Das ist die Basis für viele Berufe. Politiker wäre eine Möglichkeit, Gewerkschafter die zweite, und Kabarettist ist die dritte.

Oder eine Kombination aus allen dreien?

Wäre auch möglich, aber dafür fehlt mir das Gewerkschafter-Gen, glaube ich. Jedenfalls habe ich damals bemerkt, dass ich Menschen beziehungsweise meine Mitschüler unabsichtlich zum Lachen bringen konnte. Ich selbst fand das gar nicht so witzig. Das hat sich bis heute nicht geändert. Das ist auch der Grund, warum ich mir Filme, in denen ich mitspiele, nicht ansehe.

Das heißt, du hast zum Beispiel »Muttertag« nicht gesehen?

Nein, nie. Es gibt auch Folgen von »MA 2412«, die ich nie gesehen habe.

> »Filme, in denen ich mitspiele, kann ich mir nicht ansehen.«

Warum?

Ich finde es erstens kindisch, mich selbst in einer Rolle zu sehen, und manchmal ist es mir auch unangenehm. Ich gehöre definitiv nicht zu jenen Menschen, die sich selbst gar nicht oft genug anschauen können. Das ist mir völlig fremd.

Aber du genierst dich nicht dafür.

Nein, so weit geht's nicht.

Anfang 2011 hattest du mit deinem neuesten Stück »bisjetzt« in Österreich Premiere. Du bist heuer 50 Jahre alt geworden. Beginnt man in diesem Alter schon, Retrospektiven zu spielen?

Was heißt »schon«? Andere machen alle drei Jahre ein »Best of ...« Ich bin der einzige Kabarettist in meiner Altersgruppe, der das noch nicht gemacht hat.

Ist der Düringer jünger?

Ja, zwei Jahre.

Na dann. Zwischen Düringer und Hader – beides Kollegen und Freunde von dir und beide auf der Bühne völlig unterschiedliche

Figuren –, wo stehst du zwischen diesen beiden Antipoden? Wohin wirst du dich in Zukunft bewegen?

Ich weiß nicht genau, wo es mich hinziehen wird, aber ich habe freie Kapazität für Neues. Das ist schön.

Auch für neue Filme? Man liebt dich doch nicht nur als Kabarettist, sondern auch als Schauspieler, immerhin hat dich dein Publikum bereits 1996 mit der »Goldenen Romy« ausgezeichnet.

Ja, aber es gibt in Österreich kein sehr großes Angebot an guten Filmen. Zuletzt habe ich bei dem Harald-Sicheritz-Film »3faltig« mitgespielt, aber es zieht mich nicht wirklich in diese Richtung.

Wohin zieht es dich?

Zum Theater. Es interessiert mich mittlerweile, Stücke zu schreiben, ohne dabei selbst als Darsteller mitzuwirken. Womit viele Autoren Schwierigkeiten haben, nämlich ihr Werk quasi freizugeben und von anderen – den Schauspielern auf der Bühne – umgestalten zu lassen, das finde ich aufregend.

»Illoyalität gehört für mich zum Schlimmsten überhaupt.«

Adaptierst du deine eigenen Texte, wenn du auf der Bühne stehst und spielst?

Ja, das passiert schon allein durch die Zuschauer. Das Publikum macht Regie. Wenn man zum Beispiel das Stück »fremd« hernimmt, so hat das in Leipzig ein ganz anderes Gesicht als in Zürich oder Wien. Da haben sich – ganz unbewusst – im Laufe der Zeit sozusagen Lokalfassungen herausgeschält.

Könntest du dir vorstellen, ohne die Bühne zu leben? Ohne den Kontakt zum Publikum?

Für eine gewisse Zeit könnte ich mir das sehr gut vorstellen. Beispielsweise am Meer zu sitzen und vom Schreiben zu leben. Ja. Für längere Zeit oder ewig könnte ich das aber nicht durchhalten.

Muss es das Meer sein?

Na ja, für mich als Gemeindebau-Kind aus dem 23. Bezirk war das Meer immer etwas ganz Besonderes.

Welche Erinnerungen hast du an den 23. Bezirk?

Ich habe vor Kurzem einen Film über die italienische Camorra gesehen, und dabei ist mir wieder einmal aufgefallen, dass irgendwie die Mechanismen in einem Wiener Gemeindebezirk den Kodizes einer Camorra nicht ganz unähnlich sind. Zum Beispiel die Illoyalität, jemanden zu »verpfeifen« – das ist dort wie da fast eine Gesetzmäßigkeit. Und da ich aus so einer Gemeindebau-Welt komme, gehört für mich Illoyalität heute noch zum Schlimmsten überhaupt. Vielleicht bin ich auch deshalb Intrigen-indolent. Ich gehe zum Beispiel immer davon aus, dass es keine Intrige gibt. Ich bin der Letzte, der merkt, wenn intrigiert wird.

Ein schöner Zugang zu dieser »Goldenen Wienerstadt«. Warum lebst du gerade hier in Wien so gerne? Warum zum Beispiel nicht in Deutschland?

Weil es im deutschsprachigen Raum keine Stadt mit einer vergleichbaren Lebensqualität gibt. Lebensqualität heißt für mich, zu gewissen Dingen im Leben, dazu gehört auch Essen und Trinken, einen libidinösen Zugang zu haben. Zum Leben an sich. Zur Lebensfreude. Das hat Wien. Aber natürlich ist diese ambivalente Stadt auch beruflich ein wunderbarer Nährboden für mich. Das ist keine Liebeserklärung, sondern eine Entscheidung, die ich für mich getroffen habe. Ich könnte in keiner anderen Stadt permanent leben, wohnen und arbeiten. Bei allen Schwächen, die Wien hat.

> »Zur Lebensqualität in Wien gehört auch der libidinöse Zugang der Stadt zu Essen und Trinken.«

Und warum nicht irgendwo am Meer oder im Ausland?

Weil ich aufgrund der Sprache an drei Länder gebunden bin. Wenn ich Musiker oder Tänzer wäre ...

Als Tänzer könnte ich mir dich durchaus vorstellen.

Schau' ma mal, was der Herbst des Lebens noch alles so bringt ...

Gibt es Plätze in Wien, die dir besonders wichtig sind?

Es gibt Plätze, an die ich eine sentimentale Erinnerung habe. Favoriten war für mich zum Beispiel immer der Inbegriff eines Wiener Außenbezirkes, wie ich ihn mag. Sehr südlich, sehr offen, sehr lebendig. Und dann verbinde ich mit meiner Kindheit natürlich auch den Naschmarkt. Heute hat Favoriten viel von dieser entspannten Atmosphäre verloren, der Naschmarkt hat diese Stimmung teilweise noch – aber nur an den Wochentagen. Leider ist er größtenteils kein Markt mehr, sondern nur mehr eine Fressmeile.

Hast du zuletzt neue Ecken und Plätze in Wien entdeckt?

Ja, zum Beispiel den zweiten Bezirk. Ich hatte früher nie einen Bezug zu dieser Gegend, jetzt finde ich dort immer häufiger schöne Eckerln.

Wobei entspannst du am besten?

Beim Schlafen. Ich bin jemand, der immer schlafen kann.

Das heißt, du nimmst dir einen »Zehnminüter« vor und schläfst dann zehn Minuten?

Ja, das kann ich.

Könntest du mir jetzt einen »Fünfminüter« demonstrieren?

Unter zehn Minuten zahlt es sich nicht aus zu schlafen.

Ist es egal, ob du im Auto fährst oder im Zug?

Wenn ich selbst hinter dem Steuer sitze, mache ich es grundsätzlich nicht.

Also doch nicht?

Es würde zwar letzten Endes länger entspannen ...

Was würdest du an dieser Stadt, in der du ja so gerne lebst, ändern?

Es gibt gewisse Dinge, die ja mittlerweile auch thematisiert werden, wie zum Beispiel, dass es viele

Hundebesitzer gibt, die den Hundekot auf der Straße liegen lassen. Das finde ich grässlich.

Ist Hundekot dein größtes innerstädtisches Problem?

Nicht wirklich. Aber es war so ein erster Gedanke. Es gibt natürlich eine Unbeweglichkeit und Immobilität in der Politik, die mich sehr ärgert. Aber das würde zu weit führen.

Warum gibt und gab diese Stadt Wien ...

... in der ich ja auch im Herbst meines Lebens immer noch sehr glücklich bin ...

... auch für andere Satiriker, wie Kraus, Nestroy oder Qualtinger, so viel her? Woran liegt das?

Ich glaube, dass Satire immer nur dort funktionieren kann, wo es erstens ein Ohr dafür gibt – das hat Wien. Zweitens trägt diese Stadt eine Widersprüchlichkeit in sich, stellt quasi eine Promenadenmischung dar, die gleichzeitig ein Boden für Konflikte, aber auch – oder gerade dadurch – ein idealer Nährboden für Satire ist.

Du bist sozial sehr engagiert, arbeitest unter anderem an einem Caritas-Notfallprogramm gegen die Delogierung alleinerziehender Mütter. Du hast, als es Studiengebühren gab, einen Fonds für Studenten gegründet, die sich ihr Studium nicht leisten konnten. Bedeutet für dich das Privileg, Geld damit zu verdienen, Menschen zum Lachen zu bringen, dass man damit auch Notleidende unterstützen sollte?

> »Wien trägt eine Widersprüchlichkeit in sich, die ein idealer Nährboden für Satire ist.«

Ich glaube, dass das der Sinn meines Jobs ist und es dazugehört, gegen all das, was man auf der Bühne kritisiert und beanstandet, auch praktisch etwas zu unternehmen.

Lass uns abschließend noch zu den schönen Dingen des Lebens, sprich in unserem Fall das Essen und Trinken, zurückkehren. Gibt es Speisen, um noch einmal die Top Fünf zu strapazieren, die du nicht magst und auf keinen Fall isst?

Karfiol. Man darf nicht vergessen, dass ich mit einer Küche aufgewachsen bin, die von sehr wenig Geld geprägt war. Vieles von jenen Dingen, die wir damals essen mussten, mag ich heute immer noch sehr. Zum Beispiel Kalbsfüße, sprich Kalbshaxn oder Schweinshaxn.

Mit Kren?

Und Brot. Genau. Gerne mag ich heute auch Hirn mit Ei oder Bries – was ich als Kind allerdings weniger geschätzt habe. Aber es gibt auch Speisen aus dieser Zeit, und dazu gehört Karfiol, die für mich absolut unantastbar geblieben sind. Ich mag auch keinen Kochsalat oder irgendetwas Eingebranntes.

So ein Mehlpapp ist also nicht deine Welt. Magst du die asiatische Küche?

Sehr. Thailändisch und alles, was ich bis jetzt von den verschiedenen chinesischen Küchen kennengelernt habe – und natürlich japanisches

Essen. Aber erst, seit ich in Tokio war, weiß ich, wie gut die japanische Küche tatsächlich ist. Das habe ich nicht einmal geahnt.

Kennst du Heimweh, wenn du auf Reisen bist?

Nein. Wenn man zum Beispiel einen deutschen Reiseführer liest – und wir sind zumeist angewiesen auf deutsche, da es ja keine österreichischen gibt –, bekommt man immer wieder Hinweise darauf geliefert, wo man etwas findet, das so schmeckt, wie man es von zuhause kennt. Zum Beispiel fand sich in einem Reiseführer von Tokio eine Pizzeria als Tipp. So etwas ist für mich völlig absurd. Das einzige, was mir auf Reisen wirklich fehlt, ist, dass man Leitungswasser nicht trinken kann.

Ist es dir grundsätzlich lieber, von Wien abzuheben, als hier anzukommen?

Kommt darauf an. Beides ist möglich. Von Marokko war es mir zum Beispiel angenehm zurückzukommen.

Gibt es noch Länder oder Plätze, die du unbedingt bereisen möchtest? Zieht es dich im Herbst deines Lebens eher nach Asien oder nach Südamerika?

Es wird mich immer nach Mittel- und Südamerika ziehen. Asien habe ich noch zu wenig bereist. Interessieren würde mich Vietnam, aber zum Beispiel auch Namibia. Meine Palette an Reisewunschzielen ist breit.

Ist Reisen nicht auch immer ein wenig Flucht?

Das kann es durchaus sein. Ich bin auch schon an viele Orte geflüchtet – eine Zeitlang habe ich zum Beispiel jedes freie Wochenende dafür genützt, nach Rom zu fliegen –, in Situationen, in denen ich meine Umgebung verändern wollte, um nicht mit allem konfrontiert zu werden, mit dem ich mich sowieso laufend auseinandersetzen muss. Aber das ist nicht nur Flucht, sondern auch Horizonterweiterung. Nein, Reisen ist nicht nur Flucht.

Aber alt werden willst du schon in Wien? Oder doch lieber am Meer?

Ich glaube nicht, dass ich mir das aussuchen kann. Es gibt so viele Dinge, die unvorhergesehen passieren. Hättest du mir zum Beispiel vor drei Jahren gesagt, ich würde wochenlang am Weißensee in Kärnten Urlaub machen, hätte ich gesagt: »Nein, nie!« Mittlerweile finde ich das großartig. Oder dass ich einmal am Land ein Platzerl suchen würde, um dorthin immer wieder zurückzukommen. Das wäre undenkbar gewesen. Mir war der Zweitwohnsitzgedanke immer sehr fremd.

Warum?

Weil ich Angst gehabt habe, dann nie mehr woanders hinzufahren.

Aber inzwischen, wo du in den bunten Blätterwald deines Lebensherbstes hineinspazierst, kannst du dir das schon vorstellen? Ein Refugium in Österreich, irgendwo am Land?

Vorstellbar ist es, aber ich muss sagen, ich bevorzuge Länder, in denen sich die Regentage in Grenzen halten.

Also doch lieber am Meer sitzen. Würdest du dich selbst als Genießer bezeichnen?

Was das Essen betrifft, in jedem Fall. Wobei ich immer aufpassen möchte, dass dieses Genießen nicht in Verwöhntheit übergeht. Aber die Gefahr besteht bei mir glaube ich sowieso nicht, da es für mich immer Tage geben wird, an denen über eine Waldviertler mit Senf und Kren nichts geht.

»Es wird für mich immer Tage geben, an denen nichts über eine Waldviertler mit Senf und Kren geht.«

Und da du das weißt, erlaubst du dir Genuss?

Ja. Ich habe eher das Problem mit einer Speisenfolge oder Speisenkombination, die unter dem Deckmantel der Originalität daherkommt und mich überfordert. Vor allem beim Fisch bin ich diesbezüglich sehr heikel. Da ich selbst einmal gefischt habe, weiß ich, wie unvorstellbar gut Süßwasserfisch schmecken kann. Da geht nichts drüber. Jede Fischküche, die mit Saucen arbeitet, lehne ich daher ab. Fisch muss ganz einfach zubereitet werden.
Neuerdings habe ich übrigens grünen Spargel – kurz in Butter geschwenkt – als Beilage zum Fisch entdeckt. Hast du das schon einmal probiert? Hervorragend, sage ich dir.

Könntest du dir vorstellen, unerkannt als Gourmettester durch Österreich zu reisen?

Nein, weil Essen – wie ich finde – etwas sehr Individuelles ist. Ich möchte Speisen nicht beurteilen, und ich glaube auch, dass es für einen kulinarischen Normalverbraucher nicht durchschaubar ist, was da so alles aus einer Fusionsküche auf den Teller kommt. Vielleicht hat der Koch ja Spaß dabei, und es schaut auch sehr exotisch aus, aber der durchschnittliche Konsument kann damit nicht viel anfangen und auch diese Geschmacksvielfalt nicht wirklich durchschauen. Zumindest geht es mir so, aber ich bin kein Feinschmecker.

Gasthaus Ubl | Pressgasse 26 | 1040 Wien
T +43 (0)1 587 64 37 | Öffnungszeiten: Mi–So 12–13.30 Uhr, 18–22 Uhr

Alfred Dorfer

Von der Kabarettbühne an die Burg – eine 25-Jahre-Retrospektive: Was Alfred Dorfer mit »Schlabarett« 1984 begonnen hat und bislang mit »bisjetzt« in einer brillanten Rückschau gipfelte, führt ihn 2012 mit Autorentätigkeiten für das Theater zu neuen Ufern seines vielfältigen Schaffens.

Die Laufbahn des seit Jahrzehnten erfolgreichen Wiener Kabarettisten und Schauspielers spannt einen weiten Bogen. Nach seinem Kabarett-Debüt mit der Gruppe »Schlabarett« folgte im Jahr 1985 mit »Atompilz von links« die erste Zusammenarbeit mit Roland Düringer, die mit dem vorläufig letzten gemeinsamen »Schlabarett«-Programm »Mahlzeit« die Vorlage für die TV-Serie »MA 2412« bildete.

Die künstlerische Kooperation mit Josef Hader begann 1989 mit »Freizeitmesse« und erreichte 1991 mit »Indien« ihren absoluten Höhepunkt. Zwei Jahre nach seiner Uraufführung wurde das Stück mit dem »Österreichischen Kleinkunstpreis« ausgezeichnet und auch mit großem Erfolg von Paul Harather verfilmt. Im Jahr darauf drehte er den Kinofilm »Muttertag« und danach »Freispiel« unter der Regie von Harald Sicheritz.

1993 kam mit »Alles Gute« Alfred Dorfers erstes Solo-Kabarett, gefolgt von »Ohne Netz« im Jahr 1994 sowie dem mit 210.000 Zuschauern bislang erfolgreichsten Soloprogramm »Badeschluss« 1996.

Der am 11. Oktober 1961 geborene Wiener, der mit dem »Bayerischen Kabarettpreis 2009« ausgezeichnet wurde, ist aber nicht nur einer der brillantesten österreichischen Kabarettisten und Schauspieler, er macht zusehends auch als Regisseur und Autor von sich reden. Zudem ist er ein exzellenter Geschichtenerzähler und wunderbarer Gesprächspartner, wenn es um »die anderen schönen Dinge des Lebens geht«.

»Ich bin ein Menschenfresser«

Otto Schenk

Selbsternannter »Theaterer« und unübertroffener Meister der Höheren Kunst des Blödelns, ist er überzeugter Innere-Stadt-Wiener und hat trotzdem zwei Orte gefunden, an denen er auch zuhause ist: am Irrsee, wo ihm seine Frau Renée eine kleine Neo-Schnitzler'sche Insel gebaut hat, und in New York, wo er vor allem an der »Met« – an der er öfter als jeder andere Regisseur inszeniert hat – eine Art Heimatgefühl empfindet. Das Theater betreffend, ist der 81-Jährige immer noch vollgestopft mit talentartigen Ergüssen, von denen er nicht weiß, wohin er sie noch ergießen soll.

Wir sind am Weg von deinem Haus am See über Sommerholz nach Neumarkt. Was bedeutet der Irrsee für dich?

Er ist mein Paradies. Eine unbefleckte Gegend. Dort, wo ich erstaunlicherweise ein zweites Zuhause gefunden habe, denn das hätte ich früher nie gedacht, da ich so ein Innere-Stadt-Wiener bin und überall sonst schwer ansässig werde und immer nur zu Gast bin ... Manchmal gerne und meistens ungern.

Es gibt nur zwei Orte, wo ich – außer in Wien – zuhause bin. Vor allem hier am Irrsee, einem Ort, den meine Frau gefunden hat und mir da eine Neo-Schnitzler'sche Insel gebaut hat. Ich komm in dieses Haus und es ist so, als wäre ich in Wien. Mit meinen Büchern und meinen Schallplatten, meinen bettartigen Gestellen und einem großen Schlafzimmer, das gleichzeitig auch Arbeitszimmer ist.

Hast du hier nicht auch unterrichtet?

Ja, ich habe hier alle meinen Inszenierungen entwickelt, meine Bühnenbildner in dieses Haus eingeladen und meine Besprechungen gehabt ...

War euer heutiges Refugium nicht ein ehemaliger Campingplatz?

Ja, man brauchte schon die Augen meiner Frau, um zu sehen, dass man daraus etwas machen kann.

Hättest du das nicht erkannt oder gesehen?

Nein, mir geht alles auf die Nerven, was neu ist und was man erst gestalten muss. Das geht mir in meinem Beruf auch so.

Aber du gestaltest doch auch als Regisseur?

Ja, aber nicht gerne, sondern unter Qualen. Ich gestalte, weil ich gestalten muss. Ich hätte immer gerne alles schon fertig.

Ist dieses Haus zu deinem zweiten Zuhause geworden?

Ja, ich habe immer gefürchtet, hier einsam zu sein, denn die Straße zu unserem Haus war früher sehr unwegsam, und ich kann ohne Gesellschaft und Freunde nur sehr schwer auskommen – ich bin ein »Menschenfresser«.

Aber genau das Gegenteil ist der Fall, an manchen Tagen kommen bis zu 20 Menschen zu uns. Worauf ich mich schon wiederum frage, ob die Straße nicht unwegsam genug ist ...

Aber liebst du nicht auch New York?

Ja, das liegt vor allem an der »Met«. Ich habe dort 15 Mal inszeniert – das ist öfter als jeder andere Regisseur – und die Menschen an der »Met« haben mich wirklich ans Herz genommen, von den Sängern über den Friseur und den Fotografen bis zum letzten Bühnenarbeiter. Auch dort habe ich eine Art Heimatgefühl. Ich finde New York so gemütlich.

Das klingt allerdings ein wenig seltsam ...

Ja, vielleicht. Aber wenn ich inmitten dieser herrlichen Hochhäuser so mein Platzerl, meinen jüdischen Zeitungsverkäufer und meinen Oberkellner, finde und diese Sehnsucht nach Europa spüre, dann fühle ich mich wohl.

Du hast einmal gesagt, es fasziniere dich sehr, wie dort Kultur gelebt wird.

Ja, das stimmt. Die Menschen schauen mit einer rührenden Aufgeschlossenheit und einem sehnsüchtigen Blick auf die europäische Kultur. Wenn man zum Beispiel zu Weihnachten ins Metropolitan Museum geht und vor einem Christbaum mit neapolitanischen Engeln geschmückt und einer riesigen Krippe mit hunderten Schafen und Heiligen steht und sieht, mit welcher Begeisterung dunkelhäutige Mäderln und Buberln dort sitzen und zeichnen, dann ist das ein sehr schönes Bild. Wenn im Museum dann auch noch ein barockes Zimmer von einem Palais in der Wollzeile aus Wien, wo ich ums Eck in die Schule gegangen bin, liebevoll wieder aufgebaut wurde, dann kommen einem die Tränen ...

Du hast zuletzt im Herbst 2010 »Don Pasquale« mit Anna Netrebko an der »Met« inszeniert, obwohl du eigentlich keine Inszenierung mehr machen wolltest.

Stimmt, das war fast ein Wortbruch, aber Netrebko und New York widersteht man schwer.

Hast du nicht Lust, noch eine Oper zu inszenieren?

Nein, eigentlich nicht. Ich habe ja bereits 160 inszeniert.

Vielleicht gibt es ja noch eine 161.?

Das weiß ich eben nicht, ich finde sie nicht. Ich verwende mein Regietalent – oder was immer das ist – jetzt egoistisch für mich selber und habe große Freude an mir.

Für deine Auftritte?

Für mein eigenes Leben ... ich kann in meinen Büchern verwildern und mich in Formulierungen verwanzen. Das heißt, ich habe zu schreiben begonnen ... auch das ist eine Alterserscheinung, weil ich Dinge so formuliert sagen möchte, dass es druckbar ist. Meine Bücher sind immer eine Art Beichte. Ja, und natürlich verwende ich dieses Talent auch für die immer spärlicher werdenden Rollen, die man in meinem Alter noch zu spielen bekommt. Für 81-Jährige gibt es nicht mehr viel Mitleid ...

Was heißt Mitleid?

Na ja, Furcht und Mitleid sind ja die eigentlichen Betreiber eines Theaters ... Wenn man auf die Bühne geht, muss einen der Menschheit ganzer Jammer umgeben und das Publikum muss sich fragen, was will der arme Held und wohin geht er. Da ist das Interesse an 81-Jährigen ein bisschen geringer ...

Aber spielt man nicht sowieso immer ein wenig Jüngere?

Auch das geht nur beschränkt, wenn man älter wird.

Würde es dich nicht reizen, Stücke zu schreiben?

Das würde mich wahnsinnig freuen, wenn ich es könnte. Aber ich kann es absolut nicht. Ich kann Szenen manchmal ein wenig umschreiben und einen Dichter beraten ...

Würdest du dir von einem Autor wünschen, dass er dir eine bestimmte Figur auf den

Leib schreibt, wie zum Beispiel deinen berühmten »Josef Bieder« oder zuletzt den Dirigenten in »Einmal noch«?

Da ist jetzt eine gewisse Leere. Ich weiß keine Figur und ich wünsche mir auch nie etwas. Man musste mich zu allem im Leben verführen. Ich brauche jemanden, der an mich glaubt und mir etwas zutraut, das ich mir nicht zutraue ... Ich bin so vollgestopft mit talentartigen Ergüssen und weiß nicht, wohin ich sie ergießen soll.

Gibt es einen Regisseur, von dem du dir wünschen würdest, dass er auf dich zugeht und sagt: »Das würde ich gerne mit dir machen.«?

Ich habe kein Verlangen nach einem Regisseur, ich habe Verlangen nach einem Unternehmer oder einem Dichter ...

Unternehmer? Das verstehe ich nicht ...

Na ja, einer, der sagt: »Mach das.« Auch wenn ich dann sage: »Nein, das kann ich nicht.« So sind meistens die Dialoge mit meinen Unternehmern ...

Aber bist du nicht auch ein großer Beobachter?

Ja, ich beobachte ununterbrochen.

Entstehen dadurch nicht Szenen in deinem Kopf, die du umsetzen möchtest?

Ständig. Auch wenn ich Auto fahre ... da entstehen in meiner Phantasie zum Beispiel immer Unfälle, Alpträume. Entweder ich fahre gegen den nächsten Baum oder das entgegenkommende Auto, ich liege unter dem Auto und kreische ...

Während du fährst?

Ja, ich habe ständig Szenen in meinem Kopf. Manchmal tragische, manchmal komische. Ich bin sozusagen ständig im Dienst, wenn man es theatralisch ausdrückt. Aber das Tragische ist, dass mir bei dieser nebbichen Phantasie immer nur Szenen einfallen, nie eine Handlung.

Bringt dich das zur Verzweiflung?

Ja, manchmal schon. Ich suche Stücke, habe Sehnsucht nach einer Rolle und weiß nicht, welche. Daher flüchte ich mich manchmal ins Vorlesen, dort kann ich mir Sachen kaleidoskopisch vornehmen ...

»Man musste mich zu allem im Leben verführen.«

Wann schreibst du endlich deine Biografie?

Gar nicht. Mich langweilt meine Biografie zu sehr. Das ist wie bei einem Fußballmatch. Ich gehe zu keinem Spiel, weil es zu viele Längen hat. Man müsste gewisse Szenen einstreichen. Dann ginge ich vielleicht hin ... Obwohl ich mich auch nicht von diesen heulenden Wölfen erdrücken lassen möchte oder von ihnen erschlagen werden will ...

Du willst überleben?

Ja. Vor allem will ich den Tod nicht am Fußballfeld erleiden.

Torbergs Begeisterung für Sport konntest du also nie teilen?

Nein, diese fast religiöse Sportbegeisterung habe ich immer nur rührend gefunden. Wir haben sehr viel zusammen gelacht. Wir hatten – über den Humor hinweg – eine entzückende Beziehung zueinander.

Vor fast 25 Jahren wurdest du Direktor des Theaters in der Josefstadt. Ich erinnere mich an ein Interview, in welchem man dich fragte: »Herr Schenk, Sie sind ein großartiger Schauspieler, ein Publikumsliebling, ein weltweit gefeierter Opernregisseur, aber sind Sie auch ein Theaterdirektor? Wie werden Sie das machen?« Daraufhin hast du gesagt: »Ich gehe dort hin, setze mich an den Schreibtisch, an dem schon Max Reinhardt gesessen hat, und spiele den Direktor.«

... und schon das ist nicht gelungen. Ich bin gar nicht bis zu dem Schreibtisch gekommen, weil ich mich nicht getraut habe, mich dorthin zu setzen. Während meiner gesamten Direktionszeit bin ich nie an diesem Schreibtisch gesessen.

Vor lauter Respekt?

Nein, vor Unfähigkeit, einen Direktor zu spielen.

Aber dafür warst du sehr erfolgreich.

Auch das war ein Zufall. Wahrscheinlich hatte ich nicht diese Gier, direktorial zu wirken, und diese Ungeschicklichkeit ist mir zugutegekommen, dadurch sind Erfolge hineingerutscht.

Aber wolltest du nicht schöne Inszenierungen ermöglichen und die Schauspieler zu großen Leistungen animieren, sie führen?

Doch, natürlich. Es ist mir auch oft gelungen, Schauspieler zur Qualität und zur Echtheit zu verführen und ihnen ein Grausen vor dem Unechten und vor dem primitiven Wirken einzuimpfen. So habe ich auch im Seminar unterrichtet. In meiner ersten Stunde – eine sehr erfolgreiche –, bei der ich mit Geheule und Getrampel von den entzückenden jungen Leuten begrüßt wurde, habe ich gleich am Anfang erklärt, wie schlecht jedes Theater in Wien ist, und habe namentlich jedes einzelne erwähnt. Ich habe aufgezeigt, was typisch falsch ist, und der Satz von Fritz Kortner: »Die anderen Theater sind ja auch schlecht, aber am Burgtheater sind sie so stolz darauf« – das war eine Art Leitspruch für mich. Ich wollte den Zweifel wecken, am Beruf und am Theatralischen. Daher war da auch immer ein Zweifel am Direktorialen. Bei mir brauchte sich niemand anmelden und um einen Termin ersuchen, es konnte jeder einfach kommen.

»In ein Gesicht, das nicht zuhört, kann ich nicht reden.«

Wenn da immer ein Zweifel in einem ist, ist man dann je – am Ende einer Inszenierung oder nach Erarbeitung einer Rolle – zufrieden?

Zufrieden nicht, aber erstaunt und überrascht. Auch darüber, dass etwas einfacher ist, als man es sich vorgestellt hat. Wenn es gelingt, ist Theaterspielen plötzlich leicht und es entsteht eine seelische Automatik, die man in Gang bringt, wenn man das Richtige tut.

Kann man dann andere mitreißen?

Man braucht immer einen Partner, der einem zuhört. In ein Gesicht, das nicht zuhört, kann ich nicht reden.

Aber als »Josef Bieder« warst du doch so oft allein auf der Bühne ...

Ja, aber da ist das Publikum mein Partner. Das ist etwas anderes, das ist die »öffentliche Einsamkeit« des Schauspielers, wie Stanislawski sagt. Da ist man plötzlich mit der Ganslhaut allein auf der Bühne und hat eine Sorge.

> »Plötzlich ist man mit der Ganslhaut allein auf der Bühne ...«

Die Sorge ist das Wichtigste beim Theaterspielen und auch beim Film. Die großen Filmschauspieler waren vielleicht nicht immer große Theaterschauspieler, aber sie hatten immer eine Sorge im Gesicht. Denk nur an Spencer Tracy oder Clark Gable – der wahrscheinlich nicht den Hamlet hätte spielen können, aber wenn er so gelächelt hat, hat er an irgendetwas anderes gedacht. Oder Marlon Brando – der übrigens auch sehr gut Theater spielen konnte –, der war überhaupt ein Sorgenbündel. Ohne das Gesicht zu verziehen. Sorge strahlt man ja aus, Sorge darf man nie spielen ...

Ist mit dem Ausdruck der Sorge im Gesicht, jener der Freude, der Glückseligkeit, überhaupt möglich?

Glückseligkeit ist ja wieder etwas ganz anderes. Wenn jemand Glückseligkeit vermitteln will, dann muss er spielen, unfähig zu sein, das Glück zu erleben. Wenn einer ein glückliches Gesicht macht, möchte ich ihm schon eine Watsch'n geben. Glücklich zu sein heißt, dass man es nicht fassen kann, das Glück ...

Das klingt sehr nach Hans Moser.

Ja, der konnte das automatisch über sein Talent. Man kann etwas über's Talent oder über's Geniale machen – wobei Talent mit Geschicklichkeit zu tun hat und das Geniale nicht einmal geschickt sein muss. Der Moser hat ja immer ungeschickt gespielt, die Sorge hat ihn so gebeutelt, dass man über seine Hypochondrie lachen musste ... Und wenn er sich gefreut hat, hat er sich fast angemacht vor lauter Freude. Das »Fast-in-die-Hose-machen« ist überhaupt ein wichtiger Faktor in der Komödie.

Das »Wienerische« – ob am Theater oder im Film –, wie würdest du das charakterisieren?

Das ist dem New Yorker'schen ähnlich. Die Wiener sind eine mafiose Bande – nicht bös gesprochen. Und das Wienerische ist eine kleine Gaunersprache. Es ist kein Dialekt, es ist zusammengestohlen von dort und da. Es hat sich alles Mögliche zu eigen gemacht und es ist zu eigen geworden.

Nestroy hat zum Beispiel ein hochdeutsches Hirn, beherrscht den Schiller'schen Duktus und die klassische Gewalt einer Sprache. Er will damit aber nicht auskommen, sondern stiehlt dazu den Dialekt. Wenn man Nestroy hochdeutsch spricht, ist es falsch, und wenn man im Dialekt jodelt, ist es auch falsch. Nestroy ist einer, der genau weiß, was Dialekt ist und sich nicht anmaßt, im Klassischen zuhause zu sein. Wobei er trotzdem vom Klassischen alles stiehlt, was er braucht … und vom Dialekt auch.

Als Schauspieler und als Vortragender muss man wissen, dass beides gestohlen ist. Das muss man spüren …

Ist diese Mischung nur mit dem Wienerischen möglich?

Das wäre auch beim Sternheim mit dem Berlinerischen möglich, bei Nestroy ist es nur mit dem Wissen um ein Wienerisches Hirn und einer Identifizierung mit dem Wienerischen möglich.

Alles andere ist Fälschung.

Und Ödön von Horváth?

Horváth zeigt, dass sich der Mensch nicht ausdrücken kann und dadurch zur Phrase greift. Er hat eine sehr phrasische Sprache und auch bei ihm muss man etwas anderes meinen, als man sagt. Die ganzen Horváth'schen Stücke sind inzwischen in ein Interpretitis-Lager geraten. Man muss ihn erst wieder befreien von dem, was ihm Regisseure angetan haben. Da muss eine neue Naivität ans Werk …

Zu deinem 80. Geburtstag hat »Die Welt« geschrieben: »… er war schon immer viel älter, als sein Pass vermuten lässt.«

Ja, ich war nie ein junger Mensch, so wie andere junge Leut'. Ich hab mich unter ihnen immer ein bisserl unwohl gefühlt. Jugend war mir immer blöd.

Wie wichtig ist es für eine Schauspielerin, schön zu sein?

Es ist eine wunderbare Zutat. Die ganze Geschichte von Oper, Klassik und Theaterliteratur ist eine von Lustobjekten. Es ist vielleicht ungerecht, dass die vergrammelten, alltäglichen Weiber in der Literatur zu kurz gekommen sind. Goethe schreibt ja auch von einem bezaubernden Gretchen, von einem hinreißenden Madl … und auch Romeo und Julia verlieben sich, weil sie einander gefallen.

»Wenn einer auf der Bühne ein glückliches Gesicht macht, möchte ich ihm schon eine Watsch'n geben.«

All die unschuldig schönen Geschöpfe, die sich durch die Literatur ziehen, mit Grammeln zu besetzen, wäre daher einfach falsch. Dann müsste man schon »Grammel-Stücke« schreiben.

Aber es gibt auch »Grammeln«, die Weltkarriere gemacht haben …

Ja, aber die haben alle einen Zauber und eine Anmut. Sie müssen nicht schön sein, ich meine ja auch nicht diese Wald- und Wiesenschönheit, diese hergestellte Retortenschönheit …

Gibt es in der heutigen Generation der jungen Schauspielerinnen viele, die dir dazu einfallen?

Sehr viele sogar, es ist eine große Zeit der liebbaren Mädchen. Sie müssen nicht schön sein, aber liebbar müssen sie sein.

Was ist bei einem Schauspieler wichtig?

Auch ein Mann muss etwas haben. Aber es gibt hunderterlei Rollen für Männer, die für Frauen einfach nie geschrieben wurden. Auch für hässliche, verwachsene, buckelige ... Es gibt zum Beispiel auch kaum komische Rollen für Frauen.

Man würde es kaum vermuten, aber du hast nach der Matura ein Jus-Studium begonnen. Wäre Jurist für dich eine berufliche Alternative gewesen?

Es war zumindest eine Rolle, die mich interessiert hätte. Mein Vater wollte, dass ich das Reinhardt Seminar mache, aber ich sollte zur Sicherheit auch Jus studieren. Mir hat das sehr gefallen, auch diese Typen an der Universität, und als es im Seminar zu einer ersten Krise kam – ich musste meine erste Rolle spielen ...

Welche?

Den Theaterdirektor in »Sechs Personen suchen einen Autor«. Und das gleich im ersten Jahrgang. Ich war noch viel zu ungeschickt dafür und wollte danach alles hinschmeißen und Jurist werden. Daraufhin hat mein Vater darauf bestanden, dass ich weitermache ...

Peter Zadek sagte über dich: »Pointen, Witz, bei Bedarf auch Outrage, sind sein Metier.« Muss man manchmal outrieren?

Nein. Hypochondrie kann sehr weit gehen und kann mit Outrage verwechselt werden. Ich habe immer gesagt: »Outrage oblige.« Der Motor der Outrage muss echt sein. Wenn man zum Beispiel eine richtige Wut hat, dann kann das zu einer erlaubten Outrage werden, denn dann sind die Wut und das Anliegen echt. Manchmal wirkt auch der Ersatz von Qualität, aber es ist und bleibt eine Fälschung.

»Das ›Fast-in-die-Hose-machen‹ ist ein wichtiger Faktor in der Komödie.«

Ist das jene »Kunst des höheren Blödelns«, von der du manchmal sprichst?

Ja, das geht in diese Richtung. Ich habe einmal mit Helmuth Lohner Minutenszenen entwickelt, wo wir ganz, ganz echt sein wollten. Und je echter wir waren, desto mehr hat uns das Blödeln gefallen.

Ist Helmuth Lohner einer deiner Lieblingspartner?

Ja, das war er immer wieder.

Über wen kannst du lachen?

Das ist sehr schwer. Wenn etwas komisch gelungen ist – man sagt ja im Wienerischen als höchste Auszeichnung »gelungen« –, dann setzt bei mir sofort, noch ehe ich lachen kann, die Bewunderung ein. Ich bin eher baff, als dass ich lachen kann.

Gibt es jemanden, den du bewunderst?

Ich habe Karl Paryla, Hans Moser und Leopold Rudolf bewundert, und Werner Krauß war für mich überhaupt ein unerreichbarer Gipfel. Er hatte etwas, was ich heute am Theater so vermisse. Er gab den Figuren eine Identität, konnte die Kostüme so wunderbar füllen. Sie waren ihm wie eine zweite Haut.

Wenn dir Authentizität so wichtig ist, verzweifelst du dann nicht sehr oft, weil es so wenige Menschen gibt, die wirklich echt sind?

Menschen, die im Leben nicht echt sind, amüsieren mich eher – wenn sie harmlos sind. Aber ich durchschaue sie. Wenn sie etwas anders sein möchten als sie sind, rühren sie mich eher. Dann werden sie zu Objekten, zu Rollen, die ich mir überlege. Ich bin sehr verzeihlich, nur vertrottelte Eitelkeit und Verlogenheit gehen mir sehr auf die Nerven.

Wärst du gerne ein großer Filmschauspieler geworden?

Ja. Filmen hat mir immer sehr viel Spaß gemacht. Auch einmal ohne Publikum zu spielen, habe ich gemocht, eben diese öffentliche Einsamkeit ... Und das Schöne ist, was einmal gelungen ist, hat man ein für alle Mal im Kasten. Das muss man im Theater immer haltbar machen.

Hättest du im Film gerne eine bestimmte Rolle gespielt?

Nein, aber man sollte mir eine schreiben. Ich gehe allerdings ungern ins Kino.

Warum?

Weil es mich so beschäftigt. Es wird mir etwas oktroyiert, die Kamera gibt mir vor, wohin ich zu schauen habe. Es gibt keine Totale, ich kann mir nicht aussuchen, wohin ich schauen will. Man verlangt von mir ein ununterbrochenes Mitgefühl. Ich lebe bei jedem Film so ungeheuer mit – auch wenn er sehr kitschig ist – und ärgere mich danach, dass ich so mitgelebt habe. Mein Vater hat einmal gesagt: »Glaube mir, in jedem Film kommt unweigerlich der Moment, von da an ist es ein Blödsinn.« Das ist leider sehr oft der Fall. Erstens kommt dieser zu frühe Verliebungskuss, dann kommt gleich der Koitus und das ist mir unangenehm.

»Manchmal wirkt auch der Ersatz von Qualität, aber es bleibt eine Fälschung.«

Ist es dir auch peinlich?

Nein, aber ich denke mir, wie machen sie es, dass es nicht wirklich passiert. Oder machen sie es wirklich?

Keine Ahnung. Manchmal sicher.

Für mich ist das genau so, als würde man plötzlich nur mit einem Fuß auftreten, obwohl man vorher zwei hatte.

Du hast einmal gesagt, dass das Volksstück »Der Hofrat Geiger« für dich die Initialzündung war, um Musiktheater zu machen ...

Das stimmt. Ich war damals im Theater in der Josefstadt Inszenierer der zweiten Schiene und Erik Frey wollte nicht, dass dieses Stück von einem der alten Routiniers inszeniert wird, sondern von mir. Das habe ich dann auch ohne jede Begeisterung gemacht, bis es zu jener musikalischen Szene kam – da habe ich zum ersten Mal bemerkt, dass ich mit Musik arbeiten kann. Danach wollte ich komischerweise immer »Rigoletto« als Blödelei inszenieren ...

Im Jahr 1957 hast du dann deine erste Oper, »Die Zauberflöte«, inszeniert. Was ist der Unterschied zwischen der Inszenierung eines Theaterstücks und einer Oper?

Keiner. Musik ist für mich eine sehr realistische Sache. Musik sind nicht nur die Noten, sondern manchmal die Bewegungen, manchmal die Gefühle oder die Gänsehaut – jede Koloratur hat einen Sinn ... manchmal ist es Übermut, manchmal die Angst, manchmal die Hysterie, manchmal die Macht ...

»Ich habe immer gesagt: ›Outrage oblige.‹«

Deine Inszenierungen kritisierte man einmal mit dem Satz »Beim Schenk menschelt's.« Ist das ein Vorwurf?

Das war mein höchstes Lob, auch im Verriss.

Was war dein ärgster Verriss?

Ich weiß es nicht, weil ich seit Jahren keine Kritiken mehr lese.

Was bedeutet Musik für dich?

Zweierlei. In der Oper ist es das, was ich zu inszenieren habe. All das, was Menschen fühlen, wovor sie Angst haben, worüber sie sich freuen, muss sich ausdrücken.
Im Konzert ist es etwas anderes, da ist es das, was einem Thema passiert. Bei Bach zum Beispiel. Bach hat keine Melodie. Manchmal nimmt er auch nur die Buchstaben seines Namens B.A.C.H. und macht daraus ein Riesenwerk. Was bei den Klassikern geschieht – dort, wo es zur Schönheit und dort, wo es zur Qual oder zur Angst wird –, muss sehr konzentriert sein. In einem Konzert kann ich mich dem Gedudel hingeben ...

Kann man sagen, die Musik rührt dich mehr als das Wort?

Nicht immer. Aber das Wort wird meistens von jemandem gesprochen, der es nicht so spricht, wie ich es will. Die Musik wird häufiger von Könnern gespielt.

Wie wichtig ist der Dirigent in der Musik?

Wahnsinnig wichtig, viel wichtiger, als man glaubt ...

Was hat den von dir so geschätzten Carlos Kleiber so unverwechselbar gemacht?

Er konnte dirigieren wie kein anderer. Er konnte Zärtlichkeiten, Schönheiten und Verrücktheiten aus der Musik herausholen, wie ich es bei niemandem sonst – höchstens noch bei Leonard Bernstein – erlebt habe. Es gab immer nur zwei Dirigenten, von denen ich alles hören wollte: Bernstein und Kleiber. Leider hat Carlos Kleiber nur sehr wenig gemacht, er hatte so einen wahnsinnigen Anspruch und eine Unlust zugleich.
Aber der Wichtigste in der Musik ist natürlich der Komponist. Eine scheußlich dirigierte Fünfte von Beethoven ist immer noch als Meisterwerk erkennbar. Ein scheußlich

gespieltes »Was ihr wollt« ist nur ein Blödsinn.

Was hältst du vom Wienerlied?

Es ist geschrieben für Leute, die nicht singen können. Und zwar in Tonlagen, die das Volk beherrscht ... aber es bleibt immer die Sehnsucht nach dem hohen Ton.

Du meinst, ein ausgebildeter Sänger kann kein Wienerlied singen?

Er muss verleugnen, dass er singen gelernt hat.

Du hast einmal gesagt: »Begeisterung, Lust, Freuen – das war nie mein Motor.« Empfindest du nie Freude im Leben?

Doch, natürlich. Aber ich bin nie mit einer Begeisterung an etwas herangegangen. Die Begeisterung musste erst entstehen.

Du bist jetzt 81 Jahre alt. Denkst du darüber nach, wie dein Leben weitergehen wird?

Das muss man sehr verdrängen, denn wenn man sich Termine setzt, wann es sein muss oder sein kann oder höchstwahrscheinlich ist, dann wird man einfach wahnsinnig.

Und was du auf keinen Fall willst, ist ohne deine geliebte Frau Renée zu leben ...

Nein, wir wünschen uns einen gemeinsamen tödlichen Autounfall.

Das Buch hat den Untertitel »Über Essen, Trinken und die anderen schönen Dinge des Lebens«. In welcher Kategorie rangiert für dich der Genuss, Essen und Trinken.

Essen und Trinken verkümmern, weil mein Geschmacksinn nicht mehr so ausgeprägt ist wie früher.

Meinst du den Gaumen?

Den Gaumen und die Lust. Ich habe nicht mehr so eine Lust am Essen wie früher und zwinge mich zu einem üppigen Frühstück.

Aber wenn man von Kalbsnierenbraten spricht, hast du immer noch ein Leuchten in den Augen.

Aus einer Nostalgie heraus. Leider erfüllt sich die Wunschvorstellung dann meist nicht. Aber ich komme zum Beispiel sehr gerne hierher zum Schlosswirt in Sighartstein. Hier entsteht beim Eintritt Appetit, weil ich weiß, dass das, was kommt, gut ist. Der Rehrücken, den ich zuletzt hier gegessen habe, hat mich sogar begeistert.

An welche früheren Lieblingsspeisen erinnerst du dich gerne?

Ich habe ein paar verlorene Lieblingsspeisen. Zum Beispiel das »Blätterteigkipferl« vom Café Breunig hinter der Peterskirche. Ich habe Tränen geweint, als der zugesperrt hat.

Dann gab es in der Bäckerei August Fritz warme Weckerl mit Sardellenschaum; und von der Köchin vom Hansi Fritz süße Pogatscherln – kleine Krapferl, die wir nicht in die Hand nehmen durften, aber von einer dicken, leicht schwitzenden Köchin Anna – das war nicht ganz appetitlich – damit gefüttert wurden. Es ging wie ein Lauffeuer um, wenn es hieß: »Die Anna hat's wieder.« Den Namen dieser Köstlichkeit wussten wir nicht, aber wir stürmten die gotische Treppe ... geradezu in den Himmel hinauf, zur Anna,

die dort mit einem Reindl stand und uns die Pogatscherln in den Mund steckte.
Geliebt habe ich auch die Marillenpalatschinken und die Grammelknödel meiner Schwiegermutter ... alles verloren für die Welt.

Und was war das Beste von der »Nonna«?

Sie konnte die besten Semmelknödeln mit Schwammerlsauce machen.

Was kochst du selbst am liebsten?

Gulasch, Risotto milanese, Pasta asciutta ...

Leidest du oft, wenn du in Restaurants essen gehst?

Wie ein Tier, fast jedes Mal. Aber hier beim Schlosswirt ist man gut aufgehoben.

Du bist auch dafür bekannt, kein ganz einfacher Gast zu sein. Es gibt ja österreichweit Wirte, die zu zittern beginnen, wenn sie dich einparken sehen ...

Weil du alle aufgehetzt hast.

Nein, weil du ganz gerne deine Vorurteile pflegst und hegst.

Das stimmt zwar nicht, aber meistens ist es ja auch wirklich schlecht.

Du hast in deinem Witzebuch »Garantiert zum Lachen« – von dem du bereits über 60.000 Stück verkauft hast – geschrieben: »Wer nicht lacht, hat Anspruch auf Schadenersatz.« Ist schon jemand gekommen und hat gesagt »Herr Schenk, sind Sie mir nicht böse, aber ich habe nicht lachen können.«?

Nein, es ist zwar einer gekommen, aber er hat keinen Schadenersatz verlangt ...

Was hat er dann gewollt?

Mir sagen, dass er eh schon alle kennt ...

Du trittst immer noch sehr erfolgreich im deutschsprachigen Raum bei Lesungen auf. Ist es dir egal, auf welcher Bühne du liest?

Ja, ich brauche ein Podium mit einem Tisch, der nicht wackelt. Das ist allerdings nicht immer leicht zu erzielen, und das Licht muss gut sein, je heller, desto besser – am besten wie bei einem Verhör ...

Was war der hässlichste Saal, in dem du aufgetreten bist?

Eine Art Stall, wo hinter dem Podium – durch ein Fenster getrennt – Kühe standen und mich angestarrt haben ...

Wann merkst du bei deiner Lesung, ob das Publikum mitgeht oder nicht?

Ich habe einen Testlacher im ersten Satz von Alfred Polgars »Das Kind«. Wenn da gelacht wird, weiß ich, dass der Abend ein Erfolg wird.

Gibt es einen Unterschied zwischen dem Publikum in der Stadt und dem auf dem Land?

Erstaunlicherweise nicht. Im Süden Österreichs wird über die gleichen Pointen gelacht wie im Norden Deutschlands. Aber es gibt ein Samstags-Publikum, das mehr lacht. Wahrscheinlich, weil es sich am nächsten Tag ausschlafen kann.

Wie wichtig ist für dich der Text, den du liest?

Ich kann nur Texte vorlesen, von denen ich bewegt, begeistert oder an denen ich zumindest interessiert bin. Begeistert ist am besten. Eine Zeitung vorlesen, das könnte ich nicht.

Höchstens eine Kritik, wenn ich eine Wut auf den Kritiker habe ...

Worin liegt die Kunst der Zugabe?

Zugaben muss man sehr schnell machen. Ich sage immer den Satz: »Ich ziere mich sonst länger, aber hinter der Bühne ist es so finster.« Darauf folgt die erste, dann gleich die zweite und die dritte Zugabe. Danach gibt es keine mehr.

Hast du nie eine vierte Zugabe gemacht?

Nein.

Was ist die dritte Zugabe?

Meistens der »Bumerang« von Ringelnatz, der ist wunderbar. Danach weiß jeder, jetzt ist es aus.

Wie geht die Geschichte vom Bumerang?

»War einmal ein Bumerang; war ein Weniges zu lang. Bumerang flog ein Stück, aber kam nicht mehr zurück. Publikum – noch stundenlang – wartete auf Bumerang.«

Gibt es etwas, was man jungen Schauspielern für diesen Beruf mitgeben kann?

Das ist schwer, aber sie müssen Glück haben und bereits sein fürs Glück.

Warst du fürs Glück bereit?

Ja, immer. Aber ich hatte lange Durststrecken.

Durch diese Durststecken hat dich deine Frau Renée jahrzehntelang begleitet. Wo habt ihr euch kennengelernt?

Das war vor 56 Jahren. Wir sind auf den Stufen beim Schottentor, dem späteren »Jonas-Reindl«, gesessen und haben ein Gespräch begonnen. Das hat die ganze Nacht gedauert. Wir haben eine Straßenbahn nach der anderen wegfahren lassen, bis die letzte Blaue kam. Die ist dann auch weggefahren. Unser Gespräch war noch nicht zu Ende ... es hat ein Leben lang gedauert.

Otto Schenk

1930 in Wien geboren, begann er nach der Matura gleichzeitig ein Jus-Studium an der Universität Wien und seine Ausbildung am Max Reinhardt Seminar. Seine Theaterkarriere begann am Wiener Volkstheater, und 1953 machte er in Kellertheater-Inszenierungen erstmals als Regisseur auf sich aufmerksam. Seit 1955 ist der Nestroy-Ring-Träger Regisseur und Schauspieler am Theater in der Josefstadt, 1957 inszenierte er seine erste Oper, »Die Zauberflöte«, am Salzburger Landestheater. Durchschlagenden Erfolg als Opernregisseur gelang ihm mit Alban Bergs »Lulu« an der Wiener Staatsoper 1962, seine letzte Operninszenierung war »Don Pasquale« im Herbst 2010 an der Metropolitan Opera mit Anna Netrebko. Für seine ausdrucksstarken Wagner-Interpretationen erhielt er 2009 den »Anton Seidl-Preis« der Wagner-Society New York.

Otto Schenk spielte und inszenierte an den bedeutendsten deutschsprachigen Schauspiel- und internationalen Opernhäusern, darunter das Wiener Burgtheater, die Münchner Kammerspiele, das Deutsche Schauspielhaus in Hamburg, die Wiener Staatsoper, die New Yorker Metropolitan Opera, die Mailänder Scala und das Royal Opera House in Covent Garden, London. Von 1986 bis 1988 fungierte der vielfach Ausgezeichnete – zuletzt mit der Bürgerurkunde der Stadt Wien – als Direktoriumsmitglied der Salzburger Festspiele, von 1988 bis 1997 war er Direktor des Theaters in der Josefstadt.

Als Kabarettist trat der Publikumsliebling bereits in den fünfziger Jahren im Kabarett Simpl auf und begeistert seitdem sein Publikum im gesamten deutschsprachigen Raum mit seiner »Kunst des höheren Blödelns«. Seine Leseabende unter dem Motto »Sachen zum Lachen« sind seit Jahrzehnten ausverkauft.

»Begeisterung, Lust und Freuen waren nie mein Motor«, sagt der beliebte Lehrer am Max Reinhardt Seminar, der ein Leben lang versuchte, seine Schüler zu einem zu verführen: zur Qualität und zur Echtheit. »Denn ich habe ein Grausen vor dem Unechten und vor dem primitiven Wirken.«

»Kunst entsteht nicht in Fabrikarbeit«

Robert Menasse

hat den kritischen Blick von außen auf seine Geburtsstadt Wien, die seine Heimat ist und die er liebt, nie verloren. Mit feiner Feder und scharfer Zunge nimmt der Schriftsteller stets offen und ehrlich Stellung: »Ich bin kein ständig im Wiener Sud Schwimmender, sondern einer jener glücklichen Wiener, die es sich aussuchen konnten und können, wann sie gehen und wann sie kommen.«

Du hast dir das »Vestibül« als Treffpunkt ausgesucht. Warum?

Das »Vestibül« ist sozusagen eine Verdichtung des Wesens von Wien insgesamt: Wien ist ja eine theaterverrückte Stadt, und hier in diesem Lokal ist dieser Sachverhalt sowohl Geschäfts-, als auch Genussgrundlage. Das Burgtheater ist die Kulisse, der Gastraum eine Bühne für die eigenen Lebensäußerungen, Gespräche, Diskussionen, Streit, Emotionen und Stärkungen.

Nach einem Besuch im Burgtheater ist es wunderbar, gleich anschließend hier zu essen und dem Gesumse und Geschnatter der Theatergäste, den produktiven Irrtümern und biestigen Hellsichtigkeiten der Zuschauer zu lauschen. Und das bei erstklassiger Küche und besten Weinen. Aber auch zu Mittag komme ich manchmal gerne hierher, wenn Regierungsmitglieder, Beamte, Lobbyisten und Geschäftsleute beim Mittagsmenü ihre Besprechungen haben – buchstäbliches Staatstheater!

Und dabei gelingt es dem »Vestibül«-Team, jedem Gast das Gefühl zu geben, im besten Sinn des Wortes Gast zu sein. Und das unabhängig davon, was und wer er ist.

»Der Charme von Wien ist auch, dass es Kulissen und das Leben hinter den Kulissen gibt.«

Wie würdest du denn einem Fremden, der Wien nicht kennt, die Stadt, diese seltsam schöne, gegensätzliche, beschreiben?

Wer Wien nicht kennt, dem empfehle ich: Genieße deine erste Zeit, denn je weniger du verstehst, umso schöner ist die Stadt.

Und wenn er dann schon eingetaucht ist, wovor würdest du ihn warnen?

Ich würde ihn davor warnen, die sozialen Codes dieser Stadt zu imitieren, denn es wird ihm nie gelingen. Es wird ihm besser gehen, wenn er seine Unschuld behält und dieses Wiener Theaterspiel gar nicht mitzuspielen versucht, nämlich nie das zu sagen, was man meint, sondern sogar eher das Gegenteil, während das Gemeinte durch Mimik, Tonfall und Inszenierung ausgedrückt wird – das sind Mechanismen, die kann man, wenn man hier nicht aufgewachsen ist, nie lernen.

Aber du lebst in dieser Stadt – wenn auch mit langen Unterbrechungen – doch auch gerne, nehme ich an, sonst würdest du heute nicht hier sitzen. Was sind die Vorteile, in dieser Stadt zu leben, was ist deren vielzitierte Lebensqualität?

Es gibt eine Lebensqualität, die völlig unabhängig ist von den Kriterien, mit denen man in Rankings die Lebensqualität von Städten beschreibt. Und das ist die Lebensqualität, die ein Ort allein dadurch hat, dass er der Geburtsort ist. Ich bin in Wien geboren und aufgewachsen, Wien ist meine Heimat, und das ist eine Qualität, die kein anderer Ort bieten kann: dass man weiß, von hier zu sein, ein Produkt und auch Produzent dieses Ortes. Dazu gehört unter anderem, dass man da, wo man aufgewachsen ist, die Mechanismen besser versteht und eine unersetzbare sentimentale Beziehung hat zu den Gerüchen, Tonfällen, zu den Fassaden, auch zu denen, die nicht für Tourismusprospekte brauchbar sind. Das gilt auch für alles, was mich stört und mir auf die Nerven geht. Es bleibt in diesem Sinn einzigartig: Nichts auf der Welt kann mir so, also auf diese Weise, auf die Nerven gehen, wie mir manches in Wien auf die Nerven geht. Und ich beanspruche hier auch mein Recht auf Heimat. Heimat ist ein Menschenrecht. Man darf sich Heimat durch nichts nehmen lassen.

Ich habe immer gerne in Wien gelebt und bin immer wieder zurück nach Wien gekommen, obwohl ich den Großteil meines Erwachsenenlebens im Ausland verbracht habe. Das heißt, ich bin kein ständig im Wiener Sud Schwimmender, sondern einer jener glücklichen Wiener, die es sich aussuchen konnten und können.

Das würden sich viele Menschen, die hier leben, sicherlich wünschen.

Vielleicht. Diese Erfahrung bedeutet aber auch, dass ich als Wiener in Opposition zu vielen Menschen und vielen Phänomenen in Wien stehe. Es gibt ja leider sehr viele Wiener, die anderen das Recht absprechen möchten, sich aussuchen zu dürfen, wo und wie sie leben. Sie sind stolz auf ihre Stadt und leben hier glücklich – aber sie wollen anderen dieses Glück nicht gönnen. Das ist seltsam. Was diese Wiener nämlich vergessen haben, ist, dass Wien eine interessante Gemeinsamkeit mit New York oder São Paulo hat …

»Es gehört dazu, auf eine Stadt, die man liebt, wütend zu sein.«

Welche?

Wien ist eine der wenigen Metropolen, die ihren Reichtum, ihre Pracht und ihren Flair der Tatsache verdanken, dass sie einmal dieses Angebot hatten, für viele Menschen aus verschiedenen Ländern Heimat werden zu können. Und wenn ich heute sehe, wie diese Promenadenmischung, die »der Wiener« letztlich ist, »reinrassig« sein will, dann bekomme ich Wut. Aber das gehört auch dazu, wenn man eine Stadt liebt, nämlich dass sie solche Emotionen auslöst – dass man manchmal mit ihr kämpft und sich gleichzeitig mit ihr so verkrallt, dass es einer Liebesverschmelzung gleichkommt.

Apropos Liebesverschmelzung, fühlst du dich von dieser Stadt zurückgeliebt?

Ich habe, und das sage ich mit gebotener Ironie, mit dem »Goldenen Verdienstzeichen« von Wien eine Auszeichnung bekommen, die nicht mit Geld, sondern mit einem »Ehrengrab« dotiert ist. Mit dieser

»Goldpletschn« hat man das Recht auf ein Ehrengrab. Ist das nicht witzig? Das ist bei einer Stadt, die das Morbide, den Tod, ihre toten Künstler liebt, wie keine andere, der wohl größte Liebesbeweis. Ich hoffe aber trotzdem, dass mit dieser Auszeichnung nicht gemeint war, ich solle möglichst schnell den Löffel abgeben.

Gemäß dem Wiener Motto: toter Dichter – guter Dichter?

Genau.

Aber es doch sicherlich so: Je ferner man Wien ist, desto besser durchschaut man die Stadt, oder?

Natürlich. Auch mir geht es so, dass die Gewohnheit nach einer gewissen Zeit wieder beginnt, ihre Macht auszuüben.

Ah, herrlich, jetzt kommt das Steak. Mit einem Kartoffelchip, der an ein künstlerisches Artwork erinnert.

Ja, diese in eine Kartoffelscheibe hineingedruckte Petersilie gleicht einer Fliege in Bernstein, oder wie sagt man? Einem Palimpsest?

Wie bitte? Würdest du dich als sehr gebildet bezeichnen?

Ich bin nicht gebildet, ich bin interessiert ...

... das geht gerne Hand in Hand ...

Aber ich habe den Fehler begangen, bereitwillig das Missverständnis zu bedienen, ich sei gebildet.

Wieso ist das ein Fehler?

Ein gebildeter Mensch gilt in dieser Stadt sehr schnell als eingebildet.

Ist Wien für einen Künstler ein kreativer Nährboden oder lädt das Chaos einer Stadt wie beispielsweise São Paulo, wo du ja lange gelebt hast, eher ein, Neues zu schaffen?

Dazu muss ich – so nebenbei – das Missverständnis ausräumen, dass Brasilien beziehungsweise São Paulo chaotisch wären. Viele Wiener werden es sich vielleicht nicht vorstellen können, aber São Paulo ist eine bestens verwaltete Stadt, ich möchte fast sagen, besser oder zumindest bewundernswerter verwaltet als Wien. Ein Wiener glaubt ja, dass Wien so toll verwaltet ist, weil die Müllabfuhr funktioniert und die U-Bahn fährt. Aber die Müllabfuhr funktioniert auch in São Paulo bestens, was aber in einer 20-Millionen-Metropole ungleich schwieriger ist. Und die Busse fahren alle 20 Sekunden – einer nach dem anderen.

Und die Bedingungen für einen Künstler?

Fest steht, man strampelt so oder so. Jede Großstadt ist ein Anziehungspunkt für Künstler. Künstler streben grundsätzlich in Zentren. Wer in Villach sitzt, will nach Wien. Um im Zentrum zu überleben und sich durchzusetzen, muss man strampeln. In Wien kommt zum grundsätzlichen Strampeln aber noch dazu, dass es in engen Strukturen stattfindet. Man kann in Wien eigentlich nicht berühmt werden, weil ohnehin jeder jeden kennt. Da kommt dann leicht diese Stimmung auf: Was will er denn? Wer glaubt er, dass er ist?

Es ist sicherlich in New York einfacher, radikal seinen Weg zu gehen, mit einer kühnen Idee Neugier zu wecken, statt Ressentiment. Auch in Paris ist es eher möglich, einen nicht unbedingt kompatiblen Lebensentwurf zu haben und zu leben, als in Wien. Aber ich muss gerechterweise sagen, dass seit den siebziger Jahren – und dann später seit Ursula Pasterk als Kulturstadträtin – trotz aller Regulierungen und enger Korsetts auch hier manches möglich wurde. Es ist möglich geworden, all das Enge abzuschütteln und etwas Großes, Kühnes zu machen.

Du bist teilweise im zweiten Bezirk, in der Schiffamtsgasse, aufgewachsen. Eine Gegend, die heute im Gegensatz zu deiner Jugend sehr schick und angesagt ist. Jetzt bist du wieder dorthin gezogen. Warum? Ich nehme an, nicht deshalb, weil du gerne unter hippen Menschen bist. Kehrst du zu deinen Wurzeln zurück?

Wir haben lange im vierten Bezirk gelebt, aber es war nicht wirklich eine Gegend, in der sich meine Frau und ich sehr wohl gefühlt haben. Nachdem jetzt unsere Tochter ausgezogen ist, hatten wir ein Zimmer mehr, wollten aber eigentlich stattdessen lieber eine Terrasse. Meine Frau hat gesucht, ich hätte keine Geduld dafür gehabt, und sie hat zufällig unsere ideale Wohnung in meinem Kindheitsviertel gefunden. So sind wir in den zweiten Bezirk gekommen, und ich schau jetzt über die Dächer Wiens. Ich muss gestehen, dass mir das ungemein gefällt – genau dort, wo tief meine Herkunftswurzel steckt, den Überblick über die ganze Stadt zu haben. Als ich nach Jahrzehnten wieder durch diesen Bezirk ging, hatte ich an jeder Ecke Kindheitserinnerungen.

Welche?

Ich freu' mich beispielsweise, dass der Karmelitermarkt viel mehr der geblieben ist, der er war – anders als der Naschmarkt. Natürlich sind mir sofort Erinnerungen an meine Großmutter Dolly gekommen, die ich so oft auf den Karmelitermarkt begleitet habe.

Dann bin ich um eine Ecke gebogen und konnte mich erinnern an ein Haus, an dessen Tor früher ein Löwenkopf war. Diesen Löwen, der mich als Kind sehr angezogen hat, wollte ich wiederfinden. Aber er war nicht mehr da. Bis ich draufkam, dass er doch noch dort war und sich nur meine körperliche Größe verändert hatte. In Hüfthöhe fand ich ihn wieder – auf Augenhöhe eines kleinen Kindes. Das hat mich sehr berührt.

Eine schöne Geschichte ...

Und während meiner ersten Rundgänge im zweiten Bezirk habe ich auch das Haus meiner Großeltern aufgesucht. Ich las die Namen an der Gegensprechanlage, um zu erfahren, wer denn nun in deren Wohnung lebt. Da das Haustor offen war, ging ich hinein und hinauf in den zweiten Stock. Dort, wo meine Großeltern gewohnt hatten, läutete ich an. Einfach so, ich wollte wissen, wer jetzt dort wohnt, und dachte, vielleicht darf ich mich, wenn ich mich erkläre, kurz umschauen. Auf dem Türschild stand: »Praxis Mag. Sowieso, Energieströme, Energiebelebungen etc. Lernen Sie die Energie Ihrer Kindheit neu zu spüren. Termin nach Vereinbarung.« Und das in der Wohnung meiner Kindheit.

Eigentlich der Beginn eines Romans.

Ja, es war allerdings niemand da. Aber es war auch besser, dieses Schild an der Tür gelesen zu haben, als tatsächlich hineingegangen zu sein.

Hast du noch eine andere Erinnerung an deine Oma Dolly?

Ja, ich erinnere mich an einen Obst- und Gemüsestand am Karmelitermarkt. Dort, wo ich auch heute wieder einkaufe. Es war mir immer peinlich, mit meiner Oma dorthin zu gehen, denn sie hatte einen Tick. Sie wollte jeden Tag mit frischen Produkten kochen und hat daher nur in ganz kleinen Mengen eingekauft. Wir hatten damals noch keinen Kühlschrank. Die Auseinandersetzungen mit dem Obst- und Gemüsehändler waren mir immer unglaublich peinlich.

Ich erinnere mich, eines Tages hat sie Spinat gekauft, aber es waren wieder einmal nur ein paar Blätter, die sie aus dem Steigerl herausgezupft hat. Da hat er in seiner großen Verzweiflung gesagt: »Frau Menasse, Sie müssen zumindest so viel nehmen, dass die Waage ausschlägt.«

Du solltest ein Buch über die Leopoldstadt schreiben.

Ich habe den Karmelitermarkt ja bereits in dem Roman »Die Vertreibung aus der Hölle« beschrieben und dabei einiges an Kindheitserinnerungen verarbeitet. Wahrscheinlich bleibt es dabei – wir werden ja sehen. Ich finde den zweiten Bezirk wunderbar lebendig, er hat genau diese Mischung, die mich immer fasziniert – nämlich gleichzeitig Dörfliches und Urbanes.

Wie entstehen deine Bücher? Wie würdest du das einem Laien erklären? Setzt du dich wie ein Beamter an den Schreibtisch? Gibt es ein Korsett für deinen Schreiballtag?

Das ist von Schriftsteller zu Schriftsteller sehr verschieden. Manche setzen sich in der Früh an den Schreibtisch und beginnen zu schreiben. Thomas Mann ist das berühmteste Beispiel für gleichsam beamtetes Schreiben. Er hat ja seine literarischen Ansprüche und schließlich seinen Ruhm wirklich als Amt verstanden. Er war sozusagen der geniale Sektionschef der Literatur. Er hatte ein Schild an der Tür seines Arbeitszimmers, worauf stand: »Zwischen 13.30–18 Uhr nicht stören, da dichte ich.« Bei ihm war jeder Tag exakt eingeteilt.

Aber so bist du nicht?

Nein. Ich arbeite immer nur am Nachmittag. Der Vormittag und auch die Mittagszeit sind jene Zeiten, in denen ich mich konditioniere, damit ich um zwei Uhr endlich mit dem Schreiben beginnen kann.

Was meinst du damit?

Konditionierung im Sinne von Selbstüberredung, das Verbot, den Schreibtisch großräumig zu umgehen, und Ähnliches. Ich habe seltsamerweise gelernt, mich vor dem Schreiben zu fürchten. Solange ich tagträume und phantasiere, mir etwas ausdenke und überlege, ist alles perfekt und ich bin jeder Kritik enthoben. Wenn ich aber zu schreiben beginne, dann setzt schon die Kritik ein. Zunächst als Selbstkritik. Das beschriebene Papier hält der Schönheit der Phantasie allzu oft und allzu lang nicht stand. Und wenn ich veröffentliche, bin ich der Kritik von außen ausgesetzt. Dann wird an einem Nachmittag in schlampigen Sätzen ein Urteil über ein Buch gefällt, an dem ich drei oder fünf Jahre gearbeitet habe. Außerdem kann ich nicht zu schreiben beginnen, wenn ich nicht schon den ersten Satz weiß, bevor ich mich an den Schreibtisch setze. Wenn ich mich hinsetze und noch keinen ersten Satz im Kopf habe, stehe ich wieder auf. Daher beginne ich bereits ein, zwei Stunden vorher herumzugehen und an den ersten Satz zu denken. Und irgendwann taucht er als Möglichkeit auf Und dann schreibe ich, je nachdem, wie ich vorankomme und wie groß die Widerstände sind.

»Das Schönste am Schriftstellerberuf ist jene Zeit, in der man nicht schreibt.«

Wenn dieser erste Satz da ist, fließen dann die anderen nach oder ist jeder Satz durchdacht?

Wenn ich mit einem Buch beginne, habe ich ein Konzept.

Das heißt, du weißt bereits am Anfang, wie die Geschichte enden wird?

Ja. Ich fange erst zu schreiben an, wenn ich das Buch aufgezeichnet habe, so wie ein Architekt das Haus, das dann erst gebaut wird.

Ist Disziplin dabei sehr wichtig?

Ja. Aber nicht alles. In der Kunst darf man keinen Fetisch draus machen. Ist ein Künstler, der besessen arbeitet, diszipliniert? Nein, er ist besessen. Ist ein Künstler, der Stunden, Tage, Wochen träumend nichts tut, undiszipliniert? Nein, er ist ein Träumer. Disziplin ist ein Begriff des Taylorismus, »Fabrikdisziplin« – aber Kunst entsteht nicht in Fabrikarbeit.

Denkst du beim Schreiben an den Leser oder den Rezensenten?

Wenn ich schreibe, möchte ich ein Buch schreiben, das für mich stimmt. Ich möchte sagen können: »Das ist es, was ich kann, ich kann's nicht besser, aber ich habe mein Bestes gegeben.« Und dann will ich die Liebe der Leser.

Bist du mit deinem Selbsturteil sehr kritisch?

Ja, ich bin sehr selbstkritisch und habe sehr viele Skrupel – und je älter ich werde, desto stärker werden die Skrupel. Vor zehn, 15 Jahren habe ich wesentlich leichtfertiger geschrieben als jetzt.

Skrupel welcher Art?

Eine grundsätzliche Hochachtung vor einem gelungenen Werk. Es gibt immer eine demütigende Diskrepanz zwischen dem Traum und dem, was danach schwarz auf weiß gedruckt steht. Es darf keine Zumutung für die Menschen sein, die ich damit behellige. Das geschriebene Wort sollte nichts leichtfertig Hingeworfenes sein.

»Das geschriebene Wort sollte nichts leichtfertig Hingeworfenes sein.«

An wen denkst du, während du schreibst?

Lass mich diese Frage ein wenig kokett beantworten. Ich habe ab und zu den Gedanken, dass es mir gefallen beziehungsweise mir die Vorstellung schmeicheln würde, wenn meine Enkelkinder und Urenkelkinder, das heißt, allgemein gesprochen, kommende Generationen, mich und unsere Zeit dank meiner Bücher verstehen könnten. Die Probleme, die wir hatten, und wie wir versucht haben diese zu lösen. Ich habe erst sehr spät begonnen, die gesamte Dramatik der Biografien unserer Großeltern zu begreifen.

Dein Vater ist die Wiener Fußballlegende Hans Menasse. Er wollte doch sicherlich, dass aus seinem Sohn einmal ein Kicker wird?

Mein Vater hat sich immer schwergetan, Kinder – und auch mich – zu verstehen. Wenn er aber ein Kind sieht, das mit einem Ball umgehen kann, empfindet er tiefstes Verständnis. Aber dieses Talent habe ich nicht geerbt.

Was ist der Unterschied zwischen Literatur und Fußball?

Jener zwischen einem Rechtsaußen im Fußball und einem Linksaußen in der Literatur ist ja evident. Obwohl ich in der Schulmannschaft für die Mittelschulmeisterschaften als Tormann aufgestellt war, hat der damalige Trainer beim WAC – da sieht man, welche Idioten damals auf die Jugend losgelassen wurden – gemeint: »Menasse, rechts außen.« Nur weil mein Vater damals ein berühmter Rechtsaußen war. Dabei war der bisherige Rechtsaußen der Einzige in unserer Mannschaft, der wirklich kicken konnte. Die ganze Mannschaft hat mich dafür gehasst, dass ich dem besten Mann diese Position weggenommen habe, und ich wurde damit bestraft, dass mir nie ein Ball zugespielt wurde.

Stattdessen hast du begonnen, Gedichte zu schreiben ...

Ja, Gedichte und kurze Erzählungen. Das waren meine Anfänge mit 17.

Wusstest du sofort, dass das Schreiben deine Welt ist?

Ja.

Welche Gedichte hast du geschrieben? Liebesgedichte?

Natürlich. Im Grunde beginnt jeder Mensch, der noch keine Erfahrung hat, mit Liebesgedichten. Um Schreiben zu können, braucht man Lebenserfahrung. Nur in Ausnahmefällen kann eine überbordende Phantasie Lebenserfahrung völlig ersetzen. Kafka war zum Beispiel solch eine Ausnahme.

Wenn man keine Lebenserfahrung hat, glaubt man, zumindest eine sensationelle Erfahrung bereits gemacht zu haben – jene der Liebe. Unerfüllt, unsicher, unglücklich, aber immerhin: die erste Sensation, von der einigermaßen behütet oder sicher aufwachsende junge Menschen glauben, sie sei nicht trivial. Daher beginnt man in der Regel mit Liebesgedichten.

Wer war deine erste große Liebe?

Ich war ein einziges Mal in meinem Leben auf diese entsetzliche Weise verliebt, bei der man glaubt, ohne diesen Menschen nicht leben zu können, bei der man überzeugt ist, dass das Leben keinen Sinn mehr hat, wenn dieser Mensch nicht ewig an deiner Seite bleibt. Das ist Liebe im neurotischen Sinn.

Wie alt warst du damals?

21, und das Mädchen hieß Maria. Ich glaube, dass ich seit dieser Zeit der unglücklichen Liebe von zwei schweren Krankheiten geheilt bin: der possessiven Liebe und der Eifersucht.

Gibt es eine andere Eigenschaft, die du nicht haben möchtest?

Sehr spontan fällt mir dazu Egozentrik ein. Künstlern wird ja immer unterstellt, egozentrisch zu sein. Ich halte Egozentrik allerdings für eine sozial gemeingefährliche Krankheit. Wenn sich aus dem Kind der Erwachsene herausschält, dann geschieht das auf der Basis einer natürlichen Egozentrik.

Künstler hingegen haben oft den Wunsch – ich natürlich auch –, nie wirklich erwachsen zu werden, weil das Insistieren auf einer gewissen Kindhaftigkeit die einzige Möglichkeit ist, sich vieles im Leben offen zu halten. Erwachsene müssen Entscheidungen treffen und schließen damit alle anderen Möglichkeiten aus. Wenn ich mich entscheide, Arzt zu werden, kann ich nicht gleichzeitig Rechtsanwalt werden. Ein Romancier aber kann schreibend einmal Rechtsanwalt, dann Arzt, dann kritischer Kritiker sein. Da schließt sich nichts aus. Viele Künstler nehmen auf diesem Weg, sich nicht entscheiden zu müssen, die Egozentrik des Kindes mit.

Mir wurde jedoch früh klar, dass dies ein soziales Problem produziert, das unproduktiv und unfruchtbar ist. Ich glaube, dass der wirklich große Künstler derjenige ist, der nicht auf seinen Nabel schaut, sondern auf die Welt, und dabei in seinem Sonnengeflecht, um den Nabel herum, etwas spürt. Aber der Blick muss auf die Welt gerichtet sein. Als ich meinen ersten Roman »Kopfwehmut« geschrieben habe …

... deinen unvollendeten?

Vollendet ist er schon, aber nicht veröffentlicht.

Warum nicht?

Weil mir irgendwann klar wurde, beziehungsweise mir auch dank einiger guter Freunde und Vertrauter klargemacht wurde, wie egozentrisch dieser Roman ist. Dieser Roman war mein Gesellenstück. Und ein Gesellenstück wird in der Regel nicht verkauft. Aber es war schmerzhaft für mich, diesen Widerspruch austragen zu müssen. Ich wollte so gerne Erfolg haben in der Welt – habe aber dabei vergessen, auf die Welt hinzuschauen. Ich wollte einen Panoramaroman schreiben – wie Balzac, Dostojewski oder Doderer. Wien in den siebziger Jahren. Freunde haben mich jedoch darauf hingewiesen, dass das nicht Wien ist, was ich beschreibe, sondern es vielmehr um meine Probleme in meiner Studentenzeit geht.

Nimmst du auch Einwände von außen – wenn sie nicht von Freunden kommen – immer Ernst?

Na ja, ich schaue schon immer wieder, ob ich von kritischen Einwänden etwas lernen kann. Fest steht aber, dass man einem Menschen, der Ressentiments gegenüber Künstlern und Intellektuellen hat, den Sinn künstlerischer Arbeit nicht erklären kann, ja nicht einmal die Notwendigkeit des Nachdenkens. Ich nehme das nicht persönlich, weil es ein gesellschaftliches Problem ist: In diesem Land mit seiner alternativlosen Boulevardpresse, der seit 30 Jahren blockierten Bildungsreform und den kaputtgesparten Universitäten wird das Ressentiment der Verlierer und Betrogenen als »Meinung« hofiert – das heißt, sie werden da gleich noch einmal betrogen. In der Kunst geht es nicht um Meinung. Eine Meinung ist mein, und die kann ich genauso gut für mich behalten. Kunst ist daher in radikalem Widerspruch zu einer Politik, die heute auf der Basis von Meinungsumfragen gemacht wird, und in Widerspruch zu den so genannten »Meinungsmachern« des Boulevards, und auch in Widerspruch zu den Kampfpostern und Leserbriefschreibern, die herrisch die Meinung der Herren teilen. Drum interessieren mich zum Beispiel die Audi-Max-Besetzer mehr als das ressentimentgeladene institutionalisierte Gekeife dessen, was bei uns »Öffentlichkeit« genannt wird, aber nur ein »veröffentlichter Stammtisch« ist.

Na dann, Prost. Wir danken dir für dieses wunderbare Gespräch.

ROBERT MENASSE

Der heute 57-Jährige studierte in Wien, Salzburg und Messina Germanistik, Philosophie und Politikwissenschaften, ehe er 1980 mit der Arbeit »Der Typus des Außenseiters im Literaturbetrieb. Am Beispiel Hermann Schürrer« zum Dr. phil. promovierte. Von 1981 bis 1988 lehrte er als Lektor für österreichische Literatur, danach als Gastdozent am Institut für Literaturtheorie an der Universität São Paulo.

Seine erste Erzählung »Nägelbeißen« wurde 1973 veröffentlicht und von 1975 bis 1980 arbeitete er an seinem bis heute unveröffentlichten Roman »Kopfwehmut«. Sein erster veröffentlichter Roman, »Sinnliche Gewissheit«, erschien 1988. Es folgten kritische Essays zum österreichischen Geist, der österreichischen Identität und Geschichte, Theaterstücke und Erzählungen sowie unter anderem die Romane »Selige Zeiten, brüchige Welt«, »Schubumkehr«, »Phänomenologie der Entgeisterung« und »Don Juan de la Manche oder die Erziehung der Lust«.

Robert Menasse lebte ein Jahrzehnt in Brasilien, hatte zehn Jahre lang seinen zweiten Wohnsitz in Amsterdam, verbrachte ein Jahr in Berlin und einige Zeit in Lissabon und Brüssel ... immer wieder nützte er seine Distanz zu Wien, um sich als politisch engagierter Mensch kritisch mit seiner Heimatstadt auseinanderzusetzen. »Meine Erfahrungen im Ausland bedeuten auch, dass ich als Wiener in Opposition zu vielen Menschen und vielen Phänomenen in dieser Stadt stehe.«

Als einer der großen österreichischen Schriftsteller der Gegenwartsliteratur ist Robert Menasse aber auch mit seinem Selbsturteil sehr kritisch: »Es gibt immer eine demütigende Diskrepanz zwischen dem Traum und dem, was danach schwarz auf weiß gedruckt steht. Es darf keine Zumutung für die Menschen sein, die ich damit behellige. Das geschriebene Wort sollte nichts leichtfertig Hingeworfenes sein.«

»Ich bin ein ewiger Heimkehrer«

Klaus Maria Brandauer

ist nicht nur einer der größten Schauspieler dieses Landes, er zählt zu den wenigen deutschsprachigen Mimen, die international mit der Crème de la Crème vor der Kamera gestanden sind. Seinen internationalen Durchbruch schaffte er 1981 mit »Mephisto«, der 1982 als bester fremdsprachiger Film mit dem Oscar ausgezeichnet wurde. Brandauer ist ein Schauspielkünstler, wie es in diesem Metier weltweit nur ganz wenige gibt. Aber der »Don Carlos von der Burg« ist nicht nur Theatermensch mit Leib und Seele, er ist auch Altausseer mit großer Leidenschaft.

Ich hoffe, du hast großen Hunger.

Ich muss gestehen, auf der Fahrt von Wien nach Pürgg haben meine Frau Natalie und ich plötzlich Hunger bekommen: also Leberkassemmel an der Tankstelle, mit Essiggurkerl. Fein war das.

Wem sagst du das – Heißhunger begleitet mich ein Leben lang.

Dann hätten wir uns ja auch beim Würstelstand treffen können. Nicht, dass ich nicht wüsste, was gut ist ...

Nichts gegen eine Burenwurst am Würstelstand, aber dass wir uns hier im Gasthof Krenn treffen, ist mir doch lieber. Schau dir die Speisekarte an! Ein Wahnsinn ... Ich glaub', ich bestell mir ein Hirschragout.

Ja, gegen den »Krenn« kann man nichts sagen. Das ist selten. Aber hier stimmt's. Schon mein Großvater, der Brandauer Hans, hat gesagt: »Beim Krenn is guat essen.«

Es ist ja das Gasthaus von Natalies Tante, stimmt's?

Ja. Sie ist außerdem die Bürgermeisterin von Pürgg. Als ich ein Kind war, führte es Natalies Großmutter – eine große, schöne Frau. Da gab es nur ein paar Gerichte – Schweinsbraten, Eiernockerl, Steirerkasnock'n, Wurzelrostbraten ..., aber man ist schon damals extra hierher gefahren, weil es so gut war.

Das liest sich heute anders: Blunzengröstl, Vogerlsalat mit Erdäpfeln und Speck, glasierte Kalbsleber, Lammrücken, Tafelspitz ... Was nimmst du?

Das Lachsforellenfilet auf Süßkartoffeln.

Nicht schlecht! Als Vorspeise Tankstellen-Leberkas, als Hauptspeise Lachsforelle.

Das bin ich. Eine Mischung aus Provinz und Welt ...

... und Pürgg ein schöner Vorbote auf dem Weg aus der Welt in dein geliebtes Salzkammergut.

Ich bin ein ewiger Heimkehrer. Früher bin ich immer über den Pötschen in die Steiermark gefahren, da beginnt sie ja. Der erste Ort ist gleich Altaussee. Und jetzt fahr ich nur mehr über Pürgg, das ist für mich also das andere Ende – oder der andere Anfang, wie man das will – des Ausseerlandes.
So ist mein Leben: Alpha in Altaussee, Omega in Pürgg. Obwohl, die Pürgger, die Natalie, wollen nicht eingemeindet werden, die wollen lieber Ennstaler sein.
Eigentlich hätte ich als Altausseer ja die Seewiese als Treffpunkt wählen sollen.

Ich weiß. Mit der für mich schönsten Naturkulisse, die ich je gesehen habe. Ich sag immer: Die schönsten 2,1 Quadratkilometer Österreichs – vielleicht sogar der Welt – sind der Altausseer See.

Dagegen wird sicher kein Altausseer Einspruch erheben. Und wenn man Friedrich Torberg zitiert, heißt das so: »Wer nach Altaussee kommt, will nirgends hin als nach Altaussee ... Und wollte er's, so könnt' er's nicht!« ... Weil es nämlich eine Sackgasse ist: Am Ende der Dorfstraße, nach Kirche und Friedhof, liegt der See, und den kann man nur zu Fuß umrunden.

Und dabei gelangt man dann eben auf die Seewiese ...

... wo du mit Einheimischen und deinen Studenten aus dem Max Reinhardt Seminar den »Sommernachtstraum« aufgeführt hast.

Ich stand mit Rat und Tat zur Seite. Ich will ein Ermöglicher sein. Inszeniert hat Andrea Janauschek. Ich war natürlich so oft wie möglich dabei, die ganze Produktion lag mir sehr am Herzen – und ich will auch, dass wir wieder etwas machen.

Seit wann gibt es denn den Verein »Poesie im Ausseerland«?

Seit 1988. Wir haben mit literarisch-musikalischen Abenden begonnen, mit Lesungen, Konzerten und Dramoletten. Die Frischmuth, der Ransmayr, Menasse, Wolfgang Bauer, Heiner Müller, Jewgeni Jewtuschenko, Turrini haben bei uns gelesen, Maria Schell, Susi Nicoletti, Gertraud Jesserer, Elisabeth Trissenaar, Helmuth Lohner, Fritz Muliar sind aufgetreten, Juliette Gréco ebenso wie der Welttenor Johan Botha.

1992 haben wir Felix Mitterer beauftragt, ein Stück für das Salzbergwerk zu schreiben. Der Ausgangspunkt waren zwei verschüttete Bergarbeiter – so hat das »Spiel im Berg« begonnen. Das ist schon an und für sich ein besonderer Ort, so ein Bergwerk. Das Salz in der Luft, es ist kalt – es hat dort eine Art Magie, von sich aus.

Dazu kommt dann noch seine spezielle Geschichte. Das Altausseer Salzbergwerk wurde im Zweiten Weltkrieg als Depot für Beutekunst benutzt. Über 6000 Gemälde Alter Meister, Leonardo da Vincis, Michelangelos, Rubens', Rembrandts, Vermeers ..., wurden dort eingelagert. Den bösen Geistern der Vergangenheit haben wir mit »Poesie im Ausseerland« etwas entgegensetzen wollen – etwas, das auch die guten beschwört.

Auf die guten Geister!

Prost! Übrigens hat ein »Postler«, also ein Laie, ein Altausseer, im »Spiel im Berg« die Hauptrolle gespielt, über viele Jahre hin, und um ihn herum waren die angehenden Schauspieler. Ich wollte gemeinsam mit den Einheimischen etwas machen, diese Symbiose begeistert mich noch immer.

Und vor zehn Jahren – damals konnten wir wegen der erhöhten Sicherheitsauflagen nicht mehr im Salzbergwerk spielen – hat die Andrea dieses Konzept für den »Sommernachtstraum« ausgebaut, so haben dann der Gärtner, der Eisenbahner, der Lehrer, der Schneider und so weiter die Rollen der Handwerker gespielt. Sie, echte Laienschauspieler, haben die Laienschauspieler im »Sommernachtstraum« gespielt – das ist Shakespeare pur. Und die Seewiese war der ideale Schauplatz für die Elfenwelt.

Schöner geht's nicht. Ein magischer Platz.

Ja, magisch. Schon wieder. Aber es ist tatsächlich so. Das Ausseerland ist auch magisch. Und wenn man hier während der Sommermonate irgendeine Türe öffnet, sei es die einer Tenne oder von einem alten Stall: Überall ist etwas los. Dort spielt jemand Maultrommel oder Geige, da findet eine Lesung statt, hier gibt es eine Freilichttheateraufführung – das finde ich sehr schön. Wobei mir jene Geschichten und Aufführungen, die zu dieser Gegend passen, am besten gefallen. Es muss authentisch sein. Und auch Pürgg, was ja nicht zum Ausseerland gehören will, mit dem Grimming, der Kirche, der Johanneskapelle mit den berühmten Wandmalereien aus dem 12. Jahrhundert, mit der Gaststube und der Veranda vom Gasthaus Krenn ... Jetzt hör ich mich an wie der Tourismusbeauftragte.

Ich muss dir aber Recht geben. Und das Essen ist auch phantastisch. Doch zurück zu deinen Kindern, wie du deine Studenten nennst. Wollten die keine Ferien?

Die haben sowieso fünf Monate Ferien im Jahr. Das ist zu viel für einen Lernenden. Ich fand den Gedanken gut, meinen Studenten eine gewisse Kontinuität beim Lernen zu geben. Für das Handwerk, das sie erlernen – und das ist die Schauspielerei nun einmal, ob darüber ein großes, geniales Talent reitet oder nicht –, dafür ist eine durchgängige Praxis sehr wichtig. Nimm nur einen Tischlerlehrling, der im Oktober beginnt und schon im Dezember zwei Wochen Weihnachtsferien hat, und den ganzen Februar dann Semesterferien – und vier Monate später kommt die große Sommerpause. Glaube mir, dieser Lehrling lernt eines nie: das Hobeln.

Aus diesem Grund habe ich mir gedacht, dass meinen Studenten diese Art des Lernens, diese Berührung – fast hätte ich gesagt »Feindberührung«, aber in Wirklichkeit ist es ja eher eine »Freundberührung« – guttut, sehr gut.

Dadurch haben viele inzwischen großartige Schauspieler im Altausseer Bergwerk und auf der Seewiese ihr Handwerk gelernt.

Ja, das macht mich wirklich stolz. Sie machen Karriere beim Film, vor allem aber sind sie prachtvolle Schauspieler geworden an den allerersten Theaterhäusern: Birgit Minichmayr, David Rott, Johanna Wokalek, Johannes Zirner, Felix Rech, Robert Bartl, Philipp Hochmair, Johanna Eiworth, Marianne Hamre, alle. Die vielen, die ich nicht genannt habe, mögen mir verzeihen, alle sind sie mir ans Herz gewachsen und dort geblieben.

Ein Bild wie aus einem Schnitzler-Stück, wenn du – der Herr Direktor – mit deiner Plätte über den See zu deiner Bühne ruderst.

Na ja, Rudern bei Schnitzler? Vielleicht in einem Schnitzler-Film. Da fällt mir ein, Schnitzlers Verleger, Samuel Fischer, hat, wie Schnitzler meinte, seine Stücke nie ganz gelesen. Und so hat Schnitzler ihn einmal nach Altaussee eingeladen, und zwar zu einer Bootsfahrt. Der Fischer konnte nicht schwimmen, und da hat ihm der Schnitzler dann auf dem Boot den »Einsamen Weg« vorgelesen, so musste er bis zum Ende zuhören.

Du bist Ehrenbürger von Altaussee, hast du auch deinen Hauptwohnsitz in Altaussee?

Ja.

Wie viel Zeit verbringst du hier?

Jetzt zusammengezählt zirka zwei bis drei Monate im Jahr. Früher kamen wir immer Anfang Mai und blieben bis Oktober. Eines Tages werden es dann zwölf Monate sein, und dann werde ich für immer da liegen. Aber bis dahin möchte ich noch möglichst viel erleben.

Trinken wir noch ein Glas vom Grünen Veltliner? Mir fällt auf, dass du nicht mehr rauchst?

Schon lange nicht mehr, sieben Jahre mindestens.

Gratuliere! Was war die kürzeste Phase in deinem Leben, in der du nicht geraucht hast?

Zwischen zwei Zigaretten. Aber jetzt ist es endgültig vorbei. Ich hab viel geraucht, »Austria 3«, »Roth-Händle«, »Gitanes Maïs«. Es hat mir gut geschmeckt, aber ich bin nie um drei Uhr nachts zum Automaten gegangen. Ich hab ein sehr kritisches Verhältnis zu Abhängigkeiten und Obrigkeiten. Fritz Kortner sagte einmal zu mir, als ich noch ein schlanker Jüngling war: »Sie rauchen zu viel, Sie sollten mehr essen und mehr lesen.«

Hat damals nicht fast jeder am Theater geraucht?

Natürlich. Zur rauchenden Grete Zimmer, die die »Mutter Galotti« spielte, hat Fritz Kortner immer gesagt: »Die Zigarette mit der Zimmer soll kommen.«

Ich erinnere mich sehr gut an Kortners »Emilia Galotti« in der Josefstadt, du in deiner ersten großen Rolle ...

Mein Gott, die langen Gespräche mit Fritz Kortner. Alles, was er sagte, schien mir so klar. Ich wusste instinktiv – obwohl ich eigentlich noch gar nichts wusste: Er hat Recht. Es war wirklich ein Privileg, mit solchen Größen arbeiten zu können. Für mich die ideale Form zu lernen, denn es war kein Beruf, der sich mir hier eröffnete, sondern eine eigene Welt, deren Ziel es war, sich mit der Welt zu beschäftigen.

Und im Sommer in Altaussee hast du viele von diesen alten Granden wieder getroffen. Zum Beispiel Friedrich Torberg.

Ja, zum Teil, weil sie hier wohnten, zum Teil, weil sie Altaussee besuchten, später dann auch mich. Ich sage immer, ich verdanke »meinen vier Fritzen« sehr viel: Fritz Kortner, Friedrich Torberg, Friedrich Heer und der vierte Fritz hieß Ernst, Ernst Haeusserman. Vier Einflüsse, die unterschiedlicher nicht hätten sein können. Geeint hat sie ihre Intelligenz und Eloquenz – und ein Denken, das über Österreich hinausreichte, das Bewusstsein von Europa.

Du hast in jungen Jahren den Großteil

deiner Zeit eigentlich mit wesentlich älteren Männern verbracht.

Ja, weil das, was sie taten, mich so brennend interessierte. Ich spürte instinktiv, dass diese großen Theatermenschen etwas wussten, was ich nicht wusste. Sie haben mich eingeladen, an ihrem Tisch zugelassen. Mir hat das geschmeichelt und ich habe viel gelernt.

In Altaussee dagegen, da muss man sich den Stammtischplatz erstehen. Bis man dort dazugehört und sich dazusetzen darf, das dauert. Da muss man schon einiges aushalten.

»Auch in Hollywood wusste man immer, wo man mich erreichen konnte: beim Schneiderwirt in Altaussee.«

In Wien, beim berühmten Haeusserman-Stammtisch »In der Linde«, musste ich keine Vorleistung erbringen. Haeusserman sagte: »Kommen Sie mit und kommen Sie wieder«, und: »Der Kreisky ist heute auch da.«

Ich erinnere mich, wie du dir bereits als sehr junger Schauspieler deiner Stärke und Kraft bewusst warst. Als wir uns zum ersten Mal bei Gexi Tostmann am Attersee trafen, warst du noch sehr jung, aber bereits sehr selbstbewusst. Rückblickend erinnert mich dein Auftreten an den Satz von Walt Disney: »Ich habe mich schon als Walt Disney gegeben, da war ich noch lange nicht Walt Disney.«

Mein berühmter Satz, der auch später immer wieder kolportiert wurde, obwohl er durchaus scherzhaft gemeint war, lautet: »Der Größenwahnsinn ist mein ständiger Begleiter.« Von der Familie, besonders von meiner Mutter, wurde ich stets liebend überschätzt, und da kann einem dann im späteren Leben nicht mehr viel passieren.

Was hat deine Mutter denn gesagt, als du ihr erzählt hast, dass du Schauspieler werden willst?

»Mach's.« Dass in diesem Wort auch Besorgnis mitschwang, merkte ich erst viel später. Auch bei meinem Vater. Es war bei der Premiere von »Romeo und Julia« im Münchner Staatstheater 1973, da war ich schon ein g'standener Schauspieler, und am Ende der Vorstellung hat er mich gefragt: »Willst du nicht doch lieber Jus studieren?«

Erst viel später erkannte ich, dass er stets in großer Sorge um mich war – weil eine g'mahte Wiese ist das ja nicht –, und nach seinem Tod fand ich unter seinen Sachen viele Fotos und Zeitungsausschnitte von mir, die er fein säuberlich ausgeschnitten und eingeklebt hatte ...

Ja, ich war privilegiert. Immer, bis heute. Außer einem Schicksalsschlag in meinem Leben sind mir die Dinge ohne große Mühe von der Hand gegangen. Nicht, dass ich es immer leicht hatte, und nicht, dass ich immer nur gut war ... Wer ist das schon?

Deine Mutter hat dich zeitlebens in deinem Selbstbewusstsein gestärkt. Du warst damals noch sehr jung, als du nach einer »Jedermann«-Aufführung mit Will Quadflieg sagtest: »Den spiel ich auch einmal!«, und deine Mutter sagte: »Ja, sicher.« Das zeigt uns doch, dass es auch eine positive Auslegung des Satzes von Heimito von Doderer gibt: »Jeder bekommt seine Kindheit über den Kopf gestülpt wie einen Eimer. Später erst zeigt sich, was darin war. Aber ein ganzes Leben lang rinnt das an uns herunter, da mag einer die Kleider oder auch Kostüme wechseln wie er will.«

Meine Mutter hat sich auch gewünscht, dass ich einmal in Amerika arbeite. Ihre Großtante Emma ist nämlich nach dem Ersten Weltkrieg nach Amerika gegangen, als Angestellte vom Fürst Hohenlohe-Schillingsfürst, und dort geblieben – später wurde sie reich und hat uns besucht, die alte Dame.

> »Altaussee ist jener Ort, wo ich meine erste Landschaft aufnahm und die ersten Worte hörte und sprach – das ist für mich Heimat.«

Auch dich hat deine internationale Karriere nie daran gehindert, nach Altaussee zurückzukehren. In Hollywood wusste man, wo man dich erreichen konnte …

Im Zweifelsfall im Gastgarten vom »Schneiderwirt« in Altaussee.

Wie wichtig ist denn Heimat für dich?

Ich bin gern in Altaussee und habe die Menschen meines Lebens gern um mich.

Wie würdest du einem Fremden das steirische Salzkammergut beschreiben?

Wirklich begreifen kann man diesen Landstrich nur, wenn man ihn selbst kennenlernt. Dann weiß man, ob man damit etwas anfangen kann oder nicht. So gesehen gibt es keinen Unterschied zu New York oder Bahia oder Tatabánya. Man mag es oder nicht. Wirklich beschreiben kann ich nur, warum ich diese Gegend mag. Ich verbinde damit Wärme und Geborgenheit: meine Katze, das »Tigerl«, das in meinem Bett lag, obwohl es das eigentlich nicht durfte, die Märchen, die mir meine Mutti erzählt hat – dass ich zu meinen Großeltern ins Bett kriechen durfte und mich dort wohlig und geborgen fühlte. Auch heute finde ich es noch großartig, in einem kleinen Ort zu leben und aufzuwachsen, in dem man – wenn man will – jeden kennt. Nachbarn waren Nachbarn und nicht irgendwelche Fremden, man lebte mit den Ochsen, den Pferden, den Hunden und Katzen – es war ganz einfach ein Paradies für Kinder.

Und wenn man dann, ganz langsam, aber doch, erwachsen wird?

Dann merkt man – Gott sei Dank –, dass es auch in dieser Idylle so zugeht, wie überall anders auch. Da sind Menschen mit verschiedenen Neigungen – Jähzornige, ein paar Übersüße, ein paar Falsche, ein paar Grundehrliche. Und jene, die beides sind, falsch und trotzdem ehrlich. Man erkennt die Janusköpfigkeit der Menschen, die Dualität, und das immer an einzelnen Beispielen und immer an ähnlichen Charakteren. Daran kann man – schön langsam – Menschen und Welt kennenlernen und sich selbst auf die Spur kommen. In Altaussee genauso wie überall auf der Welt. Aber Altaussee ist auch der Ort, wo ich meine erste Landschaft aufnahm und die ersten Worte hörte und sprach – das ist für mich Heimat.

Hast du mit dem Begriff »Heimat« kein Problem?

Nein, überhaupt nicht. Ich mag meine Heimat so, als ob sie ein Lebewesen wäre. Allerdings muss ich auch zugeben, dass manchmal ein Sonnenaufgang über der Skyline von East Manhattan schöner sein kann als der über der Trisselwand. Das ist keine Enttäuschung, sondern eine Bereicherung und eine Gleichzeitigkeit. Denn das Schöne ist, dass man sich nicht entscheiden muss. Ich habe beides erlebt – und beides ist großartig.

> »Ich mag meine Heimat so, als ob sie ein Lebewesen wäre.«

Wonach sehnst du dich, wenn du längere Zeit nicht in Altaussee warst?

Dann habe ich unglaubliche Lust, zum »Schneiderwirt« zu gehen oder in die »Scheichlmühl« oder ins »Hotel am See« – oder auch zum »Krenn« in Pürgg. Nicht nur, um ein Glas Bier zu trinken, sondern auch, um die Menschen wieder zu treffen, um durch Altaussee zu spazieren und jene Orte aufzusuchen, an welchen einst Menschen lebten, die es inzwischen nicht mehr gibt. Natürlich ist nicht alles Gold, was ich in Altaussee gerne glänzen machen würde, wir sind nicht besser als anderswo, aber da ist ein Vertrauen, das man sich erst erwerben muss. Wenn man hier leben will, dann ist das eine große Sache, die mit viel Musik und Lachen begonnen und mit viel Musik und Lachen beendet wird. Und dazwischen wird noch Hochzeit gefeiert. Wenn man als Fremder an solch einer Zeremonie vorbeigeht, weiß man nicht, ob geboren, geheiratet oder gestorben wurde. Gefeiert wird es immer.

Und immer spielt die Musik. Wie hat man denn am Stammtisch beim Schneiderwirt auf deine Karriere reagiert? Auf deinen Weg zum internationalen Star?

Sehr großzügig. Aber vergiss nicht, dass Prominente aller Sparten hier schon sehr lange zum Ortsbild gehören. Die Altausseer sind stolz wie die Spanier. Großen Respekt kennt man hier nicht. Ich sage ja auch immer: Ich bin leidenschaftlicher Altausseer, ein chauvinistischer Steirer und nicht beleidigt, dass beides in Österreich liegt. Aber übergeordnet muss man eines sagen: Die größte, phantastischste Heimat, die wir haben, ist die Demokratie. Dafür bin ich dankbar, aber es ist auch etwas, für das man sich Tag für Tag einsetzen muss.

Du bist Theaterschauspieler mit Leib und Seele. Ist in dieser Welt, in der wir heute leben, Theater noch zeitgemäß?

Das Spiel ist so alt wie die Welt. Man wird weder das Theater noch die Oper umbringen können.

Du hast einmal gesagt: »Das Thema, das mich brennend interessiert, und das immer schon, ist: verführen, verzaubern, manipulieren, andere Leute beherrschen zu wollen, Chef zu sein, König, Kaiser, Führer.« Meinst du das als Schauspieler?

Natürlich. Das ist das Thema meiner Arbeit. Natürlich bin ich überhaupt nicht dafür, dass man andere Menschen beherrscht. Für mich gilt es aufzudecken, wo dies passiert. Auch zu »verführen« oder zu »verzaubern« ist ja Machtausübung. Ich möchte, dass man dies auf der Bühne und im Film aufzeigt und dieser Eigenschaft des Beherrschen-Wollens auf die Schliche kommt.

> »Ich bin leidenschaftlicher Altausseer, ein chauvinistischer Steirer und nicht beleidigt, dass beides in Österreich liegt.«

Das versuchst du ja auch aus deinen Schülern am Reinhardt Seminar herauszuholen, indem du sagst: »Ihr müsst die Leute anspringen, herreißen, beißen, zwicken, kratzen, umgarnen, beruhigen, aufregen – alles das muss es sein.«

Ja, so muss es sein – genau so. Aber schon mit Text! Natürlich geht es auch hier wie überall um die Begabung, die Fertigkeit, den Fleiß, das Können. Und damit um die Karriere, da beißt die Maus keinen Faden ab. Entscheidend sind die menschlichen Qualitäten, bei jedem Menschen, aber besonders bei den Künstlern, bei Menschen, die in der Öffentlichkeit stehen, die charakterlichen Eigenschaften. Der Mensch ist ein Gesamtkunstwerk, und auf dem Weg dorthin möchte ich ihn als Lehrer eine Zeitlang begleiten – und auch antauchen.

Lässt sich die Arbeit beim Film überhaupt mit Theater vergleichen?

Überhaupt nicht. Jeder glaubt, dass hier eine Verwandtschaft besteht. Das schaut nur so aus. Es gibt für mich nur wenige große Filmschauspieler, die auch auf der Bühne überzeugen konnten.

Da fällt mir dein schöner Satz ein: »Ich habe sehr viele berühmte Filmregisseure zurückgewiesen und sagte immer: ›Ich bin der Don Carlos vom Burgtheater, was können Sie mir bieten?‹«

Ich bin und war als Schauspieler sehr wählerisch. Ich liebe das Theater, weil es ein mythischer Ort ist. Spieler und Publikum erleben es gemeinsam, sie können sich gegenseitig befruchten oder lähmen. Im Film geht das nicht, da wird irgendwann ein Film gespielt und ich hab überhaupt keinen Einfluss mehr darauf. Ich suche die Erlebnisfähigkeit. Plötzlich weht dich etwas an ...

... und wenn du Glück hast, hast du ...

... einen guten Text.

Und einen Regisseur, ein Bühnenbild, Partner ...

Ja, aber Partner müssen nicht immer hilfreich sein.

Daher hast du dich – der »Carlos von der Burg« – ja auch ein Leben lang an den von dir geprägten Satz gehalten: »Ich will immer nur mit den Besten zusammenarbeiten.« Das hilft dann schon, nehme ich an?

Ja, das stimmt. Man braucht die Besten der Besten um sich. Immer. Darum muss man – wie bei allen Dingen im Leben – wählerisch sein. Und deswegen geh ich gern ins Gasthaus Krenn in Pürgg.

Gasthaus Krenn | 8951 Pürgg 11

T +43 (0)3682 222 74 | gasthaus.krenn@puergg.com | www.puergg.at/krenn

Öffnungszeiten: Mi–So 11–23 Uhr

Klaus Maria Brandauer

Als Klaus Georg Steng 1944 in Bad Aussee geboren, verbrachte er einen Großteil seiner Kindheit und Jugend bei den Großeltern in Altaussee. 1962 begann er sein Studium an der Hochschule für Musik und Darstellende Künste in Stuttgart, sein Theaterdebüt feierte er 1963 am Landestheater in Tübingen als Claudio in Shakespeares »Maß für Maß«. In den Jahren 1963 bis 1972 folgten Engagements in Salzburg, Wien, Düsseldorf und München.

Seit 1972 ist Klaus Maria Brandauer Ensemblemitglied auf Lebenszeit am Wiener Burgtheater. Im Jahr 1963 heiratete er die Regisseurin Karin Brandauer, deren Namen er annahm. Bereits zu Beginn seiner Karriere war der Schauspielkünstler auch als Regisseur erfolgreich.

Im Jahr 1981 gelang ihm sein internationaler Durchbruch unter der Regie von István Szabó mit dem Film »Mephisto«. Es folgte die Rolle des Bösewichts in der James-Bond-Verfilmung »Sag niemals nie« an der Seite von Sean Connery und Kim Basinger, sowie der große Erfolg als »Oberst Redl«, für den Brandauer mit dem »Filmband in Gold« als bester Darsteller ausgezeichnet wurde. Für »Jenseits von Afrika« wurde er als bester Nebendarsteller – an der Seite von Meryl Streep und Robert Redford – für den Oscar nominiert und erhielt den Golden Globe für die beste Nebenrolle.

Trotz seiner großen internationalen Kinoerfolge stand Klaus Maria Brandauer von 1983 bis 1989 als »Jedermann« auf der Bühne der Salzburger Festspiele und begeisterte darüber hinaus 1985 als »Hamlet«, 1999 als »Cyrano de Bergerac« und 2004 in »Nathan der Weise« am Wiener Burgtheater.

2010 erhielt er bei der Diagonale den »Schauspielpreis« für Verdienste um die österreichische Filmkultur und die »Platin-Romy« für sein Lebenswerk.

Seit einigen Jahren begeistert der »Altausseer mit großer Leidenschaft« auch immer wieder in der Zusammenarbeit mit Regisseur Peter Stein, unter anderem in »Wallenstein«, »Der zerbrochne Krug« und »Ödipus auf Kolonos«. Darüber hinaus lehrt Klaus Maria Brandauer als Professor am Max Reinhardt Seminar in Wien.

»Es gibt nix Besser's ois wos Guad's«

Willi Resetarits

hat künstlerisch einige Leben hinter sich. Der »Schmetterlings-Willi« entpuppte sich bald als »Dr. Ostbahn«, Begründer der »Kurtologie«, und wurde für viele Wiener zur Kultfigur. Heute heißt der Kurti wieder Willi und hat inzwischen seine vorläufig letzte und für ihn vielleicht schönste berufliche Lebensphase erreicht: die Möglichkeit einer breiten musikalischen Vielfalt ohne jede Verpflichtung.

Vor mehr als 40 Jahren habe ich dich das erste Mal gesehen und fotografiert. Wir waren damals beide noch sehr jung. War das dein erstes Konzert mit den »Schmetterlingen«?

Ja, ich erinnere mich sehr gut an diesen ersten öffentlichen Auftritt im Jänner 1969.

Weißt du noch, wo das war?

Im Golden Gate Club des Café Walküre in der Philharmoniker Gasse. Dort haben sich damals die so genannten »Folkniks« getroffen. Als das Café Walküre etwas später zusperren musste, ist die Szene in den Keller des Café Josephinum, ins Atlantis, übersiedelt. Aber ihr endgültiges Zuhause fanden die Folkniks dann im Café Papageno, wo der inzwischen legendäre Folkclub Atlantis schlussendlich sein Zuhause fand.

Dort waren auch deine ersten Auftritte?

Ja, dort hatte ich meine ersten Heimspiele. Das ist jetzt über 40 Jahre her.

Und vor 25 Jahren bist du zum ersten Mal als »Ostbahn-Kurti« im Schutzhaus am Schafberg in der Öffentlichkeit aufgetreten ...

Ja, das war im Februar 1985. Es war das erste offizielle Konzert, inoffiziell hatten wir ja bereits eineinhalb Jahre lang kleinere Konzertauftritte gemacht ...

... und vor einigen Jahren hatte ich das Glück, dass du mit mir das eine oder andere Wienerlied gesungen hast.

Ja, das war die so genannte Post-Ostbahn-Ära, in der mein musikalisches Spektrum sehr breit war.

Bist du damals vom Kurtl wieder zum Willi zurückgekehrt?

Ja, der Willi hat in dieser Ära praktisch alles gemacht, was ihm musikalisch bis dahin untergekommen ist und auch was ihm noch nicht untergekommen ist.

Inzwischen hast du ja schon einige Willis hinter dir ...

Ja, den »Schmetterlings-Willi«, dann kam der »Kurtl«, und jetzt gibt es einen »Willi«, der musikalisch so ziemlich alles macht. Das heißt, ich bin gewissermaßen in der letzten Phase angekommen.

Das hoffe ich doch nicht.

Ich schon, denn in dieser Phase fühle ich mich besonders wohl, weil mir diese musikalische Vielfalt alles erlaubt. Ich mache heute, was mir gerade in den Sinn kommt. Jede Form der Musik – von der Klassik bis zum Jazz. Wenn es mir damit gelingt, meine – wenn du so willst – mittelgroße Bekanntheit zu erhalten und davon leben und unabhängig bleiben zu können, wäre das für mich der Idealzustand – ohne jede Verpflichtung zu sein. Dadurch entfällt genau das, was so viele Künstler als sehr bedrückend ansehen, nämlich dauernd am Ball bleiben zu müssen, immer krampfhaft auf der Suche nach einem Hit, um jenen des Vorjahres zu übertreffen.

Erinnerst du dich noch, wo und wann du dein größtes Konzert gegeben hast?

Die meisten Fans kamen auf den Ostbahn XI-Platz in Simmering, am Kanal. Das war ungefähr 1990. Wir durften uns damals über Einnahmen von 15.000 zahlenden Besuchern freuen. Ein paar tausend kann man noch dazuzählen, denn die Zäune waren nicht wirklich gut bewacht.

Ein Heimspiel, wie du immer sagst?

Das kann man so sagen. Der Ostbahn XI-Platz war jener des Eisenbahnsportvereines ...

... und so wurdest du zum »Ostbahn-Kurti«?

Ja. Der Name »Ostbahn-Kurti und die Chefpartie« wurde ganz intuitiv von Günter Brödl erfunden, weil unsere Rockband ganz tief in der arbeitenden Bevölkerung verwurzelt war. Das Vorbild für den Namen »Ostbahn« war »Southside Johnny and the Asbury Jukes«, denn die Southside von Asbury und die Eastside von Wien haben eines gemeinsam: Sie sind dort, wo der Wind die Abgase hinbläst, dort, wo die günstigen Quartiere stehen, dort, wo die arbeitende Bevölkerung zuhause ist.

Du wolltest ja ursprünglich Lehrer werden?

Ich wollte es studieren, werden wollte ich es nicht. Obwohl mir der Beruf schon irgendwie entspricht. Aber ich wollte vor allem deshalb Lehrer werden, weil meine Freunde Lehramt studiert haben. Und die wollte ich nicht verlieren. Das gleiche hatte ich bereits früher einmal getan. Als ich in die zweite Klasse der Mittelschule im zehnten Bezirk in die Ettenreichgasse ging, sind meine Eltern nach Floridsdorf übersiedelt. Daraufhin bin ich sechseinhalb Jahre jeden Tag mit der Straßenbahn quer durch die ganze Stadt gefahren, um meine Freunde zu sehen. Ich hatte Angst, sie sonst zu verlieren.

Ein langer Weg. War dir Musik damals schon wichtig?

Doch, Musik stand immer über allem. Seit meiner ersten Mittelschul-Band.

Wie hieß die Gruppe?

Die »Odds«.

Was bedeutet »Odds«?

Die Seltsamen.

Hattest du einen besonderen Bezug zur britischen Musik?

Ich hatte anfangs vor allem britische Idole, bis ich gemerkt habe, dass deren Einflüsse aus Amerika kamen, und so bin ich auf die Soul-Musik gestoßen und 1965 mit fliegenden Fahnen ins amerikanische Lager gewechselt – und gleich direkt zur Quelle dieser Musik vorgedrungen.

Haben dich damals auch die Beatles begeistert?

Am Anfang, gleich danach kamen dann die Stones. Genau in jener Reihenfolge, in der die Musik zeitverzögert in Österreich angekommen ist.

Du hast also nie nur zu einer Fraktion gehört? Warst du nie nur Beatles- oder nur Stones-Fan?

Nein, und das ist bis heute so geblieben. Ich habe mich nie nur für diese oder jene Musik interessiert. Immer nur für die gute.

Wenn du Mick Jagger heute auf der Bühne siehst, was denkst du dir?

Darf ich das härteste aller Urteile fällen?

Ich bitte darum.

Große Indifferenz. Als ich 15, 16 Jahre alt war, habe ich ihn gebraucht wie einen Bissen Brot. Jetzt bewundere ich ihn und die älteren Herren zwar, weil sie immer noch so brav auf der Bühne stehen, ich bewundere ihre gute Kondition, aber ich finde, dass man sich in der Musik weiterentwickeln sollte.

> »Ein Lied wird nicht besser, wenn man es 40 Jahre lang immer wieder hört.«

Wirst du nicht auch ein wenig sentimental, wenn du die alten Lieder der Stones hörst?

Nein. Ich schätze zwar Sachen, die sich gut gehalten haben, aber ein Lied wird nicht besser, wenn man es 40 Jahre lang immer wieder hört. Ich bin ja schon früh zu den Folkniks gewechselt und habe Singer-Songwriter wie James Taylor oder Joni Mitchell sehr geschätzt. Bei dieser Musik werde ich sentimental. Damals war ich ein junger Erwachsener, hatte meine erste große Beziehung und meine erste große Trennung. Damals habe ich Joni Mitchell am großen Tonbandgerät hinauf- und hinuntergespielt, um mich zu trösten.

Jedenfalls hast du dich in den sechziger Jahren nicht dafür entschieden, ausschließlich von der Musik zu leben.

Das war zu jener Zeit – ich war noch nicht einmal 20 Jahre alt – nicht möglich. Das hat auch niemand anderer geschafft. Als ich 22 Jahre alt war, habe ich dann mein Studium aufgegeben und die Brücken zu einer möglichen Lehrerkarriere und einer sicheren Existenz endgültig abgebrochen. Im Kopf hatte ich immer nur die Musik, und bei der ersten Gelegenheit, bei der ich dachte, es vielleicht finanziell schaffen zu können, habe ich den Sprung mit meiner Band gewagt. Als Profis ohne Einkommen.

Weißt du noch, wann du das erste Mal auf der Bühne gestanden und gespürt hast: »Ja, es geht sich aus, es kommt vom Publikum Feedback. Ich habe es geschafft, ich kann davon leben!«?

Dass ich davon leben kann, habe ich erst gewusst als es irgendwann soweit war. Es war ein fließender Übergang, und bis dahin habe ich viele jener Unterstützungs-Jobs gemacht, die in jeder Künstlerbiografie vorkommen.

Was hast du denn gemacht?

Am Bau gearbeitet, da war ich schon fast eine Fachkraft.

Welches Fach?

Zuerst jugendlicher Hilfsarbeiter, später bin ich zum Hilfsarbeiter aufgestiegen.

Und hast dich auch nicht gescheut, schwere Arbeiten anzunehmen?

Nein, das habe ich schon zuhause beim Bau unseres Hauses gelernt. Ich hätte es als Schande empfunden, wäre die Scheibtruhe mit der Betonmische nur halbvoll gewesen.

Welche Hilfsjobs hast du denn noch gemacht?

Ich habe in der Ankerbrotfabrik gearbeitet. Dort habe ich Mehlsäcke, in der Molkerei Milchflaschen geschlichtet. Später habe ich auch als Skilehrer auf Schul-und Privatskikursen gearbeitet und war auch Zusteller von Briefen in Stammersdorf.

Wie lange hast du diese Hilfsarbeiten machen müssen, ehe du von der Musik leben konntest?

Bis 1972.

Wenn du am Abend allein zuhause bist, welche Musik hörst du dir an?

Manchmal genieße ich nur die Stille. Oder ich drehe das Radio auf und höre das, was gerade gespielt wird, schaue mir Musik-DVDs an, um Kollegen bei der Arbeit zu beobachten, und ärgere mich über Regisseure, die zu viel wegschneiden und mich nicht lange genug die Hand des Gitarristen beobachten lassen.

Kaufst du dir nie CDs?

Nein, die Musik kommt zu mir. Ich bekomme sehr viele CDs von jungen Musikern oder Musikgruppen zugeschickt, die ich auch sehr gerne höre, und ich freue mich, wie gut manche sind.

Unabhängig von der Musikrichtung?

Ja. Alles, was ich selbst spiele, höre ich auch gerne. Vorausgesetzt, es hat ein gewisses musikalisches Niveau. Es gibt den Musikhochschul-Zugang zur Musik und den Kunsthochschul-Zugang. Beides hat seine Berechtigung. Ich höre einfach gerne gute Musik.

Was wird dir, wo du inzwischen auch schon einige Jahre am Buckel hast, zunehmend wichtiger im Leben? Worauf willst du immer weniger verzichten?

Für mich selbst suche ich Ausgeglichenheit. Es ist noch sehr viel Rastlosigkeit in mir, die mich dazu verleitet, all die tollen Angebote, die ich bekomme, auch anzunehmen. Ich würde gerne etwas ruhiger werden.

»Im Kopf hatte ich immer nur die Musik.«

Was würdest du mit der Zeit machen, wenn du weniger Angebote annehmen würdest?

Der Garten müsste endlich bearbeitet werden, das Bücherregal im Dachgeschoss wartet auf mich, der Keller gehört seit zehn Jahren zusammengeräumt. Ich würde mich gerne einmal in diese Dinge hineinversenken können, meine Freundschaften pflegen, mich mit den Kindern treffen. All das ist in diesem »Ein-bisserl-Zuwenig-Status«. Ich würde gerne dahin kommen, mehr davon zu haben. Dieses »Gerade-Richtig« von all dem wäre mein Ziel.

Das heißt, du bist also kein Absager?

Theoretisch bin ich ein großer Absager.

Was müsste passieren, dass der »Ostbahn-Kurti« wieder auftritt?

Wenn ich all die lieben Freunde wiedertreffe und wir einen von der Öffentlichkeit unbeachteten

Auftritt – nur für uns selbst – machen möchten. Nur für die treuesten »Kurtologinnen« und »Kurtologen« – das könnte spontan schon einmal passieren. Aber auch dann, wenn ich für meine sozialen Zwecke eine größere Summe Geldes bekäme, wäre ich jederzeit erpressbar.

Wenn wir schon bei deinem sozialen Engagement sind. Du hast dich sehr früh an verschiedenen Fronten engagiert. Zu einer Zeit, als das noch nicht viele Künstler gemacht haben. Wofür engagierst du dich mit der allergrößten Verve?

Für das, was ich als Erfolg empfunden habe. Das war in meiner politischen Phase die Abstimmung gegen Zwentendorf, als ich gemeinsam mit den »Schmetterlingen« eine Deutschlandtournee abgesagt habe, damit wir uns für die Abstimmung engagieren konnten. Sehr bald danach habe ich mich jedoch dafür entschieden, nicht die ganze Welt retten zu können. Ich musste mich spezialisieren. Das waren schließlich die Flüchtlinge und das Wiener Integrationshaus als mein Betrag dazu.

Macht die Politik heute genug für Flüchtlinge?

Nein. Das Flüchtlingswesen und das Asylrecht beziehungsweise Nicht-Asylrecht in Österreich sind eine Schande.

Siehst du eine Chance, dass sich in nächster Zeit diesbezüglich etwas ändern wird?

Der Vorteil, wenn man sozial aktiv ist und sich nicht das naive Ziel setzt, die Armut müsse bis zum nächsten Jahr abgeschafft werden, ist, dass man zumindest immer ein klein wenig dazu beitragen kann, dass sich Schritt für Schritt etwas ändert und verbessert. Sehr wichtig wäre dabei, Asylanten und Zuwanderer nicht populistisch für Wahlwerbung einzusetzen.

> »Ich bin ein Zirkuspferd und muss die Manege riechen, dann fange ich zu tanzen an.«

Woher kommt dein großer Antrieb, anderen, Schwächeren, Ärmeren, zu helfen?

Das hat vor allem zwei Gründe. Ich bin als nicht Deutsch sprechendes, dreijähriges Kind nach Wien gekommen, habe auf der Gasse Wienerisch und später sogar Hochdeutsch gelernt und wurde dabei auf diese typische gemütliche Wiener Art diskriminiert. Unter dem Motto: »Zuerst kommt der Weana, dann der Krowot.« Zweitens halte ich es für ganz wichtig, nie zu vergessen, woher man kommt. Woher ich komme. Nämlich aus kleinen Verhältnissen.

Wir sitzen hier in Stammersdorf beim Heurigen Wieninger und es ist sehr gemütlich. Wie so oft bei Wiener Heurigen. Aber gerade in dieser Gemütlichkeit passiert es ja sehr oft, dass das eine oder andere fremdenfeindliche Wort fällt. Was machst du, wenn du so etwas am Nebentisch hörst?

Erstens glaube ich, dass diese Fremdenfeindlichkeit nicht durchgängig ist. Es gibt auch in der breiten Wiener Öffentlichkeit – vielleicht nicht immer wahrnehmbar – sehr viel Hilfsbereitschaft. Diese Menschen sitzen ebenfalls beim Heurigen. Aber wenn dem einen oder anderen »etwas auskommt« und ich das höre, stelle ich mich dagegen.

Das letzte Mal habe ich zur Kellnerin gesagt: »Zahlen bitte, ich kann jetzt nichts mehr essen, denn wenn ich den beiden Trotteln dort drüben noch weiter zuhören muss, speib' i mi an.« Das habe ich so laut gesagt, dass die zwei es verstanden und begonnen haben, sich aus dieser G'schicht wieder herauszureden. Die meisten haben dann ja zumindest so viel Anstand, nicht auch noch auf den Scheißdreck zu bestehen, den sie vorher verzapft haben. Das hat auch etwas mit der so genannten Wiener »Schaß«-Freundlichkeit zu tun.

»Irgendwann habe ich bemerkt, dass ich den Wein, der mir für dieses Leben zugeteilt war, schon ausgetrunken hatte.«

Jetzt sitzen wir hier aber auch, um das Essen und Trinken zu genießen. Was ist Genuss für dich heute? Früher waren das ja sicherlich auch ein bis zwei Glaserln Wein.

Ja, natürlich. Ein guter Wein gehört dazu. Momentan bin ich zwar beim Traubensaft gelandet, aber ich weiß durchaus guten Wein zu schätzen. Mit zunehmendem Erwachsenenalter habe ich auch gelernt, gutes Essen zu schätzen. Dazu passt mein Wahlspruch: »Es gibt nix Besser's ois wos Guad's.«

Du hast ja eine Zeitlang sehr viel Wein getrunken. Ist diese Phase jetzt vorüber und bist du so vernünftig und erwachsen geworden, dass du nichts mehr trinkst? Sind alle Fässer geleert?

Nein, nein. Wein habe ich noch genug im Keller. Ich hoffe, er wird mir nicht schlecht. Es ist nur so, dass ich irgendwann bemerkt habe, dass ich den Wein, der mir für dieses Leben zugeteilt war, schon ausgetrunken hatte.

Wie groß war das dir zugedachte Fass?

Ohne Boden. Kein Achterl weniger, als mit Gewalt in diesen Körper hineingegangen ist.

Aber der Wein ist ja auch ein Stimmungsmacher.

Oh ja, er hat eine große Funktion bei der Geselligkeit. Die gesamte Weinkultur basiert auf dieser Stimmungsaufhellung. Das ist sensationell. Aber leider liegt auch das Phänomen darin, dass man im Laufe des Lebens die Dosis steigert. Und dann teilen sich die Menschen in jene mit und jene ohne Suchtverhalten. Und meine Ausformung der Sucht war, dass ich zwar nicht unbedingt jeden Tag trinken musste, aber wenn ich in froher Runde saß, habe ich das Ende nicht gefunden. Ab einem bestimmten Quantum war der »Point of no Return«.

Heißt das für dich jetzt, wo du nichts mehr trinkst, dass du weniger genießt?

Wenn man das ganze Leben so gerne in froher Runde mit lieben Menschen zusammengesessen ist und dazu immer das eine oder andere Glaserl Wein gehört hat, muss man langsam – und das geht nur sehr langsam – lernen, das auch ohne diese aufheiternde Wirkung des Weines zu tun. Denn natürlich fehlt plötzlich etwas.

Und das hast du inzwischen gelernt?

Ich gehe natürlich viel weniger aus. Und wenn, bin ich nicht mehr so lange unterwegs. Es ist ja so, dass für denjenigen, der nichts trinkt, die Gespräche derer, die trinken, weniger ergiebig sind und sich die Geschichten im Radl sehr schnell und immer wiederholen.

Welche Art von Küche hast du denn am liebsten?

Die in einem gehobenen Gasthaus. Im Idealfall ist es ein Wirtshaus, in dem ein Künstler Hausmannskost kocht.

Hast du ein Stammlokal?

Ich hatte meine Stammwirten immer in unmittelbarer Nähe meines Wohnortes. Jetzt ist mein Stammwirt der Birner an der Alten Donau.

Was isst du denn gerne?

Dort, wo es ein saures Rindfleisch gibt, bin ich daheim. Überhaupt mag ich gekochtes Rindfleisch sehr gerne – das muss aber nicht immer Tafelspitz sein. Im Grunde genommen bin ich ja fast ein Vegetarier. Vegetarisch, mit ein paar Bröckerln Fleisch drin – das ist mir das liebste.

Was magst du an Lokalen nicht?

Eine dicke Speisekarte – »das Buch«. Ich suche immer nur nach handgeschriebenen Speisen. Dann darf man hoffen, dass das Essen frisch zubereitet wird. Am liebsten habe ich es überhaupt – so wie beim Birner –, wenn die Speisen mündlich angesagt werden. Ginge es nach mir, sollte es in einem Lokal überhaupt nur ein Essen geben. So wie daham. Wahrscheinlich bin ich ein wenig in der Kindheit stecken geblieben.

»Das ideale Wirtshaus ist jenes, in dem ein Künstler Hausmannskost kocht.«

Lass uns noch einmal zur Musik zurückkommen. Wo spielst du denn besonders gerne? Gibt es Plätze, an denen du dich besonders wohl fühlst?

Seit Jahren achte ich darauf, wo wir spielen. Der Ort ist ungeheuer wichtig. Ein Teil dessen, was ich präsentieren will, hängt davon ab, dass ich am richtigen Platz spiele. Der »Kurtl« musste ja oft in Bierzelten spielen, die haben zum Beispiel eine ganz schlechte Akustik. Seitdem suche und finde ich auch ganz wunderbare Spielorte.

Wo zum Beispiel?

Platz Nr. 1 ist die Burgarena Finkenstein. In Wien ist das Orpheum sehr gut. Kinos sind auch immer sehr gut geeignet – ansteigende Sitzreihen, schalltoter Raum und Musik aus den Lautsprechern. Gut ist auch die Halle F in der Wiener Stadthalle.

Bei deinen Liedern ist ja nicht nur die Musik sehr wichtig, sondern auch die Sprache und der Dialekt. Auch in deiner jetzigen Phase mit der Formation »Stubnblues«?

Ja. Das Schöne an dieser Formation ist, dass wir alles spielen, was uns gefällt. Angefangen hat es auf einer Hütte – oder besser auf zwei Hütten. Einmal waren wir in Südtirol im Hochpustertal am Seppila-Hof, und kurz danach waren wir drei Tage lang am Stubnerkogel in Bad Gastein auf der Öli-Lodge eingeschneit.

Daher auch der Name »Stubnblues«?

Genau. Wir sind in der Öli-Lodge gesessen und haben gespielt, was uns gerade eingefallen ist. Wir haben dort Bücher mit Liedtexten gefunden und alles Mögliche gesungen und gespielt.

Du machst ja auch bis heute die Radiosendung »Trost & Rat« auf Radio Wien.

Ja, aus »Trost & Rat mit Dr. Kurt Ostbahn« wurde »Trost & Rat mit Willi«. Gesendet wird inzwischen um 19 Uhr und nicht mehr zu Mittag.

Als Ostbahn-Kurti hattest du lange Zeit Kultstatus. Wie gehst du damit um?

Professionell. Ich setze mich in der U-Bahn nicht mitten unter die Menschen hinein, so dass mich jeder erkennt, sondern wähle den Sitz aus, bei dem ich kein Gegenüber habe, höchstens die Wand. Ich versuche möglichst unerkannt zu bleiben. Aber wenn mich jemand anspricht, bin ich immer freundlich und zu jedem Gespräch bereit. Mein Pluspunkt, aber auch meine Krankheit, ist die Freundlichkeit.

Wo liegt denn der Unterschied zwischen dem Kurti und dem Willi?

In meiner Wahrnehmung gibt es keinen. Aber jedenfalls habe ich den Kurti dazu benützt, den Rock 'n' Roller in mir heraushängen zu lassen – er hat das Rock 'n' Roll-Herz in mir befreit.

Wie wichtig ist dir das Wienerlied?

Ich bin sehr stolz, dass ich einige Male mit der Trude Mally auftreten durfte und von ihr ganz alte Wienerlieder gelernt habe. An diesen Liedern merkt man, wie das Wienerlied einst vom Land hereingekommen ist.

Was macht Wien für dich besonders lebenswert?

Die Anlage der Stadt, durch die man so wunderbar spazieren kann.

Wo gehst du gerne spazieren?

Ich spaziere oft quer durch die Bezirke nach Hause. Ich suche in der Stadt die Landschaft, die dort früher einmal gewesen sein könnte. Ich folge gerne alten Bachlinien.

Was macht für dich die Stimmung in der Stadt aus?

Die gemütliche, lebenslustige Art der Wiener, die sich ja auch historisch nachverfolgen lässt. Dass der Wiener gerne feiert, in die Vorstädte zu den Heurigen fährt und den Herrgott einen guten Mann sein lässt. Einem Fremden würde ich sagen, es gibt in Wien eine

Institution, wo man Herberge findet – die Kaffeehäuser.

Gehst du oft in Kaffeehäuser?

Als ich jung war, ja. Immer habe ich darauf geachtet, einen fixen Platz zu haben, wo ich mir meine Post hinschicken habe lassen. Als ich noch im 18. Bezirk gewohnt habe, war es das Café Schopenhauer. Als ich in der Heiligenstädter Straße gewohnt habe, war ich immer im Café Grillparzer. Im Kaffeehaus kann man ein bisserl daheim sein.

Heuriger Wieninger | Stammersdorfer Straße 78 | 1210 Wien
T +43 (0)1 292 41 06 | office@heuriger-wieninger.at | www.heuriger-wieninger.at
Öffnungszeiten: ganzjährig Fr 15–24 Uhr; Sa, So, Feiertag 12–24 Uhr;
ab Mitte April auch Do 15–24 Uhr

Willi Resetarits

1948 in Stinatz im Burgenland geboren, war der Sänger und Menschenrechtler von 1969 bis 1989 Mitglied der Musikgruppe »Schmetterlinge«. Deren bedeutendstes Werk ist die »Proletenpassion«, die 1976 bei den Wiener Festwochen uraufgeführt wurde. Ab 1985 verkörperte er mit großem Erfolg die Kultfigur des Dr. Kurt Ostbahn. Die Formation »Ostbahn Kurti & die Chefpartie« nahm mehrere Alben mit ins Wienerische übersetzten Rock-, Blues- und Rhythm-&-Blues-Stücken auf.

Von 1995 bis 1998 gestaltete Resetarits jeden Sonntag die Radiosendung »Trost & Rat mit Dr. Kurt Ostbahn« auf Radio Wien, wechselte dann zum Sender Ö1 und moderierte dort die monatliche Sendung »Ein Pferd kehrt heim«, die Ende 2000 in »Die Willi Resetarits Radioshow« umbenannt und live aus dem Großen Sendesaal des Radiokulturhauses übertragen wurde.

Im Dezember 2003 schickte Willi Resetarits sein altes Ego »Kurt Ostbahn« endgültig »in die Pension« und ist seit Oktober 2006 wieder mit »Trost & Rat mit Willi Resetarits« auf Sendung bei Radio Wien. Künstlerisch ist der Sänger und Menschenrechtler zur Zeit mit einer Vielzahl neuer Projekte tätig – darunter die »Stubnblues« benannte Mischung aus Volksliedern auf Deutsch und Kroatisch, das »Gershwin-Projekt« mit dem Streichquartett StringFizz und Tini Kainrath, die »Galgenlieder« von Friedrich Gulda mit Paul Gulda & Ensemble sowie vertonte Gedichte unter anderem von H. C. Artmann: »Ich bin in einer Phase meines Lebens, in der ich mich besonders wohl fühle, weil mir diese musikalische Vielfalt alles erlaubt. Ich mache, was mir gerade in den Sinn kommt. Jede Form der Musik – von der Klassik bis zum Jazz. Denn ich habe mich nie nur für diese oder jene Musik interessiert. Immer nur für die gute.«

»Jede neue Idee ist wie eine Droge«

Daniel Spoerri

begann seinen künstlerischen Lebensweg vor mehr als 60 Jahren. Was mit einer Art Veitstanz in Existenzialisten-Kellern begann, gipfelte in einer internationalen Künstlerkarriere. Mit den »Fallenbildern« gründete der große Universalkünstler eine neue Kunstrichtung, die er unter anderem im Museum of Modern Art in New York ausstellte, ehe er mit »Eat Art« die essbare Kunst begründete. Vor Kurzem hat er in Hadersdorf bei Krems einen neuen Platz zum Leben und Schaffen gefunden.

Herr Spoerri, gibt es irgendetwas, was Sie auf keinen Fall essen würden?

Ja, gebackene Ratten.

Die werden ja Gott sei Dank immer seltener serviert.

Ich habe einmal ein Kochbuch mit Rezepten gemacht, illustriert von zehn verschiedenen Künstlern. Die Rezepte waren allerdings nicht geordnet nach Suppe, Hauptspeise und Dessert, sondern nach Körperteilen. Christian Ludwig Attersee hat das Rezept für Füße illustriert.

Die Rezepte haben Sie ausgewählt?

Ja. Aus meiner eigenen Kochbuch-Bibliothek von zirka 800 Büchern.

Welche Kochbücher finden sich darunter?

Zum Beispiel die Erstausgabe von »Le pâtissier pittoresque« aus dem Jahr 1815; von Marie-Antoine Carême selbst signiert.

Wann haben Sie begonnen, Kochbücher zu sammeln?

Vor 40 Jahren. Ungefähr zu jener Zeit, als ich das »Restaurant Spoerri« in Düsseldorf eröffnet habe, ein Stockwerk darüber war die »Eat Art Galerie« ...

... wo Sie unter anderem Arbeiten von Beuys und Dieter Roth ausgestellt haben. Wie sind Sie überhaupt jemals auf das Thema Essen gekommen? Wie hat alles begonnen?

Ich hatte Hunger. Es war damals nach dem Krieg in Rumänien. Ich hatte ganz einfach nichts zu essen. Meine Schwester ist an Unterernährung gestorben. Im Alter von zehn bis zwölf Jahren war ich vogelfrei, weil ich in keiner Schule angenommen wurde. Das war die schönste Zeit in meinem Leben. Aus der deutschen Schule hat man mich hinausgeschmissen, weil ich Daniel Isaac Feinstein hieß und Jude war, dann war ich in einer rumänischen Schule, dort gehörte ich automatisch zu den »Outlaws«, den Schwarzhemden, dann musste ich in die hebräische Schule wechseln, die mich allerdings wiederum nicht aufgenommen hat, weil ich zu wenig – oder kein – Jude war. Meine Mutter war ja Lutheranerin, nur mein Vater war Jude. Ich bin überhaupt nicht religiös erzogen worden. Also gehörte ich einer Gaunerbande an, die gestohlen und ihr Diebesgut verkauft hat.

Wann flüchteten Sie mit Ihrer Mutter in die Schweiz?

1942. Dort kam ich zu meinem Onkel, Theophil Spoerri. Er war Rektor und Professor an der Universität Zürich, ein strenger Protestant. In seinem Hause wurde wiederum nur gegessen, was unbedingt sein musste. Es war Sünde, Genuss zuzulassen.

Das heißt, Sie mussten später lernen, Genuss zu empfinden und ihn sich zu erlauben?

Ja, natürlich. Genuss jeder Art. Auch körperlichen. Es war sehr schwierig, das zu erlernen.

Ist es Ihnen gelungen?

Nein, nicht wirklich.

Ihr Leben entwickelte sich damals allerdings nicht in eine künstlerische Richtung ...

Na ja, ich machte viel – alles und

jedes –, ehe ich zuerst in Zürich und dann in Paris klassischen Tanz und Pantomime lernte. Meine Mutter und mein Onkel wussten einfach überhaupt nicht, was sie mit mir anfangen sollten. Ich war ein kleiner, verwilderter Junge, bin immer wieder von zuhause weggelaufen und hatte begonnen, in Existenzialisten-Kellern zu tanzen.

Warum?

Es war eine Art Veitstanz. Ich tanzte in diesen Kellern, um meine Unruhe und meine Verzweiflung loszuwerden. Wahrscheinlich wollte ich einfach alles rausschwitzen. So wild vor mich hin tanzend, wurde ich dann entdeckt. Max Terpis, der Ballettmeister der Staatsoper Berlin – er wurde später auch zu meinem zweiten Vater –, aber auch der Ballettmeister der Oper von Zürich meinten damals, ich sei eine große Begabung. Und man kann sagen, es ist Max Terpis zu verdanken, dass ich nicht ganz vor die Hunde gegangen bin.

»Ich tanzte in den Existenzialisten-Kellern, um meine Verzweiflung loszuwerden.«

Und damit begann Ihre Karriere als Tänzer?

Ja, ich ging zuerst nach Zürich und später nach Paris.

Waren Sie ein guter Tänzer?

Technisch war ich nicht sehr gut, aber wenn ich auf der Bühne stand, legte ich einfach los.

Waren Sie als Tänzer erfolgreich? Konnten Sie davon leben?

Ich war auf niederstem Niveau erfolgreich. Aber leben konnte ich davon nur schlecht. Ich habe zum Beispiel Fahrten nach Lourdes als Reiseführer begleitet, um mir nebenbei etwas Geld zu verdienen. Gekocht habe ich auf einem kleinen Spirituskocher und gegen Ende des Monats habe ich zumeist nur mehr die letzten, harten Stücke Brot im heißen Wasser aufgeweicht.

Aber nach Ihrer Rückkehr in die Schweiz wurden Sie Solotänzer am Stadttheater Bern?

Ja, und ich muss sagen, ich war danach nie wieder so berühmt wie dort. Als Solotänzer in einer so kleinen Stadt – da war man jemand.

Und Sie mussten nicht mehr Hunger leiden.

Nein, aber kochen konnte ich damals immer noch nicht mehr als »Gschwellti«.

Wie bitte? Das klingt eher nach einer Krankheit als nach einer Speise.

Das sind ganz ordinäre gekochte Pellkartoffeln, die man in der Schweiz mit Butter und Käse isst. In dieser Zeit lernte ich, das war im Jahr 1955, Künstler und Künstlerinnen wie zum Beispiel Meret Oppenheim kennen, die ja in den dreißiger Jahren zum Kreis der Pariser Surrealisten gehörte.

Damit begann Ihre eigentliche Geburtsstunde als Künstler?

Ja. Damals gab es einen Theaterkeller in Bern, den niemand bespielen wollte, bis ich kam. Dazu muss ich allerdings noch Folgendes erzählen ...

Ja bitte!

Eigentlich kann ich ja überhaupt nichts anderes als Anekdoten erzählen.

Wunderbar!

Als ich nach Paris ging, war ich in Eva Aeppli, die Frau des Schweizer Malers und Bildhauers Jean Tinguely, verliebt, ehe dieser dann Niki de Saint Phalle kennenlernte. Mit Tinguely arbeitete ich später in Paris zusammen. In Paris jedenfalls lernte ich in diesen Kreisen auch den Rumänen Eugène Ionesco kennen, dessen Stücke – darunter »Die kahle Sängerin« als Erstaufführung und »Die Unterrichtsstunde« – ich dann in jenem Berner Kellertheater inszenierte. Dazu kamen noch viele andere Inszenierungen, wie jene des Stückes »Wie man Wünsche beim Schwanz packt« – Pablo Picassos einziges Drama. So begann ich als Tänzer Regie zu machen.

Das war für Bern sicherlich eine Sensation.

Natürlich. Aber für mich war die Zeit des Herumhüpfens als Solotänzer endgültig vorüber. Danach bekam ich ein Engagement als Regieassistent von Rudolf Sellner am Landestheater Darmstadt und durfte selbst inszenieren. Ich wollte unbedingt das Stück »Das Gasherz« von Tristan Tzara aufführen, doch Sellner verbot es mir. Daraufhin sagte ich: »Okay, dann ist das Theater für mich gestorben.«

Warum?

Ich wollte nicht Regisseur von Stücken wie »Die Katze auf dem heißen Blechdach« werden. Das interessierte mich überhaupt nicht. Inzwischen hatte ich auch die Zeitschrift »material« – die erste Zeitschrift für konkrete Dichtung – gegründet und kehrte wieder nach Paris zurück. Ich wohnte damals Chambre No. 13 im Hotel Carcassonne und lernte Künstler wie Dieter Roth, Jesús-Rafael Soto und Yves Klein kennen.

Was ist »konkrete Dichtung«?

Konkrete Dichtung macht keine sentimentalen Sätze, sie gibt nur Worte in einer gewissen optischen oder akustischen Konstellation wieder. Daraus muss sich der Leser oder Zuhörer dann selbst ein Bild formen.

Haben Sie selbst gedichtet?

Ja, ich habe vieles gemacht. Rund um mich entstand eine Art Expressionismus – ein Herumschmieren mit Farben –, was ich hasste. 1960 unterzeichnete ich zusammen mit vielen anderen Künstlern das Manifest des »Nouveau Réalisme«. Ich war zwar gegen diesen Ausdruck »Neuer Realismus«, aber wir wollten uns einfach absetzen und distanzieren. Heute weiß ich, dass dieser damals von uns gehasste malerische Expressionismus auch nur eine Art Veitstanz nach dem Zweiten Weltkrieg war.

Sie lebten damals nach wie vor in Paris?

Ja. Tinguely war ein Freund geworden und ich habe viel experimentiert. Genauso wie er war ich fasziniert vom Spiel mit dem Zufall. Und plötzlich fiel bei mir der Groschen. Ich sah einen Tisch und sagte: »Das ist es.«

Ein Quadratmeter neue Kunst.

Ja, das »Fallenbild im Quadrat«. In ordentlichen oder unordentlichen Situationen werden zufällig gefundene Gegenstände genau dort, wo sie sich befinden, auf ihrer Unterlage – zumeist ein Tisch – befestigt und an die Wand gehängt. Das »Tableau Piège« zeigt einen Quadratmeter Welt. Es zeigt die Welt, wie sie gerade ist, so, wie sie der Künstler antrifft, ohne dass er darauf einwirkt. Dieser Quadratmeter Welt war die tägliche Banalität.

»Ich sah einen Tisch und sagte: ›Das ist es. Ein Quadratmeter neue Kunst.‹«

Das Fallenbild »Petit déjeuner de Kichka« wurde dann 1961 im Museum of Modern Art in New York ausgestellt. Das war der internationale Durchbruch. Und Sie waren endgültig beim Thema Essen angekommen. Worum ging es Ihnen bei diesen Fallenbildern?

Mich faszinierte vor allem, dass das Bild, an die Wand gehängt, in die Augenebene wechselt und dadurch eine vollkommen neue Dimension erhält. Indem ich die Realität selbst fixiert und umgestürzt habe, stülpt sie sich aus der Wand heraus und zeigt Objekte in einem zufälligen, dreckigen, unpolierten und ungeputzten Zustand.

Diese Art eine neue Kunst zu erfinden, kommt das plötzlich oder denkt man darüber nach, in welche Richtung man seine Kunst entwickeln möchte?

Ich glaube grundsätzlich, dass Menschen viel weniger nachdenken, wenn sie etwas schaffen, als sie später behaupten, nachgedacht zu haben. Man ist ein Medium.

Ging es Ihnen bei Ihren Tischen nicht auch irgendwie um das Essen, das Kochen?

Es ging mir um einen ganzheitlichen Zyklus, der das Leben und den Tod umfasst. Die schmutzigen Teller zeigen nur eine Sekunde dieses Kreislaufes. Ich habe damals den Film »Resurrection« gedreht, der diesen Prozess in umgekehrter Richtung zeigt. Man kann ja auch zurück in die Küche gehen. Und wenn man noch weiter zurückgeht, kommt man ins Schlachthaus: Man tötet ein Tier. Irgendwo stößt man auf die Verdauung, die wiederum Dünger produziert …

Ich möchte jetzt den Bogen zur so genannten »Eat Art«, der essbaren Kunst, spannen, deren Begründer Sie ja sind …

Das war allerdings Jahre später. Ich wollte mir damals ein Atelier gestalten, in welchem meine Tische laufend produziert werden sollten. Aber das war schwierig, also habe ich die Pariser »Galerie J« in ein Restaurant verwandelt: »Le Restaurant de la Galerie J«. Dort habe ich selbst gekocht und von einem Kritiker eine Ohrfeige bekommen, weil ich ihn dazu bringen wollte, in der Galerie J dem Publikum das Essen zu servieren, das ich gekocht hatte. Danach war ich wirklich berühmt.

Wann war das?

1963.

Und die Galerie beziehungsweise das Restaurant war mit Ihrer Kunst tapeziert sozusagen.

Ja, jeden Tag sollte ein Bild an die Wand kommen. Aber am Anfang waren die Wände natürlich leer, also habe ich eine Sammlung von insgesamt 723 Küchenutensilien gestaltet – später habe ich auch einmal eine von 150 Spar-Schälern gemacht. Wussten Sie übrigens, dass bei den asiatischen Schälern der Schlitz andersrum ist?

Nein, damit habe ich mich bis jetzt nicht beschäftigt. Wieso?

Weil der Asiate anders schält als der Europäer – er schält von sich weg und nicht zu sich her. Diese Bewegung setzt sich in der Bewegung und dem Tanz der Asiaten natürlich fort, und das lässt sich wieder auf die gesamte asiatische Philosophie weiterführen.

Womit wir schon wieder beim Tanz wären, obwohl wir doch beim Essen bleiben wollten.

Sie sind hartnäckig. Ich eröffnete also das Restaurant Spoerri in Düsseldorf acht Jahre nach der Gründung der »Nouveaux Réalistes«. Nach meinem Experiment im »Le Restaurant de la Galerie J« war die Eröffnung eines richtigen Restaurants eigentlich die logische Folge. Im Restaurant Spoerri dokumentierten wir während eines ganzen Jahres jeden Tag mit einem Bild. Über dem Restaurant hatte ich eine Wohnung gemietet, in der wir ein Atelier einrichteten. Auf einen der Tische des Restaurants montierten wir ein Brett, das wir herausnehmen und in der Galerie bearbeiten konnten. Die Tischplatte wurde den Gästen irgendwann zwischen den Gängen mit allen Tellern, Gläsern, Servietten und Aschenbechern weggenommen, und ein Freund von mir klebte die Sachen auf die Platte. Einmal im Monat kam aus Zürich ein Lastwagen und die Tische gingen auf die Reise.

Und von dort in Galerien auf der ganzen Welt.

Als ich mit »Eat Art« in Düsseldorf begann, sagte ich bei der Eröffnung: »Es gibt zwei große Triebe, die die Menschheit vorwärts treiben: der eine ist die Fortpflanzung, der andere die Selbsterhaltung, das Überleben.« Überleben war ja eigentlich von Kind auf mein Thema und hat, wenn man noch weiter zurückgeht – und ich tu das ja sehr gerne –, auch wieder viel mit Verdauen zu tun. Also habe ich mich für Verdauen entschieden.

Sind Sie dann von Paris nach Deutschland übersiedelt?

Nein. Ich war überall. Ich lebte im Hotel Chelsea in New York, hatte Ausstellungen in Galerien in New York, Köln, Antwerpen, Mailand und was weiß ich wo überall. 1966 flüchtete ich zusammen mit meiner Freundin auf die griechische Insel Symi. Dort lebten damals nur drei oder vier ausländische Pärchen und wir blieben 13 Monate. Nach einem Jahr merkte ich allerdings, dass der Zyklus des Insellebens sich zu wiederholen begann. Ich musste mich entscheiden: entweder ein Leben lang zu bleiben, oder weiterzuziehen.

Sind Sie je wieder auf die Insel zurückgekehrt?

Nein. Aber die Zeit auf Symi war die einschneidendste meines Lebens.

Wenn man sich so lange mit Essen als Kunstform beschäftigt hat, verändert sich dadurch das Verhältnis zum Essen? Wenn Sie heute einen vollen Teller vor sich stehen sehen, empfinden Sie dann ein gewisses Gefühl der Sättigung beziehungsweise der Übersättigung – oder ist immer noch Interesse da?

»Künstler haben früher nur nackte Frauen gemalt, nicht nacktes Essen.«

Ich bin ein neugieriger Mensch und mich interessiert das Neue ununterbrochen. Deswegen bin ich auch sehr schnell im Aufnehmen des Unbekannten, Fremden.

Im Jahr 2009 haben Sie sich in Hadersdorf bei Krems niedergelassen – mehr als 1000 Kilometer von ihrem Geburtsort entfernt kehren Sie wieder an die Donau zurück. Warum?

Als ich 1962 nach Klosterneuburg kam – dort traf ich Arnulf Rainer und Gerhard Rühm –, sah ich erstmals die Donau wieder. Von meinem Zimmer aus hatte ich einen herrlichen Blick auf den Fluss und ging auch hinunter ans Wasser. Damals stand ich das erste Mal wieder an der Donau, atmete die Luft tief ein, und plötzlich roch es wie in meiner Jugend.

Das heißt, die Donau hat Sie immer wieder angezogen.

Ja, das tut sie heute noch.

Sie haben aber nicht bewusst dieses Gebiet hier für Ihre neuen Projekte gesucht, sondern es ist wohl eher so, dass diese Gegend Sie gefunden hat?

Ja. Ich sah die beiden Häuser am Hauptplatz von Hadersdorf und wusste, ich will sie kaufen, um hier meine Arbeiten auszustellen.

Wie sind Sie überhaupt auf Österreich gekommen? Sie besitzen ihren »Il Giardino« in der Toskana, wo Sie auch Ihren Hauptwohnsitz haben, und außerdem ein Haus in Bellinzona, warum sind Sie jetzt nach Hadersdorf gekommen?

Weil ich mich hier wohlfühle.

Das heißt, Sie leben jetzt sowohl in der Toskana als auch in Hadersdorf?

Ja.

Als Sie diese beiden Häuser in Hadersdorf das erste Mal gesehen haben, was haben Sie empfunden? Ist das der Platz, an dem Sie alt werden möchten?

Was heißt alt werden, ich bin über 80 Jahre alt. Das hat man mich übrigens schon gefragt, als ich vor mehr 20 Jahren »Il Giardino« in der Toskana gekauft habe. Damals feierte ich meinen 60. Geburtstag und die Menschen sagten zu mir: »Endlich haben Sie einen Platz gefunden, wo Sie in Ruhe leben können.« Aber so denke ich nicht.

Kann man jetzt von der Kremser Phase des Daniel Spoerri sprechen?

Von der Hadersdorfer Phase, um es genau zu sagen. Ja, von der kann man sprechen. Aber ich werde versuchen, die Kremser Meile bis nach Hadersdorf zu ziehen.

Ein roter Teppich von Krems bis Hadersdorf ...

Vielleicht.

Hätten Sie nicht das Glück gehabt, sich zum Künstler zu entwickeln, auf welchem anderen Gebiet wären Sie Ihrer Meinung nach gut und erfolgreich geworden?

Vergleichende Religionswissenschaften.

Da hatten Sie als Künstler sicherlich eine größere Entfaltungsmöglichkeit. Sie haben vieles gemacht, doch – wie mir scheint – sind Sie immer gegen den Strom geschwommen. Niemand hatte zum Beispiel vor Ihnen die Idee, Essen zur Kunst zu erheben.

Da haben Sie Recht. Künstler haben früher nur nackte Frauen gemalt, nicht nacktes Essen. Heute ist das anders, heute sind Essen und Kochen Mode geworden – aber damals war das nicht der Fall. Es gab nur die große, klassische Tradition in der französischen Küche – und in Deutschland gab es Eckart Witzigmann ...

... und Sie wurden 2007 mit dem »Eckart-Witzigmann-Preis« der »Deutschen Akademie für Kulinaristik« ausgezeichnet.

»Die spannende Liaison zwischen Koch und Künstler.«

Ja, aber eher für Literatur und Gastrosophie als fürs Kochen.

In der Laudatio sagte man über Sie, dass sich »die spannende Liaison zwischen Koch und Künstler wie ein roter Faden durch Ihr Leben zieht«. Sind Sie ein Kochkünstler?

Ich habe eigentlich nie in meinem Leben wirklich etwas getan. Ich bin kein Handwerker.

... ein bissel getanzt, ein bissel gebastelt, ein bissel gekocht – und das Ergebnis ist ein großer Künstler.

Ich bin ein »metteur en scène«, ein Regisseur.

Gasthaus Jell | Hoher Markt 8–9 | 3500 Krems an der Donau
T +43 (0)2732 823 45 | gasthaus@amon-jell.at | www.amon-jell.at
Öffnungszeiten: Di–Fr 10–14.30 Uhr, 18–23 Uhr; Sa, So 11.30–14 Uhr

Daniel Spoerri

1930 in Galati (Rumänien) geboren, flüchtete er 1942 mit der Mutter und fünf Geschwistern nach Zürich. 1949 lernte er Jean Tinguely und Eva Aeppli kennen und besuchte die Theatertanzschule in Zürich, 1952 bekam er ein Stipendium für ein Tanzstudium in Paris und wurde von 1955 bis 1957 Erster Tänzer am Berner Stadttheater. 1956 folgte mit Picassos surrealistischem Drama »Wie man Wünsche am Schwanz packt« seine erste Inszenierung. 1957 erhielt er am Theater Darmstadt seine erste Regieassistenz und er gab die Zeitschrift »material« für konkrete Dichtung heraus, ehe er 1959 nach Paris zurückkehrte und Marcel Duchamp, Man Ray und Robert Filliou kennenlernte. Im Jahr 1960 war er Mitunterzeichner des Manifestes »Nouveau Réalisme« und seine ersten »Fallenbilder« wurden beim »Festival d'art d'avantgarde« ausgestellt. Es folgten Ausstellungen in Mailand, Köln und Amsterdam, ehe sein Fallenbild »Petit déjeuner de Kichka« im Museum of Modern Art in New York gezeigt wurde.

1964 wohnte er im berühmten Hotel Chelsea, ehe die Green Gallery »Daniel Spoerri´s room No 631 at the Chelsea Hotel« ausstellte. Nach einem längeren Rückzug auf die ägäische Insel Symni, wo das »Gastronomische Tagebuch« entstand, eröffnete er am 18. Juni 1968 sein erstes Restaurant in Düsseldorf, 1970 die »Eat Art Galerie«, und er begründete die Kunstform der »Eat Art«.

In den siebziger Jahren ging er für ein Jahr nach Berlin, lehrte an der Fachhochschule für Kunst und Gestaltung in Köln, machte Bühnenbilder für Peter Zadek, Dokumentarfilme und zahlreiche Ausstellungen im deutschsprachigen Raum. In den neunziger Jahren schuf der Universalkünstler unter anderem einen ausgedehnten Skulpturenpark – »Il Giardino« – in der Toskana.

Die vielfältige internationale Ausstellungsliste der letzten Jahre spiegelt die stete Weiterentwicklung des Künstlers bis heute wider. 2009 hat sich Daniel Spoerri in Wien und Hadersdorf am Kamp niedergelassen. Dort entstand das von ihm selbst als »Kunststaulager« bezeichnete Haus »Ab Art«, in dem seine Werke nun dauerhaft zu sehen sind.

»Das Leben ist ein Stafettenlauf«

Michael Heltau

ist mehr als ein Schauspieler, Entertainer, Erzähler und Sänger. Er ist ein Bühnenmensch mit Hirn und Herz, der seinen Beruf als »Schutzmantel« nutzt, unter dem ein Leben lang neue Verwandlungen möglich sind. Doch das Leben ist für den jüngsten Doyen der »Wiener Burg« nicht nur Theater: »Die letzte Einfachheit – das ist mein Ziel. Keine Dekoration, keine Ablenkung mehr. Nichts. Kein Druck mehr. Das ist das Schönste.«

Du strahlst so eine innere Ruhe und Zufriedenheit aus. War das immer so? Oder ist das ein Geschenk, das ab einem Alter von über 50 ganz einfach auf einen zukommt?

So subjektiv beantwortet, wie man dies – und überhaupt alles andere auch – nur tun kann, muss ich dir sagen, 50 wäre dafür viel zu spät. Ich habe mir in diesem »Jugendberuf«, den wir Schauspieler ja ausüben, immer gesagt, dass das, was beruflich nicht bis zur zweiten Hälfte der 20 passiert ist, nicht mehr kommt.

So früh?

Absolut. Dafür gibt es auch Zeugen. Und ein paar leben sogar noch. Ich habe das oft mit Menschen wie zum Beispiel dem Leopold Rudolf besprochen. Ich war ungefähr Mitte 20 und alle dachten, ich wäre ein Träumer, ein Idealist. Dabei haben sie mich nur mit jenen Figuren verwechselt, die ich auf der Bühne gespielt habe. Ich war immer Realist. Ich wusste, man muss mit Ende 20 in diesem Beruf etwas erreicht haben, um kein Kümmerling zu sein – und das wollte ich wirklich nicht sein. Das wollte ich in keinem Beruf sein. Daher: Wenn ich es bis Ende 30 nicht geschafft hätte, hätte ich etwas anderes gemacht. Ich wäre ausgestiegen und halt irgendwann einmal beim Theater gewesen. Für mich war das immer nur eine von vielen Möglichkeiten im Leben. Es gibt so viele Menschen, die immer nur darüber jammern, was sie alles im Leben gerne gemacht hätten.

Wie traurig.

Genau! Wie traurig. Auf die Frage »Ja, aber warum nicht?«, kommen dann immer nur Ausreden. Das Entscheidende im Leben ist, dass man trotz des Erfolges immer seine »eigene Gruabn« findet.
Weißt du, was ich meine? Wir haben zwar einen Brotberuf, der einen ernähren muss, aber darüber hinaus muss jeder noch ein Platzerl – wie die Grube in seinem Bett – finden. Dort, wo er wirklich hineinpasst und das findet, was er wirklich ist.

Ein schönes Bild – »die eigene Gruabn finden«.

Ja, das finde ich auch. Helene Thimig hat das vom Hans Moser übernommen – aus einem der vielen schlechten Filme, die wir damals alle gemacht haben –, aus einer Szene mit Lotte Lang. Beide liegen im Bett und wälzen sich herum, da sagt der Moser grantelnd zu ihr: »Jetzt lass uns doch endlich schlafen.« Daraufhin sagt sie: »Nicht bevor ich meine Gruabn g'funden hab.«

… und du hast diese Gruabn für dich gefunden?

Ja. Ich dachte mir bereits damals, alles, was ich als Schauspieler mache und erreiche, muss ich sehr bewusst wahrnehmen, denn früher oder später wird das nicht mehr sein. Schon damals war mir klar, dass die Schauspielerei ein Jugendberuf ist.

Das heißt, es ist dir früh gelungen, den

Moment zu leben, den Augenblick als das zu erkennen, was er ist?

Absolut. Und ich habe es genossen und mir dadurch auch sehr früh eine innere Unabhängigkeit erworben.

Aber wer hat schon den Mut und wird nicht im Alter von Existenzängsten geplagt?

Ja, natürlich. Ich verstehe auch jedes Handeln, wenn man in Not ist. Aber viele könnten sich sehr leicht lösen – und haben es bis heute nicht geschafft.

Mir war jedenfalls rasch klar, dass sich im Leben nicht alles ums Theaterspielen drehen darf.

Wer auf der Bühne steht, kann nur zu spät, aber nie zu früh aufhören. Daher habe ich mich vor zirka zehn Jahren entschlossen, nie mehr eine Rolle zu spielen. Ich habe immer gesagt: »Für Alter und Hinfälligkeit auf der Bühne stehe ich nicht zur Verfügung.«

»Wer auf der Bühne steht, kann nur zu spät, aber nie zu früh aufhören.«

Aber es gibt doch auch wunderbare Rollen für alte Schauspieler?

Ja, aber sie müssen alle ein bisschen jünger gespielt werden, als sie tatsächlich sind. Hör mir auf mit diesen hochverdienten Künstlern. Jeder muss oder sollte wissen: Dieser Beruf ist nur auf Zeit. Und jemand, der ein Leben lang im Schauspielerberuf unglücklich ist, der sollte nicht zum Theater, sondern zum Arzt gehen.

Ich verstehe Künstler nicht, die behaupten, sie möchten nichts lieber als auf der Bühne sterben. Wie bitte? Das will man Zuschauern antun? Auf der Bühne den letzten Japser machen? Wie kommen andere Menschen dazu? Sterben ist doch eine Sache der Intimität, und nicht der Öffentlichkeit.

Heißt das aber nicht auch, dass viele Künstler nur auf der Bühne zu leben verstehen?

Genau das meine ich. Ein verlorenes Leben. Sie haben ein Leben lang die Rollen nicht begriffen. Auf jede Rolle muss eine nächste folgen und dann wieder die nächste ...

Welches Stück war das letzte, in dem du gespielt hast?

»Die Riesen vom Berge«, inszeniert von Giorgio Strehler. Ich habe damals beschlossen aufzuhören, weil ich ganz einfach nicht mehr wollte. Ich wollte nicht mehr auf Proben gehen, wollte nicht mehr dies und jenes müssen. Ich hab das alles doch so lange Zeit gemacht.

War das mit einer Art Abschiedsschmerz verbunden?

Nein, überhaupt nicht. Keine Wehleidigkeit, bitte. Ich habe immer gesagt, ich bin doch nicht mit Steinen verheiratet. Das Leben ist ein Stafettenlauf. Und so wunderbar dieser Beruf auch ist, er bleibt eine Art Erfindungsberuf. Das beinhaltet immer, neugierig zu sein. Das darf nie enden. Die Neugierde aufs Leben muss immer bleiben. Das ist das Schönste.

Als treibende Kraft?

Natürlich. So viele Menschen erzählen und jammern immer nur, auf wen sie im Leben hereingefallen sind. Dabei sind sie doch nur auf sich selbst hereingefallen. Und um nochmals auf deine erste Frage zurückzukommen: Ich fühle mich deshalb heute so wohl mit mir, weil ich in meinem Leben auch etwas auslassen konnte. Es gibt da ein herrlichen Spruch meines Onkels Victor: »Dumm darf man sein, aber du musst dir zu helfen wissen.«

»Die Neugierde aufs Leben muss immer bleiben.«

Wann ist der Wunsch, auf der Bühne stehen zu wollen, gekommen?

Ich bin mit 20 Jahren in diesen Beruf eher hineingestolpert, als dass ich ihn gesucht hätte. Aber ich habe immer sehr viel gelesen. Robert Musil und Joseph Roth habe ich geliebt. Den »Radetzkymarsch« habe ich gelesen wie andere in meinem Alter Karl May.

Wie bist du zu diesen Büchern gekommen?

Durch Erna Lapitzky aus der Ingolstädter Flüchtlingskaserne. Ich war 15 oder 16 Jahre alt und habe mir in der Auslage ihres Buchgeschäftes Bücher angeschaut, die ich mir nicht kaufen konnte. Da hat sie zu mir gesagt: »Magst du Bücher gerne? Ich hätte ein paar für dich.« So bin ich zum »Radetzkymarsch« gekommen, habe von Arthur Schnitzler und von Wien gehört und war schlussendlich deshalb im Theater in der Josefstadt bei der zweiten Uraufführung von Arthur Schnitzler dabei. So hat sich alles ergeben.

Wann bist du endgültig nach Wien gekommen?

Anfang der fünfziger Jahre kam ich ans Reinhardt Seminar.

Hast du sofort den Zauber dieses Berufes gespürt?

Nein. Das wird meist übertrieben. Ich hatte in diesem Beruf eine Art »Jugendbonus«: nämlich sehr lange eine jugendliche Ausstrahlung. Heute sage ich: Von der Jugend haben nur die anderen etwas, man selbst hat kaum etwas davon. Aber für den Beruf war das natürlich sehr günstig. Für meinen Erfolg jedoch war – so glaube ich – das alles Entscheidende, dass ich besser arbeiten konnte als die meisten.

Heißt das, du bist disziplinierter als andere?

Vielleicht, aber es mag auch eine gewisse Wahrhaftigkeit sein, die sich daraus ergibt, dass man nicht nur an sich denkt, sondern an die Aufgabe. Denn eines darf man nie: gefallen wollen – dadurch blockiert man sich vollkommen ...

Dadurch, dass man der Vorstellung gerecht werden will, die man glaubt, dass sie andere von einem haben?

Genau das ist es. Wenn man versucht etwas nachzumachen, weil man glaubt, dass es dem Publikum gefällt. Daraus entsteht eine einzige Peinlichkeit, und es funktioniert nie. Auf den Punkt gebracht, war es für mich immer so: Je besser die Stücke waren, desto leichter fiel es mir, mich selbst zu vergessen und in der Figur zu bleiben. Nur dann konnte ich als Schauspieler gut sein.

Wie wichtig ist dabei der Bühnenpartner?

Sehr wichtig. Die Palette reicht von »unsagbar schwierig« bis zu »sehr beglückend«.

Wer waren die Beglückendsten?

Sehr viele Frauen. Ich habe ja vor allem Liebesgeschichten gespielt. Von Johanna von Koczian bis zu Kitty Speiser als junger Mann und Liebhaber, von der Paula Wessely bis zur Käthe Gold in der Rolle des Sohnes. Es hat sich alles immer um die Liebe gedreht.

»Alles, was nicht unterhält, wird auch nicht verstanden.«

Wer waren deine Lieblingsautoren, welche deine Lieblingsstücke?

Ab jenem Moment, in dem die Stücke jüdisch wurden, waren sie gut, denn plötzlich war dieser Humor da ... Anfangs habe ich viele schlechte Stücke gespielt, in denen auch ich wirklich schlecht war. Aber ich erinnere mich gut an eine Probe zu »Was ihr wollt« mit Leopold Rudolf, als er zu mir sagte: »Das wird aber was. Glauben Sie mir, es ist besser von oben herunter zu spielen als von unten hinauf.« Er hat mich auch gelehrt, in jedem Genre alles zu geben, und zu lernen, so gut zu sein, wie man nur irgendwie kann. Mit den guten Stücken kam dann auch mein Erfolg ...

... und plötzlich ergab das eine das andere?

Genau das ist es. Mein ganzes Leben hat sich immer ergeben. So ergab sich auch vor 30 Jahren das Singen. Ich begann mit Jacques Brel und mir wurde auch in diesem Genre rasch klar: Alles, was nicht unterhält, wird auch nicht verstanden. Und muss auch nicht verstanden werden. Denn Erfolg wird erst komplett durch jene Menschen, die zuschauen oder zuhören. Diese Verbindung muss passen.

Aber gibt es nicht eine Rolle, die du nicht oder noch nicht gespielt hast? Vielleicht möchtest du ja in fünf Jahren doch wieder spielen.

Vollkommen ausgeschlossen. Das ist für mich so, als würdest du mich fragen, ob ich noch einmal Seifenkistenrennen fahren möchte.

Würdest du nicht manchmal gerne – wenn du jemanden auf der Bühne siehst – dessen Rolle übernehmen und diese vielleicht anders spielen?

Nein. Ich habe nie empfunden, den »Stein des Weisen« für eine Rolle gefunden zu haben.

Du machst ja heute noch deine wunderbaren Soloabende, spürst du da sofort, ob sich der Abend ausgeht oder nicht?

Diesem Gefühl misstraue ich aus Erfahrung und zu Recht. Wichtig ist, nur nicht zu viel über den eigenen Zustand nachzudenken. Versuche, dass dein Instrument – in dem Fall der Hals – gut gestimmt ist. Denn zu singen ist etwas vollkommen anderes als zu sprechen. Singen kann einen wirklich an die Wand hauen.

Aber gerade dann merkt man ja, wie man gerade bei Stimme ist?

Das schon, den Hals merkt man. Aber wie sich der Abend mit dem Publikum ausgeht, das weiß ich vorher nie.

Entsteht nicht an manchen Abenden ein gewisser Zauber und an anderen nicht?

Manche Abende fallen mir besonders leicht, und dann kann so etwas wie ein Zauber entstehen. Er entsteht nicht – und das habe ich nicht am Theater, sondern beim Kochen gelernt; und deswegen bin ich auch Haubenlokalen gegenüber skeptisch –, wenn man etwas besser will, als man es kann. Und das gilt natürlich auch für das Theaterspielen.

Ich strebe inzwischen ja etwas ganz anderes an, nämlich die letzte Einfachheit. Das ist mein Ziel. Das gilt jetzt auch für meine Soloabende. Keine Dekoration, keine Ablenkung mehr. Nichts. Kein Druck mehr. Das ist das Schönste.

Wir sitzen hier bei dem von dir ausgewählten Heurigen Zimmermann sehr gemütlich zusammen. Was magst du an diesem Lokal besonders? Wie lange kommst du bereits hierher?

Ich habe die »Zimmermanns« nach der Premiere von »Liebelei« kennengelernt …

Wann war das?

Achtzehnhundertsoundso. Attila Hörbiger hat damals den Vater Weiring gespielt und wir sind nach der Aufführung zum »Zimmermann« gegangen. Damals war er noch in der Kahlenberger Straße. Trude Zimmermann, die damalige Chefin, schien mir in ihrer Art immer ein wenig die Schwester der Paula Wessely zu sein: wienerisch, direkt, wunderbar. Seit dieser Zeit hat sich zwar einiges geändert, aber ich komme immer noch sehr gerne hierher. Kein Gschisti-Gschasti, es wird exzellent und frisch gekocht, genau so, wie ich es mag – saisonal, wie man so schön sagt –, und der Wein schmeckt sehr gut …

… ja, ja, zu Zeiten meiner Großmutter sagte man noch »Spargelzeit«, »Heurigenzeit«, »Ananaszeit« …

Genauso war's. Herrlich. Du redest mich in die Gänsehaut.

Das heißt, du ziehst den Heurigen und das Wirtshaus einem Vier-Sterne-Lokal vor?

Was heißt? Ich bin grundsätzlich Ritualen gegenüber sehr skeptisch. Wenn ich schon für den Auftritt des Kellners wie ein Komparse am Tisch sitzen muss und dann noch irgendetwas »an«, wie zum Beispiel »Safransauce an …«, serviert bekomme, bin ich schon satt.

Was kochst du selbst am liebsten?

Saisonales. Und neben österreichischer Küche auch sehr gerne die französische und italienische. Ich habe eineinhalb Jahre in Paris gelebt und sehr viel in Italien gearbeitet. Dadurch habe ich von diesen

Küchen sehr viel gelernt und gehe seit dieser Zeit mit Zutaten viel unverfälschter um.

Was kochst du besonders gut?

Wenn ich das über mich als Schauspieler sagen könnte, was ich über mich als Koch sagen kann, wäre ich glücklich: Alles, was ich koche, ist unvergleichlich. Es klingt überheblich und fast schäme ich mich dafür, aber es ist wirklich so, dass Giorgio Strehler meine Küche geliebt hat.

Was, zum Beispiel?

Na alles, was er von »La Mama« gewöhnt war. Spaghetti in jeder Form, von aglio e olio beginnend bis ...

Was ist die höchste Kunst in der Spaghetti-Küche?

Auch hier ist das Einfache das Schwierige. Denn das ist immer überprüfbar. Bei Spaghetti carbonara ist der Einzelgeschmack nicht mehr kontrollierbar. Bei aglio e olio schmeckst du hingegen jedes einzelne Gewürz, jede verbrannte Knoblauchzehe ...

Was haben sich deine vielen Gäste von dir als Koch gewünscht?

Die Paula Wessely liebte alles Wienerische, sie ist ihrem Qualitätsanspruch stets treu geblieben und hat immer gesagt: »Es gibt keinen guten Schinken mehr. Man sagt so leicht: ›Machen S' mir höchstens ein Schinkenbrot.‹ Das ist doch das Schwierigste überhaupt.« Auch »Zwei Eier im Glas« sind wie das hohe C in der Musik. Giorgio Strehler habe ich auch immer gerne österreichische Gerichte wie zum Beispiel gekochtes Rindfleisch mit eingebrannten Erdäpfeln gekocht. Das hat er geliebt ...

Deine Ursprünge als Koch gehen ja auf deinen Urgroßvater zurück, oder?

Ja, er war Koch im Militärrang beim Prinzregenten Luitpold und ich verbrachte die ersten fünf Jahre meines Lebens damit, einem Koch in die Töpfe zu schauen. Er hat immer gesagt: »Na, Pieperl, magst mir zuschauen?«

»Zwei Eier im Glas sind wie das hohe C in der Musik.«

Warum Pieperl?

Das kommt von Küken. So nannte man im Bayerischen kleine Kinder. Ich durfte allerdings nicht nur zuschauen, sondern auch kosten: »Na Pieperl, fehlt was?«

... und so wurdest du zum jüngsten Häferlgucker.

Wunderbar, was für eine schöne »Trouvaille«. Ja, diese Küchenerlebnisse haben mich sehr früh geprägt ...

... und deine Sinne geschärft.

Natürlich. Dadurch wurde mein Geruchssinn so früh geprägt und ist dadurch ausgezeichnet. Heute weiß ich schon beim Betreten einer Küche, ob die Rindsuppe gut ist oder nicht. Der erste Stempel, der einem aufgedrückt wird – in jedem Metier, im Theater genauso wie in der Liebe –, ist der immer der prägendste. Und wenn es ein falscher war, bleibt immer ein bisserl was zurück. Der Pökel bleibt.

Aber Koch wolltest du nie werden?

Aber ja, das war eine Alternative. Immerhin hatte ich damals schon die Gabe, aus nichts nicht nur etwas, sondern etwas Gutes zu kochen. Ich habe doch damals kaum etwas verdient.

Wie hoch war dein erstes Gehalt am Theater in der Josefstadt?

3500 Schilling ... nicht genug, um in Restaurants essen zu gehen. Daher kochte ich immer zuhause, und das ist eigentlich bis heute so geblieben. Viele meine Kollegen meinten damals, ich könnte jederzeit ein Restaurant aufmachen.

... eine Alternative.

Natürlich, und was für eine. Bis zu meinem 27. Lebensjahr habe ich mir es offengelassen. Sollte ich mit der Schauspielerei nicht Erfolg haben, wollte ich Koch werden.

Welche Art von Restaurant wäre das gewesen?

Ein Wiener Beisl.

Aber du liebst ja auch die französische und die italienische Küche, welche magst zu lieber?

Die italienische. Sie ist simpler, begreifbarer, basiert auf der Küche der »Nonna« und ist für einen Fremden daher leichter zu begreifen als die französische. Die Vielfältigkeit der französischen Küche ist viel größer und deren Geheimnisse sind viel komplizierter zu erforschen. Viele meiner französischen Kollegen, darunter große Schauspieler wie Yves Robert, der engste Freund von Catherine Deneuve, haben sowieso immer behauptet: Die beste französische Küche gibt es in Belgien.

Was hast du für Lieblingsspeisen? In Wien, in Italien und in Frankreich?

In Wien ist es die Art, wie man mit Rindfleisch umgeht. Das ist weltweit einzigartig. Allerdings muss man selbst beim Einkaufen mit dem Wiener Schmäh arbeiten und immer sagen: »Ich hoffe, das ist heute besser als beim letzten Mal.« Man muss die Menschen immer ein bisschen aus der Reserve locken. Auch der Fleischhauer braucht seinen Auftritt.

So wie der Schauspieler?

Natürlich.

Was isst du in Italien am liebsten?

Ich mag gerne die Küchen des Piemont und der Toskana.

Und die der Emilia-Romagna?

Na ja. Das ist der Gipfel. Wenn ich nur daran denke. Bollito Misto bei »Fini« in Modena ... mehr geht nicht.

Und was hast du gegen Ossobuco?

Nichts Persönliches, aber da bin ich sehr verwöhnt. Im »Torre del Pisa« in Mailand gibt es immer nur drei Speisen: Bollito Misto, ein Costata und ... ein Ossobuco. Und diese Cremolata – glaube mir –, da zieht man den Hut. Wobei du vielleicht sagen würdest: »So nackt hab ich den Ossobuco noch nie gesehen.«

Herrlich. Das Nackte ist in Küchen ja überhaupt ganz wichtig.

Du sagst es. Saucen sind reine Augenauswischerei. Ich nenne das »Lavendel«.

Und welche französische Speise liebst du?

Die habe ich nie in französischen Restaurants kennengelernt, sondern immer nur, wenn ich bei Kolleginnen oder Kollegen eingeladen war. Eines hatten sie alle gemeinsam, sie waren sehr üppig. Aber da man dazu sehr viel trinkt ...

... was der Franzose ja bereits mit der Muttermilch einsaugt ...

Ja, aber nicht nur Wein. Nein, Brandy. Nach jeder Speise kam der Wagen ... der Getränkewagen! Nicht der Speisewagen.
Übrigens, da fällt mir eine schöne Geschichte ein. Am Pariser Théâtre du Châtelet hatte jede Garderobe einen Kühlschrank. Gefüllt mit Gänseleber und Champagner. Das ist weltweit wirklich einzigartig. Bereits in der Pause haben die Kollegen die ersten Flaschen geöffnet. Nur Helena Suková und ich mussten bis zum Ende der Vorstellung warten, um ohne Zungenschlag und mit fehlerfreier Aussprache durch den zweiten Teil der Vorstellung zu kommen. Unser Französisch war nicht gut genug.

Was magst du grundsätzlich in Restaurants nicht?

Ich hasse es, wenn mir der Ober das Essen erklärt. Wozu? Um mir das letzte Geheimnis der Speisen zu verraten?

Auf deiner Homepage steht ein schöner Spruch, der mit dem Satz endet: »Lieber Gott, wie kann's da im Leben überhaupt Paradiesvögel geben?« Bist du ein Paradiesvogel?

Ich kann einen Paradiesvogel imaginieren – wenn ich ganz bei mir bin, wenn ich gar nichts machen oder sein will.

Was muss man dazu können?

Das ist es ja, du musst gar nichts können und wollen.

Ist dein Leben ein erfüllter Kindheitstraum, hast du dir deine Sehnsüchte alle erfüllt?

Die Überraschungen in meinem Leben waren viel besser und schöner als alle Träume. In der Nacht bestellt man sich die Träume nicht, da kommen sie, aber im Leben habe ich keine Tagträume. Niemand kann über mein Leben mehr staunen als ich selbst. Und man darf nie aufhören zu staunen. Wenn man das tut, ist es vorbei. Dann haut's den Deckel zu ...

»Niemand kann über mein Leben mehr staunen als ich selbst.«

Deine Mentorin Helene Thimig hat dir den Satz: »Sagen Sie nie ein Wort, an das Sie nicht glauben« mit auf deinen Lebensweg gegeben. Hast du dich daran gehalten?

Absolut. Ein Satz, der nicht nur für den Beruf gilt, sondern für das Leben.

Würdest du dich als disziplinierten Menschen bezeichnen oder braucht Talent keine Disziplin?

Doch. Aber nur ein disziplinierter Mensch zu sein, birgt die Gefahr des Krampfhaften in sich. Ich habe Vergnügen an der Disziplin.

Du hast einmal gesagt: »Keine Kunst ist so sehr eine Kunst des Augenblicks wie die des Schauspielers.«

Absolut, alles andere ist reine Verschwendung. Das gilt aber nicht nur für den Schauspieler. Wenn jemand den Augenblick nicht begreift, ist er chancenlos.

Das ist aber eine hohe Kunst.

Ja, das stimmt. Und eine ständige Übung.

Giorgio Strehler lehrte dich, »das Wagnis des Untergehens einzugehen«. Geht man dieses Wagnis immer ein, wenn man auf der Bühne steht?

Mir ist mit ungefähr 45 Jahren bewusst geworden, dass ich vom Publikum verstanden werden will. Nicht nur, was ich sage, sondern, was ich meine. Es geht mir nur darum, verstanden zu werden. Ich bin selbst sehr gerne und sehr oft Publikum. Und dabei habe ich viel mehr gelernt, als ich als Schauspieler je hätte lernen können.

Hast du Jacques Brel auf der Bühne gesehen?

Oh ja. In Antwerpen. Dort habe ich ihn brennen gesehen. Er war von einer Selbstlosigkeit und Hingabe. Das Schöne daran war, dass ich selbst in Antwerpen das erste Mal vor Publikum gesungen habe. In einem Café, in welchem auch Jacques Brel gesungen hat ...

Wann war das? Vor 30 Jahren?

30 Jahre? Es ist doch alles schon 50 Jahre her. Es war ungefähr 1956, und das Café war ähnlich dem Wiener Metropol. Dort saß Jacques Brel und fragte mich, warum ich nicht singen würde. Ich antwortete, wenn überhaupt, könnte ich nur ein Wienerlied singen, und stell dir vor: Plötzlich begann ein alter jüdischer Pianist ein Wienerlied zu intonieren, und ich begann vor Jacques Brel zu singen. Von da an gab er mir die Rechte für seine Lieder.

Du hast einmal den schönen Satz gesagt: »Für mich gibt es nur fließende Grenzen zwischen Mozarts Pagapageno und den allerbesten Wienerliedern. ›Wenn der Herrgott nicht will‹ ... das ist eine Lebensweisheit.« Was bedeutet das Wienerlied für dich?

Das Wienerlied war eine Lebenserfahrung. Anfangs, als ich nach Wien kam, fand ich es etwas »genant«. Wenn beim Heurigen angefangen wurde zu singen – oder besser im Suff zu tudeln –, hab ich mich oft ein bisserl geniert. Erst mit der Zeit, auch durch die Tagebücher von Arthur Schnitzler, der so offen für alles war – auch für die Operette und das Wienerlied – und der nicht geurteilt hat, habe ich erkannt, dass ich es mir nicht so einfach machen darf. Wir leben nicht in einem Ghetto, denn du hast ständig die Möglichkeit und die Aufgabe, zu entscheiden zwischen gut und schlecht, echt und verlogen. Das ist auch beim Wienerlied so.

Was echt ist und was verlogen, das muss man täglich von Neuem prüfen. Egal ob du die Zeitung liest oder ein Wienerlied hörst. Und so bin ich auch dem Wienerlied nähergekommen. Bei vielen Liedern sind die erste Strophe und der Refrain gut, ab der zweiten Strophe wird's fragwürdig – und die dritte Strophe ist oft ungenießbar. Denn spätestens dann verbeugt sich der Stephansdom …

… oder der Himmelvater.

Genau. Das geht nicht. Aber die Wienerlieder waren mir trotzdem Lebenserfahrung. »Wenn der Herrgott nicht will …« oder »Erst wenn's aus wird sein …« Für jede Lebenssequenz kann das Wienerlied den Menschen etwas geben.

»Wenn das Gefühl nur ein Rülpser ist, dann ist mir das zu wenig.«

Aber das ist nicht Wien-spezifizisch, hat nicht jede Metropole ihre Lieder?

Doch natürlich. Weil sie aus einer Völkermischung entstanden sind. Die reine Rasse brächte so etwas nicht hervor. Die Mischung macht's …

Geht dir heute das Herz auf, wenn du Wienerlieder hörst?

Zuerst geht mir das Hirn auf. Zuerst ist bei mir immer der Gedanke. Einem Gefühl, das nur so verblasen daherkommt, dem trau ich nicht. Wenn das Gefühl nur ein Rülpser ist, dann ist mir das zu wenig. Es muss immer eine kleine Wahrheit drinnen stecken …

Heuriger Zimmermann | Armbrustergasse 5 | 1190 Wien
T +43 (0)1 370 22 11 | office@zimmermanns.at | www.zimmermanns.at
Öffnungszeiten: Mo–Sa 17–24 Uhr; So, Feiertag 16–24 Uhr

Michael Heltau

»Ich erfülle mir eine Sehnsucht. Das Erste, was ich von Theater sah und was meine Phantasie entzündete, war ein bunter Abend mit Zauberern, Musicalclowns, Coupletsängern und dressierten Tauben und Hunden. Ein Gasthaussaal im Krieg, das Publikum waren Soldaten, englische und russische Gefangene und Einheimische. Ich war sieben Jahre alt. Das muss meine erste große Liebe gewesen sein.«

1933 in Ingolstadt geboren, absolvierte Michael Heltau das Wiener Reinhardt Seminar und debütierte in Würzburg, von wo ihn Fritz Kortner an das Münchner Residenztheater holte. Es folgten das Theater in der Josefstadt in Wien, das Schillertheater und das Theater am Kurfürstendamm in Berlin, das Hamburger Schauspielhaus und das Thalia Theater. Von 1959 bis 1961 gastierte er bei den Ruhrfestspielen und seit 1964 regelmäßig bei den Salzburger Festspielen. Die Begegnung mit Giorgio Strehler war eine seiner wichtigsten künstlerischen Erfahrungen. An den großen Wiener Bühnen feierte er als Schauspieler die größten Erfolge seiner Laufbahn. 1993 wurde er der jüngste Doyen des Wiener Burgtheaters und neben vielen anderen großen Auszeichnungen erhielt er 2005 den »Nestroy« für sein Lebenswerk.

»Mein ganzes Leben hat sich immer ergeben«, so auch vor mehr als 30 Jahren das Singen, als Michael Heltau als deutscher Interpret der Lieder und Chansons von Jacques Brel begann. Damals hat er sich zur Maxime gemacht: »Alles, was nicht unterhält, wird auch nicht verstanden. Denn Erfolg wird erst komplett durch jene Menschen, die zuschauen oder zuhören.«

Das Gefühl für die kleine Form des Theaters, die er einst als siebenjähriger Bub im Gasthaussaal erlebte, hat Michael Heltau nie vergessen. »Shakespeare, Schubert, Mozart und Picasso – und die Duse: Die Größten wissen alles aus dem Kleinen. Ich erfülle mir einen Kindheitstraum.«

»Frei im Kopf und mit einem Bein abheben«

Johanna Rachinger

genießt es, durch die Weinberge des Retzer Landes zu wandern und zu sehen, wie der Wein auf den Feldern gehegt, gepflegt und geerntet wird, um danach in ihrem liebevoll renovierten Winzerhaus zu sitzen, auf den Garten hinauszuschauen und genüsslich ein Glas Grünen Veltliner zu trinken. Friedlich schöne Stimmungen, die der Generaldirektorin der Österreichischen Nationalbibliothek helfen, nach einer 60- bis 70-Stunden-Arbeitswoche den Stress ihres Berufsalltages abzubauen.

Wir sitzen jetzt hier im Retzbacherhof, die Sonne verschwindet hinter dem Kirchturm, es ist friedlich und still. Ist die Atmosphäre in diesem schönen Wirtshausgarten ein Spiegelbild dieser Gegend?

Eine von vielen schönen, friedlichen Stimmungen, die man hier im Retzer Land erleben kann. Ein herrlich ruhiger Gegenpol zur lauten Großstadt.

Ich nehme an, das war auch der Grund, warum du ursprünglich hierhergekommen bist. Hier kannst du dich nach einem intensiven Berufsleben zurückziehen und Energie tanken. Aber was hat dich als Oberösterreicherin überhaupt in dieses Gebiet verschlagen?

Ende der achtziger Jahre habe ich meine Freundin, die Schriftstellerin Barbara Neuwirth, mit der ich damals im Wiener Frauenverlag arbeitete und die das Haus ihrer Großmutter, die hier lebte, geerbt hat, erstmals ins Retzer Land begleitet. So bin ich in diese Gegend gekommen und habe mich sofort in die Landschaft verliebt.

Das heißt, du hast dich verliebt und bist sofort geblieben?

Nicht sofort. Aber für meinen Mann und mich war es immer ein großer Wunsch, einmal ein altes Weinbauernhaus zu finden und es nach unseren Vorstellungen zu renovieren. Das haben wir dann auch gemacht.

Wann war das?

Wir sind vor fünf Jahren eingezogen.

Diese Gegend hier um Retz hat aber nicht nur für dich, sondern auch für sehr viele Künstler, wie zum Beispiel für Peter Turrini, der ganz in deiner Nähe wohnt, eine besondere Anziehung. Was macht diesen Reiz aus?

Sicherlich wirkt dieser Landstrich ganz besonders inspirierend und ist ein Platz der Ruhe und Zurückgezogenheit. Hier gibt es nichts Lautes, Lärmendes.

... abseits der schrillen Welt der Großstadt.

Genau! Warum ich all meine freie Zeit hier verbringe, hat noch dazu einen sehr pragmatischen Hintergrund: die Nähe zu Wien.

Haben die Weinviertler euch »Zuagraste«, die ihr doch zumeist am Freitagabend kommt und am Sonntagabend wieder nach Wien zurückkehrt, mit offenen Armen aufgenommen?

Ja. Die Menschen hier sind sehr offenherzig. Ich glaube, das hat viel mit der Weinkultur und der Tradition in den Weinkellerwelten zu tun. Das Weinviertel war ein armes Land, aber die Kellertüren standen immer weit offen und haben eingeladen, einzutreten. Man hat sich zusammengesetzt und Wein getrunken. Alles war einfach und bescheiden, aber das wenige, das man hatte, wurde geteilt. Dieser Wesenszug ist heute noch sehr stark ausgeprägt.

Durchs Reden kommen d'Leut zam ...

... und der Wein lockert die Zunge. Die Menschen hier sind sehr kommunikativ, gehen aufeinander zu ...

... auch auf Fremde?

Ja. Natürlich muss man auch seinen Teil zu diesem Miteinander leisten und sie zur Kommunikation einladen. Aber wenn man selbst bereit ist zur Offenheit, bekommt man von den Menschen sehr viel zurück.

Fallen die beiden Begriffe »Kultur« und »Genuss« für dich unter ein gemeinsames Ganzes?

Unbedingt. Für mich hat Kultur sehr viel mit Genuss zu tun. Ein kleines Beispiel: Wenn ich hier in meinem schönen alten Winzerhaus sitze, ein gutes Buch lese, in meinen Garten hinausschaue und ein Glas Wein trinke, so gehört das alles irgendwie zusammen. Oder wenn ich jedes Jahr Anfang Juli das Festival Retz besuche. Zu so einem Abend gehört auch, sich danach auf dem Hauptplatz zu treffen, gemeinsam ein Glas Wein zu trinken und zu essen. Im Weinviertel, finde ich, ist die Verbindung von Kultur und Genuss besonders ausgeprägt. Sicherlich auch wiederum bedingt durch die Weinkultur.

Hat man es nicht auch in Oberösterreich verstanden, Feste zu feiern?

Ja, aber anders. Ich hatte früher nie einen besonderen Bezug zu Wein. Diese Liebe habe ich erst hier entdeckt.

Zu Weiß- oder Rotwein?

Zu beidem.

Gibt es, wenn du es dir gemütlich gemacht hast, ein Glas Wein trinkst und liest, Autoren, zu denen besser Rot- beziehungsweise Weißwein passt?

Nein, das habe ich bis jetzt noch nicht festgestellt. Ich bemerke nur, dass ich seit einigen Jahren grundsätzlich lieber Weißwein als Rotwein trinke. Früher war das umgekehrt.

Im Land des Grünen Veltliners ist das ja fast eine Selbstverständlichkeit.

Ja, du hast Recht. Es hat aber sicherlich auch damit zu tun, dass die Weißweine hier in den letzten Jahren viel besser geworden sind. Es gibt inzwischen so viele junge Winzer, die jedes Jahr aufs Neue noch besser und noch kreativer werden und großartige Weine produzieren.

Die Zeit des »Dopplers« ist Gott sei Dank vorbei.

Meine Beziehung zum Wein hat sich aber auch dadurch verändert, dass ich sehr viel durch die Weinlandschaft wandere. An jedem Tag, den ich hier verbringe, spaziere ich vormittags durch die Weinberge und erlebe dadurch, wie diese Gärten bearbeitet werden. Der Arbeitseinsatz und die Liebe der Weinbauern zu jeder Rebe, Blüte und Frucht – das ringt mir sehr großen Respekt ab.

Harte Arbeit am Feld für ein so ein leichtsinniges Vergnügen danach …

Wenn man diesen mühevollen Arbeitseinsatz sieht und die Menschen auf den Feldern beobachtet, baut man einen anderen Bezug zu dem Produkt, der Traube, auf. Daher trinke ich heute den Wein mit einem ganz anderen Gefühl und auch mit einer gewissen Ehrfurcht.

Aber Gehen an sich hat für dich auch darüber hinaus große Bedeutung. Ich habe gehört, manchmal wanderst du sogar von Retz bis nach Znaim.

Ja, das stimmt. Gehen ist für mich sehr wichtig und Teil meiner Entspannung. Hier im Retzer Land kann man – und das ist wirklich außergewöhnlich – stundenlang auf Feldwegen durch unverbautes, nicht zersiedeltes Gebiet wandern. Wo gibt es das noch? Also spaziere ich jeden Tag nach dem Frühstück querfeldein.

Mit Stöcken oder ohne?

Ohne. Mein Mann weigert sich, mit Stöcken zu gehen, weil er meint, durch den Lärm beim Stockeinsatz höre man das Zwitschern der Vögel nicht mehr.

Ein schönes Argument gegen diesen Nordic-Walking-Wahn. Gehen kann man ja durchaus auch philosophisch betrachten. Was bedeuten diese Spaziergänge für dich? Sportliche Betätigung, Entspannung, aus dir heraus- oder in dich hineinzugehen?

Wahrscheinlich ist es eine Mischung aus vielem. In Wien, wo ich jeden Tag von zuhause ins Büro gehe, bedeutet diese Fortbewegung vor allem, aktiv zu sein und von A nach B zu kommen. Hier, am Land, hat es zwar auch mit Bewegung zu tun, aber diese Wanderung durch die Weinberge dient auch der Verarbeitung meiner Gedanken. Ob ich jetzt allein oder mit meinem Mann gehe, ob wir miteinander sprechen oder still sind, es passiert sehr viel dabei.

Gehst du immer dieselben Wege oder bestimmen deine Stimmungen die Richtung?

Wenn ich beim Gartentor hinaustrete, entscheide ich mich instinktiv für den richtigen Weg.

Weißt du vorher schon, ob du eine oder drei Stunden wandern wirst?

Nein, aber zwei Stunden werden es fast immer.

Deine längsten Wanderungen dauern ...

... sechs, sieben Stunden.

Und das nach einer 60- bis 70-Stunden-Arbeitswoche.

Eben deshalb!

Wie schaut der Ablauf eines freien Tages im Retzer Land aus?

Da ich eine begeisterte Zeitungsleserin bin, beginne ich meinen Tag damit, die Tageszeitungen zu lesen. Bei einem ausgiebigen Frühstück mit Rinderschinken, Käse und Marmelade. Dieses Prozedere kann schon an die zwei Stunden dauern.

Danach bist du gehbereit?

Ja, dann wird der Kopf ausgelüftet und der Körper bewegt.

Wenn du von deinen Wanderungen zurückkommst, bist du doch sicherlich wieder hungrig. Kochst du gerne?

Nein, mein Mann kocht gut und gerne. Ich bin eine begnadete und begeisterte Esserin.

Was kocht er denn besonders gut.

Seine Kochkunst hat sich in den letzten Jahren entwickelt und gesteigert. Inzwischen kocht er alles und probiert vieles aus: Zitronenhendl, Salbeispaghetti – was ihm gerade in den Sinn kommt.

Bist du ein Genussmensch?

Ja, unbedingt.

Wenn du so eine leidenschaftliche Esserin bist, gibt es eine Speise, für die du weit gehen würdest?

Weit gehe ich auch, wenn ich nichts zu essen bekomme. Aber du hast Recht, für Erdäpfelnudeln mit Sauerkraut oder eine Linzer Torte würde ich schon ein Stück weiter gehen.

Du kannst deine oberösterreichischen Wurzeln nicht verleugnen.

Nein, natürlich nicht. Auch nicht, dass ich in einem Wirtshaus aufgewachsen bin. Das ist wahrscheinlich auch der Grund, dass ich gerne Menschen um mich habe und es liebe, Freunde einzuladen.

So ein richtiges Wirtshaus am Land, wie man es sich vorstellt?

Ja, genau so eines. Der Kirchenwirt von Putzleinsdorf.

Das heißt, du bist in einem Wirtshaus aufgewachsen und hast als kleines Mädchen am Stammtisch deine Aufgaben gemacht?

Ja. Das Leben im Wirtshaus war sicherlich eine sehr gute menschliche Schulung für mich. Das hat mich auch sehr geprägt. Wir waren der Treffpunkt im Ort, hatten einen Tanzsaal, ein Kino, den ersten Fernseher im Dorf. Aus diesem Leben, der Kindheit im Wirtshaus, wo immer etwas los war, habe ich auch den Wunsch mitbekommen, irgendwann ein eigenes Haus zu haben. Mit einer großen Tafel und Freunden rundherum. Ein offenes Haus, wo jeder sein Platzerl finden kann.

Das hast du ja jetzt gefunden.

Ja, genau so, wie ich es mir immer gewünscht habe. Ich mag diese alten Winzerhäuser hier so gerne. Nach außen hin scheinen sie klein, um sich dann nach hinten zu öffnen. Dann werden die Gärten breit und die Häuser groß. Das ist auch eine sehr typische Charaktereigenschaft dieser Menschen und Dörfer, dass sie nicht nach außen hin protzen und mit viel Pomp auf sich aufmerksam machen. Im Weinviertel sind die Menschen wie ihre Häuser: nach innen gewandt.

Ein schönes Bild.

»Im Weinviertel sind die Menschen wie ihre Häuser: nach innen gewandt.«

Häuser spiegeln die Menschen wider, die darin wohnen. Wenn man das große Haustor hinter sich schließt, heißt das, man will in seine eigene, sehr abgeschlossene, stille Welt eintauchen. Dann ist man für sich in seinem Haus und seinem Garten, ist geschützt und – was ich sehr schätze – dann hat jeder seine eigene Intimität. Auf die wird hier sehr viel Wert gelegt.

Auch ein Gegensatz zum oberösterreichischen Vierkanter, der groß dasteht und wirkt.

Hier ist alles stiller und intimer. Wenn man kommunizieren will und sich dem Anderen mitteilen möchte, öffnet man sein Tor, geht hinaus und ist bereit für das Draußen, das Gespräch und den Anderen.

Das ist für Künstler und Menschen, die sich ab und zu von der lauten Welt draußen zurückziehen möchten, sicherlich ideal.

Ich bin überzeugt davon, dass sich Künstler und Menschen, die die Stille suchen, von der Architektur dieser Häuser angezogen fühlen. Hier kann jeder für sich und bei sich sein. Künstlerische Arbeit ist ja oft ein sehr einsamer Prozess.

»›Meyers Lexikon‹ ist in unserem Wirtshaus schon im Schankraum gestanden, als ich noch ein kleines Mädchen war.«

Du hast dich Zeit deines beruflichen Lebens immer mit Büchern beschäftigt. Woher kommt dieses Interesse?

Mein Vater hat viel gelesen, und »Meyers Lexikon« ist bei uns schon im Schankraum gestanden, als ich noch ein kleines Mädchen war. Wenn die Herren vom Stammtisch etwas wissen wollten, hat mein Vater »Meyers Lexikon« aus der Glasvitrine genommen und nachgeschlagen. Dann hat er so laut und deutlich vorgelesen, dass jeder in der Gaststube zuhören musste ...

Damals hatte der Wirt halt noch das Sagen.

Und das war meinem Vater auch sehr wichtig.

Wenn du heute als ehemalige Wirtstochter in ein Lokal kommst, was zeichnet für dich einen Ort aus, an dem du dich sofort wohlfühlst?

Das ist zumeist eine sehr intuitive Entscheidung. Manchmal öffne ich nur die Tür und gehe wieder. Das ist auch oft eine Frage des Geruchs oder der Gedrängtheit der Tische und Menschen. Ich will in einem Wirtshaus oder Restaurant für mich sein können und brauche eine gewisse Intimität.

Wer deine Biografie kennt, weiß, dass du immer überzeugte Feministin warst, bist du das heute noch mit derselben Verve wie früher?

Ich war und bin Feministin. Ich habe mich immer dafür eingesetzt, dass für Frauen Rahmenbedingungen geschaffen werden, die es ihnen ermöglichen, ein gleichberechtigtes und selbstbestimmtes Leben mit Männern führen zu können.

Bedeutet Feminismus Gleichberechtigung?

Feminismus bedeutet für mich unter anderem auch, dass Frauen ein gleichberechtigtes Leben in allen Bereichen führen können.

Aber wenn ich an Simone de Beauvoir denke, hatte Feminismus ursprünglich eine andere Bedeutung. Für sie war doch vor allem wichtig, sich frei, befreit und nicht unterdrückt zu fühlen. Oder sehe ich das falsch?

Das ist für mich dasselbe. Ich unterscheide mich in meiner Meinung überhaupt nicht von Simone de Beauvoir. Aber ich kann mich nur dann frei, befreit und nicht unterdrückt fühlen, wenn ich gleichberechtigt leben kann. Gleichberechtigt zu leben heißt selbstbestimmt, finanziell unabhängig zu leben.

Kann man dieses starke Bedürfnis nach Gleichberechtigung auch auf deine Kindheit zurückführen? War es diese Männerwelt im Wirtshaus?

Dieses Gefühl war schon immer sehr stark in mir verankert. Wir waren zuhause sechs Schwestern und ein Bruder, und unser Vater hat damals schon immer gepredigt: »Lernt etwas, verdient euer eigenes Geld, heiraten könnt ihr dann immer noch.« Für einen Mann seiner Generation war das eine sehr aufgeschlossene Haltung.

»Ich war und bin Feministin.«

Fast revolutionär würde ich sagen ...

Er wollte, dass seine Töchter selbstständig leben können.

Hattest du als junges Mädchen ein Vorbild?

Nein, überhaupt nie. In keine Richtung. Ich wollte nie jemand anderem nacheifern oder so sein wie die oder der. Ich ruhte immer schon sehr stark in mir und war auch sehr selbstbewusst. Es gab nur eine Figur, die mir imponierte. Das war Pippi Langstrumpf.

Warum?

Weil sie so ein mutiges, starkes Mädchen war.

Und bist du wie Pippi Langstrumpf geworden?

Bis auf das Zaubern glaube ich alles verwirklicht zu haben. Ich bin mutig, ich habe eine Haltung, zu der ich stehe ...

... und das Zaubern wirst du noch üben?

Ich glaube, die Zauberkunst werde ich in diesem Leben nicht mehr erlernen.

Deine berufliche Laufbahn bestätigt ja auch die erfolgreiche Umsetzung dieser »Pippi'schen Stärken«. Mit 35 Jahren wurdest du Geschäftsführerin des Ueberreuter Verlages, mit 41 Jahren Generaldirektorin der Österreichischen Nationalbibliothek ...

Dass ich es beruflich sehr früh sehr weit geschafft habe, hat vor allem damit zu tun, dass ich immer sehr gerne und vor allem auch sehr engagiert gearbeitet habe.

Das tun andere auch und schaffen es trotzdem nicht in die Direktionsetage der Nationalbibliothek.

Das stimmt. Ich bin darüber hinaus auch sehr leistungsorientiert, sehr zielstrebig und meine Arbeit hat mir immer viel Freude gemacht. Ich habe nie auf die Uhr geschaut, mich mit keinem Dienstgeber darüber unterhalten, ob diese oder jene Mehrstunde als Überstunde zu gelten habe oder nicht, sondern meine Arbeit immer gerne und mit großer Begeisterung gemacht.

Du hast im Ueberreuter Verlag als Programmleiterin für den Bereich Jugendbuch begonnen. Was hat dich grundsätzlich an der Verlagsarbeit interessiert? Kannst du dich noch an das erste Buch erinnern, das du herausgegeben hast?

Ja, das war im Wiener Frauenverlag das Buch »Orpheus würgt

daran«. Texte von jungen österreichischen Autorinnen, die über ihre Befindlichkeiten als Frauen geschrieben haben.

Selbst zu schreiben hat dich nie interessiert?

Nein, ich wollte nie schreiben. Weil ich glaube, dass ich jene Bücher, die mir gefallen, nie selbst hätte schreiben können.

Hattest du nie den Drang, selbst künstlerisch etwas zu schaffen?

Nein. Wahrscheinlich auch deshalb, weil mich der wirtschaftliche Aspekt immer stärker interessiert hat. Ich bin sehr ökonomisch geprägt.

Lektorat hat dich nie interessiert?

Nein, nie. Auch bei der Österreichischen Nationalbibliothek reizt mich die Kombination von Kultur im Allgemeinen verbunden mit gleichzeitigem Management von Kultur. Das ist meine Leidenschaft.

Hast du als Kind schon viel gelesen?

Ja. Ich habe zum Beispiel Dramen von Schiller auswendig gelernt und gerne Theater gespielt. Ich kann mich noch gut erinnern, als ich mit meiner Schwester in unserem Kirschbaum gesessen bin und Schillers »Bürgschaft« rezitiert habe.

»Als Kind habe ich Dramen von Schiller auswendig gelernt.«

Darauf aufbauend hast du dann in Wien Germanistik studiert?

Theaterwissenschaften und Germanistik. Das musste ich mir jedoch vorher erkämpfen. Mein Vater war der Meinung, das Fach Theaterwissenschaften sei ein brotloses Studium – zum Teil auch deswegen, weil jene Studenten, die einige Jahre vorher den Industriellen Palmers entführt hatten, Theaterwissenschafter waren.

Du hast dich aber trotzdem durchgesetzt?

Ja, das habe ich.

Welche Richtung in der Literatur zieht dich heute besonders an?«

Ich liebe die österreichische Literatur der Zwischenkriegszeit und die russischen Erzähler des 19. Jahrhunderts.

Und wenn du dich am Wochenende in deinem Winzerhaus in den Lehnstuhl setzt, ein gutes Glas Wein vor dir, was liest du dann?

Den neuen »Haslinger« oder das neue Buch meiner Freundin Barbara Neuwirth, aber ich lese auch gerne einen Krimi von Elizabeth George oder Donna Leon ...

Gibt es etwas, was du bis jetzt noch nicht erreicht hast, oder bist du heute beruflich dort, wo du immer sein wolltest?

Ich wollte immer einen Beruf, der mich finanziell unabhängig sein lässt und der etwas mit Kultur zu tun hat – obwohl ich mir da heute nicht mehr so sicher bin. Ich könnte mir durchaus auch vorstellen, etwas ganz anderes zu machen. Ich bin auch nicht dort, wo ich immer sein wollte – weil ich mir nie vorgestellt habe, in der Österreichischen Nationalbibliothek tätig zu sein. Aber Veränderungen waren mir stets sehr wichtig. Jede Veränderung hat mich einen Schritt weitergebracht und daher sehe ich auch meine jetzige Tätigkeit nicht als etwas Abschließendes an, sondern ich wünsche mir und hoffe, dass ich in meinem Leben noch viele Möglichkeiten haben werde, etwas Neues zu beginnen.

Bist du ein Mensch, der ohne Pläne in die Zukunft geht, so unter dem Motto »Schau' ma mal, was morgen kommt«?

Nein, der Typ bin ich nicht. Ich kann nicht in den luftleeren Raum hinein agieren – ich bin ein Mensch, der wissen will, was morgen kommt. Ich hänge nicht an Gewohnheiten, andererseits habe ich ein sehr unverkrampftes Verhältnis zu Traditionen und feiere gerne. Weihnachten oder Ostern zu feiern, ist mir wichtig. Diese Zusammenkünfte mit der Familie und Freunden mag ich sehr. Das gibt mir Halt, das sind Rituale, auf die ich mich freue. Ich spüre meine Wurzeln ganz stark, bin geerdet und überhaupt nicht abgehoben – darauf lege ich Wert.

»Ich kann nicht in den luftleeren Raum hinein agieren – ich will wissen, was morgen kommt.«

Man könnte dich wohl als sehr ausgeglichenen Menschen bezeichnen?

Ja. Dafür steht auch eine Bronze-Statue, die ich anlässlich der Verleihung des »Wiener Frauenpreises« erhalten habe und mit der ich mich vollkommen identifizieren kann. Sie heißt »Die Ausgewogene« und beschreibt mich eigentlich sehr gut: Standhaft, am Boden verankert zu sein auf der einen Seite, auf der anderen Seite aber auch einen freien Kopf zu haben und die Bereitschaft abzuheben – zumindest mit einem Bein.

Pollak's Retzbacherhof | Bahnstraße 1 | 2074 Unterretzbach
T +43 (0)2942 201 71 | pollak@retzbacherhof.at | www.retzbacherhof.at
Öffnungszeiten: Mi 17–24 Uhr; Do–Sa 10–24 Uhr; So, Feiertag 10–17 Uhr

Johanna Rachinger

1960 in Putzleinsdorf im Mühlviertel geboren, studierte sie Theaterwissenschaften und Germanistik an der Universität Wien und promovierte im Jahr 1986. Ihre Verlagslaufbahn begann Johanna Rachinger 1987 als Lektorin im kleinen Wiener Frauenverlag. Von 1988 bis 1992 war sie Leiterin der Buchberatungsstelle des Österreichischen Bibliothekswerks und wurde von 1992 bis 1995 Programmleiterin im Bereich Jugendbuch beim Ueberreuter Verlag, wo sie 1995 mit nur 35 Jahren Geschäftsführerin wurde.

Seit Mitte 2001 ist die Oberösterreicherin Direktorin der Österreichischen Nationalbibliothek (ÖNB) und der ihr angeschlossenen musealen Sammlungen, erhielt 2003 den Wiener Frauenpreis und war von 2004 bis 2009 Mitglied des Österreichischen Wissenschaftsrates.

In der Österreichischen Nationalbibliothek setzte sie die Ausgliederung als vollrechtsfähige wissenschaftliche Anstalt ab 1. Jänner 2002 um, machte die bedeutendste Bibliothek Österreichs zu einer modernen Serviceeinrichtung und rückte die Digitalisierung in den Vordergrund.

Der erste weibliche Chef der Österreichischen Nationalbibliothek ist Herrin über fast sieben Millionen Sammlungsobjekte. Der Feministin – die sich engagiert dafür einsetzt, dass Frauen in allen Bereichen ein gleichberechtigtes Leben führen können – ist es auch zu verdanken, dass die ÖNB als eine der weltweit ersten Nationalbibliotheken ihren kompletten historischen Buchbestand vom 16. bis zum 19. Jahrhundert digitalisieren und online zugänglich machen wird. Das Projekt wird in einer »Public Private Partnership« mit Google durchgeführt und es werden rund 600.000 urheberrechtsfreie Werke digitalisiert. Für diese gelungene Kooperation wurde sie im Jahr 2010 zur »Österreicherin des Jahres« in der Kategorie »Kulturmanagement« gewählt.

»Man darf nie am Schoß von Politikern sitzen«

Hugo Portisch

Grandseigneur des österreichischen Journalismus,
»Herr der Geschichte« und jener Mann, der uns jahrzehntelang –
mit viel Verve und Leidenschaft – die große Weltpolitik zu
erklären verstand. Ungebrochen kämpft er für die Freiheit
der Menschen und lebt vor, dass Bescheidenheit eine Zier,
Leidenschaft alterslos und das Pilzesuchen ein Vergnügen ist.

Von allen Gesprächspartnern bist du mein schwierigster.

Oh je, wieso?

Weil du mein großes journalistisches Vorbild bist. Denn wie interviewt man so ein Vorbild?

Am besten gar nicht.

Aber ich möchte dich unbedingt als Gesprächspartner für unser Buch.

Dann stellst du am besten die erste Frage.

Okay. Dein Vater war Chefredakteur der »Pressburger Zeitung«, das heißt Journalismus war dir in die Wiege gelegt. Wolltest du je etwas anderes machen? Hattest du als Jugendlicher einen anderen Traum?

Eigentlich wollte ich eine Art Welterforscher werden, egal ob den Nord- oder Südpol oder die Wüste Gobi. Das wäre eine echte, eine große Aufgabe gewesen, und ich wäre dadurch nicht an einen Ort gebunden gewesen, wie das ja fast jeder andere Beruf mit sich bringt.

Hat dich dein Vater in eine andere Richtung gelenkt?

Nein, das würde ich nicht sagen, es war wohl eher der große Geldmangel, der mich gezwungen hat, sehr rasch etwas zu verdienen. Dafür hat sich der Journalismus angeboten, denn mein Vater war seit 1945 bemüht, die niederösterreichischen und burgenländischen Zeitungen wiederaufzubauen. Dazu gehörte auch ein Büro in Wien, als Umschlagplatz für Nachrichten. Dort wurde noch ein Mann gebraucht, und da ich in der Schule immer sehr gut in Deutsch war, habe ich diesen Job bekommen.

Wie alt warst du damals?

Das war 1946 und ich war 19 Jahre.

Stimmt die Geschichte, dass dir dein Klassenvorstand das Reifezeugnis einige Tage vor Schulschluss ausgehändigt hat, sodass du am 4. April 1945 noch rechtzeitig aus Pressburg flüchten konntest – mit dem Zeugnis in der Hand?

Ja, das stimmt. Das war fast wie ein Wunder, aber nicht nur für mich, sondern für die gesamte Klasse.

Zu diesem Zeitpunkt waren deine Eltern aber bereits nach St. Pölten zurückgekehrt?

Ja, das ist richtig. Meine Eltern sind an den Bauernhof meiner Großeltern zurückgekehrt, an dem mein Vater einst aufgewachsen war.

Kannst du dich an deine ersten Zeitungsartikel erinnern?

Nein, das waren keine großen Geschichten, aber ich habe das Handwerk von der Pieke auf gelernt. Es ging vor allem darum, aus jenen Informationen, die wir von den Menschen am Land, dem Bürgermeister, dem Arzt, dem Lehrer und dem Feuerwehrhauptmann, bekommen haben, einen Bericht zu formen. Dabei habe ich gelernt, was überhaupt eine Geschichte ist und wie wichtig es ist, sehr sensibel mit Informationen umzugehen.

Jedenfalls herrschte damals Aufbruchsstimmung. Du hast einmal gesagt: »Wir hatten nichts zu essen, wir hatten kein Geld, aber wir hätten jeden Tag jubeln können. Jetzt sind wir frei, jetzt ist alles möglich.« Trotz allem für einen jungen Journalisten sicherlich eine sehr spannende Zeit, oder?

Ja natürlich, für alle Menschen, nicht nur für uns Journalisten. Endlich war der Krieg aus und die Bedrohungen, doch noch in den letzten Tagen eingezogen oder von Bomben getroffen zu werden, waren endlich vorbei. Und vor allem: Endlich frei sein – dieses Gefühl war unbeschreiblich. Die Erinnerungen an das Jahr 1945 bringen mich heute noch zum Weinen. Vor lauter Freude.

»Ich habe gelernt, wie eine Henne zu gackern. Dafür habe ich ein Schmalzbrot bekommen.«

Ab Mai 1945 hast du in Wien gelebt und bald darauf gearbeitet. Wie viel hast du damals verdient?

90 Schilling. Ich hatte ein Untermietzimmer bei einer Frau Stumpf im fünften Bezirk, in der Grohgasse, wofür ich 30 Schilling im Monat bezahlt habe. Und für das Essen in einer Werksküche gab ich damals 30 Schilling im Monat aus. Jeden Tag einen Schilling für irgendein Gericht. Zunächst war es Trockengemüse, später Bohnen und dann sogar Kochsalat mit Erbsen.

Viel ist da aber nicht mehr übrig geblieben?

Nein, ich glaube zehn Schilling hat die Monatskarte für die Straßenbahn gekostet.

Dann hattest du gerade noch 20 Schilling.

Ja, maximal. Ich bin sehr gerne ins Kino gegangen, die Besatzungsmächte brachten ja ihre Kinofilme mit, und da konnten wir doch einiges von der größeren Welt sehen. Das konnte ich mir gerade zwei- bis dreimal im Monat leisten.

Hattest du für so Spompanadln wie Mädeln überhaupt noch Geld?

Wenn du mit deinen Fragen weiter so ins Detail gehst, brauche ich meine Biografie gar nicht mehr zu schreiben.

Nur das mit den Mädeln oder dem Mädel möchte ich noch hören ...

Na gut, das gebe ich dir noch preis. Sie war sehr hübsch, ich habe sie an der Uni kennengelernt und wollte sie gerne einladen ...

Hast du parallel zu deiner Arbeit studiert?

Ja, ich habe noch im Mai 1945 begonnen zu studieren und habe immer mit großer Lust und Liebe studiert. Aber du willst doch die Geschichte mit dem Mädel wissen ...

Entschuldige, ja natürlich. Wie hieß sie?

Irene. In der Zeitung – ich glaube es war sogar im KURIER – habe ich damals gelesen, dass Maxi Böhm im Konzerthaus für eine Radiosendung auftrat.

Hieß die Sendung vielleicht »Die große Chance«?

Nein, so groß war die Chance auch nicht. Aber der Eintritt war gratis. Und so kamen wir zu einem unterhaltsamen Abend. Denn Maxi Böhm fragte das Publikum, wer etwas Besonderes vor dem Mikrophon zum Besten geben könnte, und der bekäme als Preis ein Schmalzbrot. Das war damals etwas Köstliches. Also habe ich mich gemeldet, denn ich habe am Bauernhof bei meinem Großeltern gelernt, wie ein Huhn zu gackern. Und zwar wie eine Henne, die ihre Küken ruft. So konnte ich Irene doch noch etwas bieten.

Hat das Eindruck gemacht?

Nicht nachhaltig. Aber immerhin bekam sie den größeren Teil des Schmalzbrotes.

Später hast du ja deine Frau Traudi kennengelernt, und du hast einmal gesagt, das Geheimnis einer guten Ehe sei, die negativen Eigenschaften des Partners zu lieben. Wie kann ich das verstehen?

Jeder Partner hat wahrscheinlich Eigenheiten und Eigenwilligkeiten, die vielleicht stören, und die sind zu akzeptieren, zu lieben. Ich habe mir angewöhnt, darüber zu schmunzeln.

Du bist ein Held. Aber lass uns zu deinem Berufsweg zurückkehren. Im Alter von 23 Jahren warst du bereits für ein halbes Jahr in Amerika und zwar für ein Journalistik-Studium bei mehreren Zeitungen. Wie war dir das möglich?

Ich kam Anfang 1948 zur »Wiener Tageszeitung« in das Ressort Außenpolitik. Unser journalistisches Vorbild war damals die Schweizer Tageszeitung »Die Tat«, die der Migros-Genossenschaft gehörte. Das war ein weltwirtschaftspolitisch ausgerichtetes Blatt und für uns beispielgebend. Ich kam sozusagen als dritter Mann in das Ressort. Der Außenpolitikchef war Karl Polli, und der zweite Redakteur war Hans Dichand.

Also dort hast du damals schon Hans Dichand kennengelernt?

Richtig. Wir waren beide Lernende. Dichand und ich haben uns die Texte großer Schriftsteller gegenseitig vorgelesen und uns dabei laufend inspiriert. Ernest Hemingway und Egon Erwin Kisch waren unsere Vorbilder und Lehrer. Wir haben ungeheuer viel gelesen.

»Hans Dichand und ich lasen uns immer die besten Texte großer Schriftsteller gegenseitig vor.«

Aber wir mussten auch schon fast täglich kleinere Kommentare für die Zeitung schreiben, die wir Glossen nannten. So verdienten wir uns unsere ersten Sporen. Wir haben uns damals auch schon sehr engagiert. Polli, Dichand und ich haben am Gründungskongress der »Aktion gegen den Antisemitismus« im Alten Rathaus teilgenommen.
Karl Polli wurde später der Posten des Chefredakteurs im Hörfunk angeboten, Dichand bald darauf der Posten des Chefredakteurs des »Murtaler Botens«. Und plötzlich war ich allein und leitete die Außenpolitik der »Wiener Tageszeitung«.
1950 haben die Amerikaner über den Bundespressedienst zehn junge österreichische Journalisten eingeladen, ein halbes Jahr in den USA

zu studieren und bei amerikanischen Zeitungen mitzuarbeiten. Ich war einer davon. Zuerst verbrachten wir einen Monat in der »School of Journalism« in Columbia, Missouri, die auch heute noch in den USA als beste Ausbildungsstätte für Journalisten gilt. Anschließend haben wir dann bei fünf verschiedenen amerikanischen Zeitungen mitgearbeitet und viel gelernt, unter anderem auch, wie wichtig es ist, als Journalist unabhängig zu bleiben und zu versuchen, stets objektiv zu sein.

»Man darf sich als Journalist nie von der Politik missbrauchen lassen.«

Und nach so viel weiter Welt bist du nach einem halben Jahr in das kleine Land Österreich zurückgekehrt. Wie war das?

Ich kam zurück und fand mich inmitten des Oktoberstreiks der Kommunisten wieder, und unserer Meinung nach ging es damals darum, ob Österreich eine Volksrepublik wird oder nicht, wie es zuvor schon unseren Nachbarn Ungarn und der Tschechoslowakei ergangen war. Wir sind aufgegangen in einem revolutionären Abwehrkampf, und wenn das ein Teil des Kalten Krieges war, dann waren wir die Kalten Krieger Nr. 1.

Du hast einmal gesagt: »Journalisten dürfen keine Mitspieler der Politik sein.« Wie meinst du das?

Als Journalist muss man bewirken, was man nur kann. Für einen Journalisten muss es immer heißen: Auf die Barrikaden. Man darf aber nie am Schoß von Politikern sitzen und sich nie von der Politik missbrauchen lassen.

Gedankenfreiheit ist dein Lebensmotto?

Nicht nur Gedankenfreiheit, Freiheit in jeglicher Hinsicht. Ich habe mich immer furchtbar eingeengt gefühlt, wenn es geheißen hat »man muss ...« oder »so und nicht anders muss etwas geschehen«. Dieser unbändige Wunsch nach Freiheit reicht zurück in meine Jugendzeit. Dass wir damals die Freiheit wiedergewonnen haben, war das größte Glück.

Beneidest du junge Menschen um die Freiheit, in der sie heute aufwachsen können?

Nein, ich beneide grundsätzlich niemanden. Freiheit steht über allem, und jeder kann diese Freiheit nützen, wie er will. Das geht mich gar nichts an. Auch Neid kenne ich nicht. Aber ich bedaure, dass viele jüngere Menschen nicht mehr zu schätzen wissen, was Freiheit wirklich bedeutet, welche Möglichkeiten sie uns gibt und was es heißt, Freiheit wirklich zu leben. Das fehlt vielen, weil sie Unfreiheit nie gespürt haben.

Es gibt den wunderbaren Satz von Oscar Pollak, dem jahrelangen Chefredakteur der Arbeiterzeitung: »Die Leser müssen spüren, dass man sie gernhat.« Glaubst du, dass dies in den heutigen Printmedien gelebt wird?

In manchen schon, da spüre ich es aus vielen Beiträgen.

Der KURIER war für dich ein sehr wesentlicher Lebensabschnitt. Du warst bereits mit 31 Jahren Chefredakteur der damals größten österreichischen Tageszeitung. Wenn du heute an diese Zeit zurückdenkst, welche schönen Erinnerungen sind dir an diese Zeit geblieben?

Es war ein grandioses Team. Ich war umgeben von Menschen, die mit an einem Strang gezogen haben, ein großes Miteinander, die Bereitschaft, gemeinsam auf die Barrikaden zu steigen. Wir haben viele Husarenstücke gemacht, unter anderem der Politik die Gesetze zur Durchführung von Volksabstimmungen und Volksbegehren abgerungen, und dann auch das allererste Volksbegehren zur Befreiung des ORF aus den Fängen der Parteisekretariate durchgesetzt.

> »Für einen Journalisten muss es immer heißen: Auf die Barrikaden.«

Lass uns trotz deiner großen Begeisterung für deinen Beruf noch kurz vom Privatmann Hugo Portisch sprechen. Wir sitzen hier beim Plachutta in Hietzing. Warum hast du dieses Lokal als Treffpunkt gewählt?

Ich liebe Rindfleisch in jeder Form und fühle mich hier einfach sehr gut aufgehoben und rundum wohl.

Du verbringst inzwischen einen Großteil der Zeit in eurem Haus in der Toskana. Auf die Frage, wie du dazu kamst, hast du einmal geantwortet: »Durch Zufall. 48 Stunden vorher ist uns das Benzin ausgegangen. Und dann waren wir plötzlich Hausbesitzer.« Kannst du uns kurz erzählen, wie es dazu kam?

Ich versuch's, aber ausführlich haben meine Frau und ich das in unserem Buch »Die Olive & wir« erzählt.

Wunderbar. In welchem Jahr beginnt die Geschichte?

Es ist lange her. Meine Frau und ich waren in einem Mietwagen unterwegs von Rom in Richtung Pisa, als wir kein Benzin mehr hatten und ich die nächstmögliche Autobahntankstelle anfahren wollte. Allerdings wurde dort gestreikt. Ich musste also die Ausfahrt nehmen und erreichte gerade noch die nächste Tankstelle. Die hatte aber bis vier Uhr nachmittags geschlossen, weil Siesta war. Also setzten wir uns in das angeschlossene Espresso und warteten. Und wie es der Zufall so wollte – und es war eine Kette von unfassbaren Zufällen ...

Zufall oder Vorsehung?

Nein, nichts ist Vorsehung. Das war Zufall oder Glück. Jedenfalls hatte mir am Vortag Hellmut Andics, damals unser Beilagenchef im KURIER, eine Telefonnummer in die Hand gedrückt und gemeint, falls wir in die Toskana kämen, mögen wir ihn doch anrufen. Er sei dort, um an einem Drehbuch für einen Film mitzuarbeiten. Ich war froh, endlich auf Urlaub zu sein, und hatte nicht vor ihn anzurufen. Aber als wir so in dem kleinen Espresso herumlungerten und ich

in meine Rocktasche griff, fand ich zufällig diese Nummer. Wieder ein Zufall, denn dass ich dieses Sakko, das ich tags zuvor im Büro getragen hatte, überhaupt mitgenommen hatte, war sehr ungewöhnlich.
Also rief ich Andics an und stellte fest, dass ich die Vorwahl gar nicht erst zu wählen hatte, da wir uns schon in diesem Ort befanden – nur zehn Minuten von dem Haus entfernt, in dem er selbst zu Gast war. Wir alle verbrachten eine sehr gemütliche Jause. Es wurde Abend und wir übernachteten schließlich auch dort. In der Früh schaute ich auf diese großartige toskanische Landschaft, die Orangenbäume vor dem Fenster, und ich kam zum Frühstück und sagte den verhängnisvollen Satz: »Ein Paradies! Hier ist es gut, ein Haus zu haben.« Noch am selben Tag fanden wir ein altes Bauernhaus, eine Ruine eigentlich, und haben am nächsten Morgen um zehn Uhr dieses Haus gekauft ...

»Viele junge Menschen wissen nicht, was Freiheit bedeutet, weil sie Unfreiheit nie gespürt haben.«

... und seid heute noch glücklich dort. Inzwischen hast du dich ja auch gemeinsam mit deiner Frau ganz anderen Themen als der großen Weltpolitik gewidmet. Dein Faible für Schwammerl ist inzwischen bekannt, ihr habt darüber auch ein Buch geschrieben. Wie bist du auf die Pilze gestoßen?

Wir kommen beide aus Familien, die Schwammerlsucher waren. Mein Vater tat dies mit großer Leidenschaft im Dunkelsteinerwald und hat mich bereits als Kind mitgenommen.
Meine Frau und ich haben dieses Vergnügen schon immer geteilt. Und dabei haben wir uns stets geärgert, denn viele der Pilze, die wir gefunden haben, waren uns unbekannt, aber keines der damaligen Pilzbücher verglich die essbaren Pilze mit ihren möglichen giftigen oder ungenießbaren Doppelgängern. So haben wir uns bereits damals vorgenommen, unbedingt einmal selbst ein Buch darüber zu schreiben, in dem wir diese unmittelbare Gegenüberstellung von essbar und giftig für alle verständlich machen wollten.
Bei einem Spaziergang in London gingen wir eines Tages an der Galerie junger Künstler am Rande des Hyde Parks entlang, da blies ein Windstoß plötzlich einige Zeichenblätter durch die Luft ...

... wieder ein Zufall ...

So ist es. Und auf einem dieser Blätter sahen wir die Zeichnung eines Schwammerls. Ganz exakt und wunderbar gezeichnet. Wir suchten den Künstler auf, er hieß Alfonso Madden, und er war es später auch, der die Illustrationen zu unserem Buch »Pilzesuchen – ein Vergnügen« machte.

Gemeinsam mit deiner Frau Traudi hast du,

wie erwähnt, auch das Buch »Die Olive & wir« geschrieben. Hast du – nach einem Leben in und mit der Weltpolitik – eine gewisse Sehnsucht, im Alter mehr auf das Bodenständige, auf die Natur zurückzukommen?

Nein, Sehnsucht wäre zu viel. Die harten Fakten der Weltpolitik interessieren mich nach wie vor mehr als alles andere. Die aktuellen Geschehnisse im Nahen Osten regen mich zum Beispiel momentan so auf, dass ich eigentlich nur darüber sprechen möchte ...

Das heißt, wir dürfen hoffen, bald wieder eine Analyse von dir zu lesen oder zu hören?

Nein, das habe ich zurzeit nicht vor. Es ist mir heute ein großes Vergnügen, auch über diese schönen Dinge des Lebens zu schreiben – doch meine große Leidenschaft gehört dem Weltgeschehen.

Trotzdem verbringst du den Großteil deiner Zeit in der Toskana, in der Natur?

Ja, aber für die Natur in unserem Leben ist ausschließlich meine Frau zuständig.

Ist die Toskana ein bisschen Heimat geworden?

Für mich nicht ganz. Ich empfinde deren Schönheit und genieße sie, aber zuhause bin ich in Wien. Ich brauche eine große Stadt und Menschen um mich.

Was wünscht du dir spontan abschließend für dein Leben, für Österreich, für die Welt?

Für mein Leben: Wir sollen so sein, wie wir sind, und das möge noch lange so bleiben.

Für Österreich: Dass es nicht zum Opfer von Populisten und Demagogen wird. Das ist meine größte Sorge. Denn ich weiß genau, wohin das führen kann. Das ist immer ein sehr gefährlicher und in jedem Fall ein sehr schädlicher Weg für ein Land.

Und für die Welt?

... kann man sich nur das Gleiche wünschen. Ich bin hundertprozentig vom europäischen Projekt überzeugt und glaube, es wäre verheerend, wenn dieses Projekt schiefgehen würde. Es muss Vorbild bleiben für das, was in anderen Teilen der Welt noch kommen muss. Sei dies in Lateinamerika oder in Asien. Diese Art der Solidarität, die Art des gegenseitig füreinander Eintretens, muss Vorbild werden. Es muss ein Musterbeispiel geschaffen werden und es muss sich die Erkenntnis manifestieren, dass alles auch ohne Krieg geht. Wenn das Projekt Europa schiefgeht, wäre das nicht nur ein Rückschritt für die europäischen Nationen, sondern für die ganze Welt.

Plachutta Hietzing | Auhofstraße 1 | 1130 Wien
T +43 (0)1 877 70 87 0 | hietzing@plachutta.at | www.plachutta.at
Öffnungszeiten: täglich von 11.30–15 Uhr, 18–23.30 Uhr; Sa, So, Feiertag: 11.30–23.30 Uhr

Hugo Portisch

Seine journalistische Karriere begann 1948 bei der »Wiener Tageszeitung«, er studierte an der Wiener Universität Germanistik, Anglistik und Publizistik, machte ein Kurzstudium an der besten Journalistenschule der USA und war mit 31 Jahren Chefredakteur der damals größten österreichischen Tageszeitung, des KURIER.

1968 wechselte er zum ORF und wurde dessen Chefkommentator. In der Zeit zwischen 1961 und 1968 war Hugo Portisch auch weltpolitischer Kommentator im Bayerischen Fernsehen, verfasste Bücher, darunter die populäre »So sah ich ...«-Serie. Es folgten die Fernsehdarstellung seines Buches »Friede durch Angst« sowie zahlreiche Dokumentationen über den Süden Afrikas, China, Russland und Lateinamerika, TV-Bestandsaufnahmen unter dem Titel »USA – Weltmacht auf dem Prüfstand« sowie »Nixons Kampf ums Weiße Haus«. Große TV-Erfolge feierte er auch gemeinsam mit Sepp Riff mit den beiden historischen TV-Serien »Österreich I« und »Österreich II«. In insgesamt 32 Ländern wurde die internationale Dokumentation »Der Zweite Weltkrieg – Ursachen und Hintergründe« gesendet, die er gemeinsam mit Henry Kissinger produziert hat. Es folgte die vierteilige Fernsehserie »Hört die Signale« und vieles andere mehr. Im »Gedankenjahr 2005« schaffte er mit der vierteiligen Reihe »Die Zweite Republik – Eine unglaubliche Geschichte« einen weiteren großen TV-Erfolg. Portisch erhielt unter anderem zwei »Goldene Kameras«, vier »Romys« und den »Toleranzpreis des Österreichischen Buchhandels«.

Hugo Portisch lebt in Wien und der Toskana und genießt es heute – als über 80-Jähriger –, gemeinsam mit seiner Frau Traudi auch über die schönen Dinge des Lebens zu schreiben, wie in »Pilzesuchen – ein Vergnügen« oder im zuletzt erschienenen Buch »Die Olive & wir«. Seine große Leidenschaft gehört jedoch nach wie vor den harten Fakten der großen Weltpolitik.

»Es gibt kein Paradies ohne die Hölle«

Gerhard Roth

zählt zu den wichtigsten deutschsprachigen Literaten der Gegenwart und hat inmitten der südsteirischen Weinberge einen wunderbar stillen Ort der Einkehr gefunden, um dort – unter einem Nussbaum – Weltliteratur zu Papier zu bringen. Dabei liebt er Wasser über alles, »aber in dieser Landschaft bilde ich mir ein, die Hügel wären erstarrte Wellen und die Häuser sitzen darauf wie Schiffe. Dank dieser Vorstellung habe ich hier schon viele Seefahrten unternommen.«

Du hast dir eine sehr versteckte Oase für unser Gespräch ausgewählt. Wo sind wir hier?

In der Buschenschank Menhard in der Nähe von Leutschach, mitten in den Weinbergen. Knapp davor sind noch die typischen steirischen Buschenschanken, voll mit Bussen und Touristenmassen, und ein paar Kurven weiter, beim Menhard, kann man all dem wieder entfliehen. Hier sind wir in der Welt des Trinkens, im Inferno und Paradiso.

Die Welt, die sich dir abwechselnd – einmal so, einmal so – darstellt?

Wenn ich zu viel getrunken habe, denke ich besonders intensiv an Dante Alighieri. Schau, ich habe wieder »Die Göttliche Komödie« eingesteckt. Dieses kleine Reclam-Heft ist ideal, eine Auswahl, die auf den letzten Seiten ganz präzise den Aufbau der Hölle und des Paradieses zeigt.

Was ist präziser gebaut: die Hölle oder das Paradies?

Die Hölle natürlich – die haben wir täglich vor Augen, während das Paradies immer mit einer gewissen Betäubung einhergeht, sonst bleibt es zumeist nur eine Wunschvorstellung. Die Hölle und das Fegefeuer erleben wir alltäglich, beides ist ja sowieso ein Teil unseres Lebens.

Wie oft hast du das Paradies schon – oder schon fast – erlebt?

Das Problem ist, dass man es immer wieder vergisst, sobald man es erlebt hat. An die Hölle erinnert man sich immer besser, das kommt einem viel realistischer vor, während das Paradiso etwas ist, das man nicht fassen kann. Es ist so, als würde man einen geliebten Menschen umarmen – und dabei ist man es selbst, den man umarmt.

Welch wunderbarer Platz, zu dem du uns hier geführt hast. Ein Traum. Eine Idylle.

Jetzt verstehst du, warum ich so gerne hierherkomme. Hier passt einfach alles. Genau das suche ich – Abstand zur Massenkultur, eine ganz persönliche Atmosphäre, Menschen, die dasselbe essen und trinken, das sie auch mir geben, und ein ganz natürliches Stilbewusstsein.

Ein Paradies. Wie hast du diese schöne Welt des Trinkens denn entdeckt?

Über den Maler Gerald Brettschuh. Er hat mir von den Menhard-Weinen vorgeschwärmt. Das war Anfang der achtziger Jahre, da war noch alles in den Anfängen. Heute vermieten die Menhards während des Sommers zwei kleine Häuschen und sind engagierte Bioweinbauern, die gegen die »Coca-Colaisierung« des Weins antreten. Sie meinen, es sei nicht notwendig, dass der Wein überall gleich schmeckt – er soll so schmecken, wie ihn der Boden und das Klima Jahr für Jahr wachsen lassen, durchaus verschieden zum Vorjahr und immer sehr individuell.

Recht haben sie. Und wie schmecken die Weine?

Phantastisch. Die Weißen vom Menhard sind meine Lieblingsweine. Für mich sind beim Wein zwei Sachen wesentlich: der Weingenuss und die Weinbekömmlichkeit. Und auch beim Zweiten schneiden die Menhard-Weine hervorragend ab. Es gibt keinen Wein, den ich so gut vertrage.

Im Laufe der letzten Jahrzehnte hast du wahrscheinlich einige dieser Reben leergetrunken?

Den ganzen Weinberg, zu dessen Füßen wir jetzt so schön in der späten Nachmittagssonne sitzen, habe ich leergetrunken.

Welche Weinsorten magst du besonders gerne?

Der gelbe Muskateller ist ganz wunderbar fruchtig-trocken und passt herrlich zu dunklem Brot und Käse – daraus macht der Menhard auch einen Muskateller-Prosecco. Der ist grandios. Und mein Lieblingswein ist der Sauvignon Blanc.

»Für einen Schriftsteller ist das Schönste am Wein, dass er gelesen wird.«

Und weil der Menhard ein so guter Winzer ist, ist er auch dein Trauzeuge?

Unter anderem, aber nicht nur. Übrigens macht er auch einen ganz herrlichen Welschriesling und Morillon …

… der steirische Chardonnay. Nicht meine Welt, muss ich sagen.

Dann musst du seinen Ruländer, einen Grauburgunder oder Pinot Grigio probieren.

Du wirst lachen, den mag ich auch nicht. Ich liebe säurebetonte Weine.

Aber seinen Sämling musst du probieren. Der ist dem Müller-Thurgau sehr ähnlich.

Also eher lieblich.

Ja, eher lieblich. Von Weihnachten bis März ist der Müller-Thurgau ein herrliches Getränk, wenn er noch frisch ist und noch ein bisschen moussiert. Da hat er etwas vom Frühling, da liebe ich ihn sehr. Aber eigentlich trinke ich im Winter, dann, wenn ich in Wien lebe, fast nur Rotweine. Erst wenn ich Mitte/Ende März wieder in die Steiermark zurückkehre, beginne ich mit den Weißweinen.

Kann man sagen, dass Schriftsteller und Wein ein Naheverhältnis haben?

Kann man. Das Schönste am Wein ist – und da hast du schon die perfekte Verbindung zum Schriftsteller und Schreibenden –, dass er gelesen wird, bevor man ihn trinkt.

Und dass wir jetzt an diesem wunderbaren Platz auch noch ein so herrliches Essen bekommen, ist mehr als sich nur irgendjemand wünschen kann. Die Suppe war ein Traum. Schau dir diese kalten Platten an. Paradeiser, die nach Paradeiser schmecken, dieser Aufstrich, scharf und würzig, und die Eierschwammerl, na ja, mehr geht nicht.

Auch das Brot ist selbstgebacken. Und genauso wie bei mir zuhause sitzen wir unter einem Nussbaum, und ich hab keine Scham, die Teller zu leeren.

Was sind für dich die wesentlichen Dinge,

damit Augenblicke im Leben stimmen, damit es, so wie du sagst, passt?

Beim Alkohol sucht man die Euphorie und trinkt auf die Euphorie hin, beim Schreiben will man auch in Euphorie kommen, aber es gelingt einem nie ganz, weil man den Verstand einschaltet und das, was man schreibt, kontrollieren will. Daher holt man beim Trinken den Rausch nach, den man beim Schreiben nicht erleben kann, weil das Schreiben immer auch mit Selbstkritik verbunden ist. Damit das Schöpferische abgerundet wird, kommen Alkohol und womöglich gutes Essen dazu – und das Gespräch mit Freunden.

»Beim Trinken holt man den Rausch nach, den man beim Schreiben nicht erleben kann.«

Alkohol und Kunst, das ist eine klassische Situation – Pablo Picasso hat es geradezu zelebriert: spielerisch und auf höchstem Niveau aus dem Leben und der Kunst eine Einheit zu bilden. Anders Edgar Allan Poe, bei dem die Schreibsucht in Alkohol- und Drogensucht umgeschlagen hat. Ich glaube, dass jenes Defizit, das beim schöpferischen Akt entsteht, die Anstrengung zum Selbstvergessen mit gleichzeitiger Selbstkontrolle, durch den tatsächlichen Rausch später kompensiert wird.

Du schreibst fast ausschließlich hier in der Steiermark, in deinem Haus in St. Ulrich. Könnten diese Romane, diese Mammutwerke, auch anderswo, in Irland, der Toskana oder in Wien, entstehen? Oder ist es so, dass dich diese Gegend, diese Menschen besonders beeinflussen?

Ich bin sehr ablenkbar. Wenn mich ein Freund anruft und mich treffen möchte, lass ich meist alles liegen und stehen ... das passiert hier nicht. In der Südsteiermark kann ich vollkommen konzentriert arbeiten, ich habe wenige Ablenkungen und nehme keine Termine wahr. Außerdem erlebe ich den Jahreszeitenwechsel jedes Mal wie etwas Neues. Und ich habe Zeit für die Entdeckungen in mir selbst.

Könntest du dich nicht auch an einen anderen Platz der Welt zurückziehen, muss es die Südsteiermark sein? Könntest du beispielsweise auch in der Karibik schreiben?

Das weiß ich nicht, dort war ich noch nie.

Aber in der Karibik gibt es keine Jahreszeiten, es ist ständig Sommer und das bei 30 Grad im Schatten.

Ich liebe den Sommer.

Was ist mit dem Frühling?

Den mag ich, weil der Sommer danach kommt.

Leidest du ein wenig darunter, dass gerade jetzt im Herbst die Touristen die Südsteiermark überschwemmen und in dein Paradies eindringen?

Ich habe den Begriff Paradies in diesem Zusammenhang nicht verwendet. Jedenfalls gibt es keines ohne die Hölle und umgekehrt. Aber: Der Mensch ist natürlich

Egoist und will alles für sich allein. Es ist ja auch so, dass Menschen, die reisen, über Touristen klagen und dabei selbst Touristen sind.

Aber du bist hier ja kein Tourist.

Nein. Natürlich würde ich am liebsten diesen Landstrich immer so behalten wollen, wie ich ihn vorgefunden habe. Zumindest teilweise, manches war ja weniger erfreulich. Aber die Zeit, die man hier auf Erden verbringt, ist begrenzt, und so rasch gehen die Veränderungen ja auch wieder nicht vor sich. Ich glaube, es ist grundsätzlich so, dass dort, wo Künstler leben, meist später der Tourismus hinkommt. Ich hoffe, dass ich noch so kurz oder so lang zu leben habe, dass diese Welle nicht über mich hinwegrollt.

Künstler sind also Indikatoren für die schönsten Plätze der Welt?

Künstler halten sich nicht nur deshalb an einem Ort auf, weil er so schön ist, sondern auch, weil sie meist wenig Geld haben. Das heißt, diese Plätze müssen schön und günstig zum Leben sein. Erst dann, wenn auch andere solche entlegenen Gegenden entdeckten, werden sie teuer. Ibiza, Saint-Tropez, Montmartre in der zwanziger und dreißiger Jahren ... Armenviertel waren anfangs meist auch Künstlerviertel, aber sind heute nicht mehr erschwinglich.

Wenn wir nun ein wenig aus der kleinen, schönen Südsteiermark hinausblicken, wo sind jene Plätze auf der Welt, an welchen du noch nicht warst und die du unbedingt einmal besuchen möchtest? Wo musst du noch hin?

Ein Ziel, das ich immer wieder ansteuere, ist Venedig. Davon kann ich mich nur schwer lösen. Und ich denke mir oft, wenn es mir einmal nicht mehr gut geht und ich es dann noch bis Venedig schaffe, reicht mir das eigentlich. Dort habe ich alles, was ich brauche. Venedig ist für mich eine Art Atlantis. Es hat sehr viel Geschichte, und trotz allem noch Natur, Schönheit und immer noch Mythologie.

Die für dich wichtig ist?

Ja. Ich sehe in jeder Religion vor allem die Mythologie. Ansonsten würde ich Kirchen und sakrale Bauten nicht ertragen können. Diese Plätze sehe ich wie ein Reisender, der ein antikes Museum besucht.

Weitere Reiseziele, die ich noch ansteuere, sind Mexiko und Peru – sehr interessant für mich vor allem wegen der Mayas und Azteken. Afrika habe ich immer geliebt und Marokko ist ein Land, das mich sehr interessiert. Ich habe es aber bis jetzt noch nicht bereist.

Ja, und nach Sankt Petersburg würde ich gerne fahren. Vor allem wegen Dostojewski und all den russischen Schriftstellern. Das Wasser spielt bei mir eine große Rolle ... die Kanäle und Grachten. Wasser ist für mich sehr wichtig. Ich fühle mich generell im flachen Land wohler als im Gebirge. Ich bin kein Bergsteiger. Ich könnte zum

Beispiel nie in Innsbruck leben, da habe ich das Gefühl, ich sitze in einem Mund und die Zähne rundherum wachsen in den Oberkiefer hinein. Ein ferner Horizont und viel Himmel sind für mich das Schönste. Die Wüste zum Beispiel.

Ist dir dann die Südsteiermark nicht schon zu hügelig?

Ich bilde mir ein, die Hügel wären erstarrte Wellen und die Häuser sitzen darauf wie Schiffe. Dank dieser Vorstellung habe ich hier schon viele Seefahrten unternommen. Daher habe ich mein Buch ja auch »Der Stille Ozean« genannt. Ich stellte mir immer vor, ich sei auf der Oberfläche eines großen Meeres, und wenn ich untertauchte, sah ich, dass dort unten etwas ganz anderes liegt als die vorgebliche Idylle. Dass unter der landschaftlichen Schönheit bereits das klassische Fressen und Gefressen werden beginnt. So wie es überall üblich ist.

> »Ich habe Bücher immer gelesen, als wären sie eine Art Parallelwelt.«

Phantasie hilft dir sehr?

Als Kind habe ich entdeckt, dass es für mich zwei Arten von Leben gibt: jenes, das ich nach außen hin annehmen muss, und das, was in mir selbst ist. Ich habe Bücher immer gelesen, als wären sie eine Art Parallelwelt. Ich habe Bücher nie zur Unterhaltung gelesen, sondern ich bin immer in eine Parallelwelt eingetaucht, die gleichwertig zur erlebten Realität war. Diese Eigenschaft und dieses Glück, mir eine zusätzliche Welt schaffen zu können, habe ich mir stets erkämpft und bis heute erhalten. Ich konnte zum Beispiel bei Krankheiten und Schmerzen in diese andere Welt eintauchen, hinüberwechseln.

Was heißt das?

Zum Beispiel hatte ich mit 21 Jahren einen Herzstillstand, den ich nur deshalb überlebt habe, weil mein Vater, der Arzt war, mir sofort eine Spritze in die Brust gab. Damals hatte ich eine irrationale Erfahrung, ich ging in Gedanken über einen schachbrettartigen Gang, der wie eine Zugbrücke auf mich zukam, und dachte: Sterben ist leicht. Ich wollte eigentlich drüben bleiben und nicht zu den Schmerzen in die Realität zurückkehren. Ich las im Krankenhaus zwei Bücher, die mir – etwas pathetisch ausgedrückt – das Leben gerettet haben.

Welche?

Das eine war »Die Blechtrommel« von Günter Grass, eines der wunderbarsten Bücher, und das zweite die »Tagebücher« von Robert Musil. Diese beiden Werke haben mich nicht nur die Erdenschwere allein fühlen lassen, sondern ich konnte mich immer wieder in eine andere Realität verabschieden.

Heißt das, dass du vor dem Sterben keine Angst hast?

Ich habe natürlich Angst vor dem Sterben, aber ich habe keine Angst davor, dass ich es nicht schaffen könnte. Das klingt vielleicht lächerlich, weil es ja sowieso jeder schafft und schaffen muss. Ich meine damit die Angst, dass ich es vor mir selbst nicht schaffen kann. Ich bin jetzt Ende 60 und mit 70 kommt ja bekanntlich das dunkle Jahrzehnt und alles wird sich in die Nacht hinein verwandeln ...

Aber noch ist Tag. Wie empfindest du dein Leben momentan?

Je jünger ich war, desto stärker war der Wunsch zu sterben. Je älter ich werde, desto weniger will ich sterben. Heute ist mir das Leben etwas sehr Kostbares geworden, und der Gedanke der Selbsttötung ist außer Reichweite. Höchstens die Lebensumstände würden mich dazu zwingen. Mein Lebenswille und meine Lebensfreude sind jetzt viel stärker als in meiner Kindheit und Jugend.

Wo stehst du gerade? Ist es noch später Sommer? Herbst? Winter?

Der Winter beginnt gerade. Manchmal schneit es auch schon.

Aber Schnee liegt ja oft sehr lange ...

Und Schnee ist schön. Ja, aber ich denke immer an den Tod. Mein gesamtes Schreiben ist auch eine Auseinandersetzung mit dem eigenen Sterben. Dadurch bleibt man bei der Wahrheit, und was man erfindet, erfindet man aus dieser Einstellung heraus. Ich habe in meinem ganzen Leben nie ein Buch geschrieben, das aus irdischem Glück heraus entstanden ist. Darauf bilde ich mir nichts ein, das ist nur ein Faktum. Es gibt einen imaginären Leser, den ich mir vorstelle ...

Wie siehst du diesen Leser?

Ähnlich wie mich selber.

> »Mein Schreiben ist auch eine Auseinandersetzung mit dem eigenen Sterben.«

Bist du zufrieden mit deinem Ebenbild?

Nein, ich bin nicht ganz glücklich, weil ich merke, dass nicht viele so sind wie ich. Wenn alle so wären wie ich, wäre ich ja ein Bestsellerautor. Ich weiß, dass ich eine Art Sonderling bin und dass meine Gedanken und Empfindungen nicht immer nachvollziehbar sind, was für den Verkauf meiner Bücher einstweilen nicht günstig ist.

Aber beim Schreiben denkst du ja sicherlich nicht an Verkaufszahlen?

Nein, überhaupt nicht. Ich habe noch nie spekuliert. Ich habe mit Wolfgang Bauer zwei Sätze geteilt, die wir beide oft angewendet haben, wenn wir über Kunstwerke sprachen, die uns nicht gefielen. Der eine war: »Wer spekuliert, verliert.« Den zweiten hörten wir bei der Übertragung des Fußballspiels von Österreich gegen Deutschland aus Cordoba. Herbert Prohaska machte einen wunderbaren Pass durch die Abwehr der Deutschen. Leider konnte der andere Spieler diesen Ball nicht annehmen.

Daraufhin sagte der Sportreporter Edi Finger, ohne zu wissen, wie philosophisch dieser Satz ist: »Herrlich gemacht, aber schlecht.«

Mit Wolfgang Bauer hat dich eine große Freundschaft verbunden. Fehlt er dir?

Sehr. Ich habe drei wirklich große Künstlerfreunde. Den einen hatte ich – das war der Wolfgang Bauer –, und die anderen habe ich hoffentlich noch immer: Das sind der Günter Brus und der Peter Pongratz. Mit allen dreien hatte ich das größte Nahverhältnis – von Künstler zu Künstler.

Wolfgang Bauer ist in unsere Welt gewissermaßen nur zwangsrekrutiert worden. Er war aus einer anderen Kultur, die zum Teil etwas Heiliges hatte. Er war nie auf die materiellen Dinge aus, ihm war nur der Augenblick wichtig: Ihn galt es zu finden und zu leben.

Kann es denn mehr geben, als den Moment zu leben?

Nein. Aber sein Problem war der darauffolgende Abstieg. Als der Alkoholismus zur Krankheit wurde und die Sucht dazukam. Es war ein Zerstörungsvorgang, den ich teilweise nicht mehr miterleben konnte und wollte. Erst später, als es dem Ende zuging, während der letzten Monate seines Lebens, da gab es wieder eine große Nähe. Ich wusste, dass es ein Abschied war, aber der Wolfgang wollte sich auf solche Gedanken nicht einlassen.

Wusste er, dass es zu Ende ging?

Er war der größte Verdränger Europas. Er hat sich im Sterben komplett zurückgezogen. Es war ein qualvoller Weg zum Abschied.

Und Günter Brus?

Er ist der beeindruckendste Künstler, den ich aus der Nähe kennengelernt habe. Sein Werk ist einzigartig.

Wann ist für dich als Schriftsteller der schönste Moment, wenn du mit einem Buch fertig bist?

Der wichtigste Augenblick ist immer der Moment, in dem ich weiß, was ich als Nächstes machen werde.

Kannst du dich an jenen Moment erinnern, in dem du dein erstes Buch in der Auslage einer Buchhandlung gesehen hast? Wie war dieser Moment?

Diese Frage möchte ich über einen Umweg beantworten. Ich habe immer geheim für mich selbst geschrieben, auch, als ich über viele Jahre im Rechenzentrum Graz tätig war – bis zu meinem 31. oder 32. Lebensjahr. Ich hatte dort einen Freund, Fritz Königshofer, ein mathematisches Genie und unter anderem Mitentwickler des vom Computer gesteuerten Sechs-Tage-Wetter-Prognosemodells. Er wusste, dass ich schreibe. Ihm gab ich damals den experimentellen Roman, an dem ich gerade gearbeitet habe, zum Lesen. Königshofer kopierte ihn, ohne mich davon zu informieren, und schickte ihn dem Suhrkamp Verlag.

Vier oder fünf Monate später erhielt ich ein Schreiben von dem

Lektor Thomas Beckermann, man wäre an einem Gespräch mit mir interessiert, ich solle nach Frankfurt kommen. Zufällig hatte die Fluglinie SAS zu diesem Zeitpunkt einen schweren Computerfehler und unser Rechenzentrum war bekannt für autonomes Arbeiten. Also flogen wir zu dritt als Nottruppe nach Kopenhagen, Fritz Königshofer, ein anderer Freund, Rudolf Zettelmann und ich. Fritz Königshofer fand den Fehler bereits nach einer Viertelstunde. Bei der SAS war man überglücklich und bot uns einen Freiflug in eine Destination unserer Wahl an. Das war 1971, und wir waren so naiv, dieses Angebot auszuschlagen. Nur ich erbat mir einen Rückflug über Frankfurt, um den Termin bei Suhrkamp wahrnehmen zu können. Dort kam ich sofort zu Thomas Beckermann, der meinte, er hätte noch nie ein solches Manuskript zugeschickt bekommen – mit durchgestrichenen Wörtern, Korrekturen etc. Noch niemand hätte sich getraut, so etwas an den Verlag zu schicken. Trotzdem haben sie es angenommen. Das war ein sehr entscheidender, emotionaler Moment für mich.

Um welches Buch hat es sich gehandelt?

Schließlich um die drei experimentellen Bücher: »die autobiografie des albert einstein«, »Der Wille zur Krankheit« und »Der Ausbruch des Ersten Weltkriegs«.
Der zweite und vielleicht noch stärkere Moment war, als ich in London bei einem Meeting mit der Computerfirma Univac war und einen Anruf des Suhrkamp Verlages erhielt. Man wollte mir ein Jahresgehalt zahlen, um mir zu ermöglichen, in Ruhe einen Roman zu schreiben. Das habe ich mir bis heute gemerkt.
Der Direktor des Rechenzentrums in Graz, Dr. Reimann, ermöglichte mir schließlich den Ausstieg aus dem Betrieb ...

»Meine Schreibsucht möge mich nicht im Stich lassen und nie aufhören.«

... und deinen Anfang als Schriftsteller.

Ja. Es waren also nicht die Bücher in der Auslage, die für mich die größten emotionalen Momente auslösten, sondern diese zwei Begebenheiten.

Eine abschließende Frage, weil wir hier so gemütlich beisammensitzen, gut essen und trinken. Sind die Begriffe »Kultur« und »Genuss« für dich überhaupt zu einen? Peter Turrini hat auf diese Frage geantwortet: »Für mich hat Kultur nichts mit Weinflaschen und Wohlfühlen in Gourmettempeln zu tun, sondern ist oft sehr selbstquälerisches Denken und Schreiben. Genuss ist das keiner.« Wie ist das für dich?

Ich brauche als Autor nicht das Alibi, dass es mir immer nur schlechtgeht. Selbstverständlich gibt es auch Euphorie. Wenn ich mir zum Beispiel einen Film von Andrej Tarkowski anschaue, dann gehe ich, obwohl ich Agnostiker bin, als Gläubiger aus dem Kino hinaus – weil ich so beglückt und durchdrungen von allem Gesehenen, Gehörten und Empfundenen bin.

Die Kultur ist nicht alles, auch ich bin nur ein Teil oder Teilchen. Aber selbstverständlich hat Kultur auch viel mit Freude, Schönheit und Beglückung zu tun.

Weinbau Familie Menhard | Pößnitz 70 | 8463 Leutschach
T +43 (0)3454 599 84 | weingut@menhard.at | www.menhard.at
Öffnungszeiten: April–November auf Anfrage

Gerhard Roth

2012 feiert der große österreichische Schriftsteller seinen 70. Geburtstag und zählt als Erzähler, Dramatiker und Essayist zu den wichtigsten deutschsprachigen Autoren der Gegenwart.

Als Sohn eines Arztes und einer Krankenschwester in Graz geboren, studierte Gerhard Roth ursprünglich Medizin, konzentrierte sich jedoch bald auf die Literatur und verdiente seinen Lebensunterhalt bis zu seinem 32. Lebensjahr als Programmierer im Rechenzentrum Graz, ehe er im Suhrkamp Verlag seine ersten drei experimentellen Bücher »die autobiografie des albert einstein« (1972), »Der Ausbruch des Ersten Weltkriegs« (1972) und »Der Wille zur Krankheit« (1973) veröffentlichte.

1980 erschien sein großes Werk »Der Stille Ozean« als zweiter Teil seines Romanzyklus »Die Archive des Schweigens«. Eineinhalb Jahre lang durchwanderte er für dieses Buch jeden Tag die Landschaft von Obergreith in der Südsteiermark und adaptierte diesen Roman schließlich auch für Kameramann und Regisseur Xaver Schwarzenberger 1982 für einen Film. Dieser wurde als der erste große internationale Erfolg eines österreichischen Films bei den Berliner Filmfestspielen mit dem »Silbernen Bären« ausgezeichnet. Es folgten einige Arbeiten als Drehbuchautor mit Regisseuren wie Michael Schottenberg, Jan Schütte und seinem Sohn Thomas Roth, darunter die Kinoversion seines Romans »Der See«, des ersten Teils seines zweiten Romanzyklus »Orkus«, den er 2011 mit dem letzten Teil »Orkus. Reise zu den Toten« beendete. Die Arbeit an seinen beiden Mammutwerken dauerte 32 Jahre.

Der vielfach ausgezeichnete Literat lebt heute abwechselnd in Wien und der Südsteiermark, wo er auch seine Bücher schreibt. »Ich bin ein Stadtmensch, aber ich schreibe am Land. Hier habe ich Zeit für die Entdeckungen in mir selbst.«

»Das Wichtigste ist, keine Angst zu haben«

Danielle Spera

sieht die Aufgabe eines modernen Museums darin, Menschen zu vermitteln, dass Objekte ihre Geschichte haben. Als Direktorin des Jüdischen Museums in Wien will sie Neugier wecken, Schwellenangst und Ressentiments abbauen und auch auf das jüdische Leben in Wien nach 1945 eingehen. Sie möchte zeigen, dass es heute in dieser Stadt eine junge, vitale jüdische Gemeinde gibt. Facettenreich und vielschichtig…

Du hast vor etwas mehr als einem Jahr die Direktion des Jüdischen Museums Wien übernommen und hast bereits jetzt vieles verändert. Was willst du alles machen?

Es gab und gibt noch viel zu verändern. In den ersten Monaten habe ich vor allem entrümpelt und gelüftet. Dabei kamen mir so viele Ideen und ich brenne darauf, diese in den nächsten Jahren alle umzusetzen. Derzeit können wir beim Vergleich mit anderen Jüdischen Museen bei Weitem nicht mithalten.

Welche Museen sind dir Vorbilder?

Am beeindruckendsten ist natürlich das Jüdische Museum in Berlin. Das besticht nicht nur durch seine Architektur, auch die großen Wechselausstellungen sind einfach grandios. Aber das ist finanziell eine andere Dimension. Allein die phantastische Ausstellung »Koscher & Co«, die ich so gerne nach Wien gebracht hätte, liegt weit über unserem jährlichen Gesamtbudget.

Wie viel hat sie gekostet?

800.000 Euro. Das ist eine Ausstellung, die nur vier Monate lang gelaufen ist. Mein Jahresbudget beträgt 400.000 Euro. Und das für zwei Häuser – das Museum im Palais Eskeles und das Museum Judenplatz. Aber im Jüdischen Museum Berlin spielt Geld keine Rolle. Sowohl der deutsche Staat als auch die Berliner Stadtregierung und viele deutsche Firmen wollen helfen.

Das heißt, deine Aufgabe ist unter anderem, Sponsoren zu finden.

Ja, auch da ist noch sehr viel nachzuholen.

Aber das schmälert die Begeisterung für deine neue Arbeit nicht?

Nein, natürlich nicht. Es ist eine aufregende und schöne Aufgabe.

Du hast einmal gesagt: »Ich war bei meinen früheren Besuchen im Jüdischen Museum immer traurig, dass ich meistens allein dort war.« Wie willst du das ändern? Was möchtest du bewirken?

Ja, ich dachte mir immer, wie schade es ist, dass dieses Museum so wenig besucht wird, dass es nahezu unbekannt ist. Während in London, Paris, Amsterdam und Berlin die Menschen vor den Jüdischen Museen Schlange stehen, kann man in Wien allein durch das Museum gehen und trifft keinen Menschen. Das ist eine Schande. Aber nicht nur Fremde kennen das Museum nicht, auch viele Wiener wissen nicht einmal, wo es ist.

Glaubst du, dass viele Menschen in Wien auch Schwellenangst haben?

Ja, das ist sicherlich ein Punkt, und genau diese Scheu möchte ich den Menschen nehmen. In Zeiten wie diesen lässt sich nichts – auch kein Museum – ohne Marketing und PR verkaufen. Aber das muss man sich leisten können.

Was sind deine nächsten Pläne?

Programmatisch steht der Judenplatz an allererster Stelle. Ich möchte dort eine neue Dauerausstellung etablieren, und zwar »Die Juden im Mittelalter«. Das gehört dorthin, auch zur Synagoge, die ja

einmal sehr groß war. Wenn man daran denkt, dass es im Mittelalter dort eine blühende jüdische Gemeinde gegeben hat, ist das Thema sicherlich sehr passend für diesen Ort. Für mich ist der Judenplatz ja sowieso einer der spannendsten und stimmungsvollsten Plätze der Stadt. Aber auch dort gehen täglich hunderte Menschen vorbei – und kaum einer besucht das Museum. Das möchte ich ändern – unter anderem durch einen virtuellen Rundgang, der in das Wien des 14. Jahrhunderts führt.

Deine erste große Tat als Direktorin sozusagen.

Meine allererste war es, die Umrisse der ehemaligen Synagoge in weißer Farbe auf den Boden einzeichnen lassen, damit man sieht, wie groß sie einmal war. Ich möchte auch – das wollte ich schon als Journalistin immer in Angriff nehmen – die gesamte Geschichte seit 1945 aufzeigen, denn mit jedem Tag, der vergeht, stirbt ein Zeitzeuge mehr. Es ist mir aber ebenso wichtig, nicht nur von der Vergangenheit zu sprechen, sondern zu zeigen, wie spannungsgeladen dieser Ort ist. Natürlich durch eine sehr traurige Geschichte, aber gleichzeitig durch das jüdische Leben von heute. Das liegt mir sehr am Herzen. Ich will zeigen, dass hier auch nach 1945 gelebt wurde, dass es in Wien eine lebendige jüdische Gemeinde gibt. Die ist zwar klein, aber voller Vitalität und Kultur, und sie wächst. Facettenreich und vielschichtig – von Ultraorthodoxen bis zu Nicht-Religiösen. Das jüdische Leben im Wien von heute soll zeigen, dass die Nazis nicht gesiegt haben ...

»Das jüdische Leben im Wien von heute soll zeigen, dass die Nazis nicht gesiegt haben ...«

... und auch dazu beitragen, den Umgang mit Juden zu normalisieren, Tabus zu brechen?

Unbedingt, Ressentiments müssen abgebaut werden!

Wie stehst du zu Aktionen wie »Dancing Auschwitz« der australischen Künstlerin Jane Korman – bei der ein Auschwitz-Überlebender mit Kindern in ehemaligen Konzentrationslagern tanzt? Sind solche extremen Aktionen wichtig? Richtig?

Ich habe eine Gänsehaut bekommen, als ich das Video sah. Es berührt mich sicherlich anders als beispielsweise meinen 16-jährigen Sohn. Der versteht gar nicht, was das soll, was man damit zeigen will. Aber für mich ist auch das ein Zeichen dafür, dass die Nazis nicht gesiegt haben. Und das muss man täglich sagen und zeigen.

Wie empfindest du das Leben in Wien heute? Hat sich der Umgang der Menschen untereinander verändert, verbessert?

Ich glaube, dass sich sehr viel geändert hat. Ich erkenne das auch bei den Freunden meiner Kinder, in deren Schule, wo es eine Art Neugier und Offenheit gibt. Man will mehr wissen über die jüdische Kultur, die Feiertage, die Feste.

Du hast zwar jetzt bereits mehr als ein Jahr als Direktorin des Jüdischen Museums hinter dir, die Menschen kennen dich aber auch als »Zeit im Bild«-Moderatorin. Du hast 4000 »Zeit im Bild«-Sendungen im ORF moderiert und stehst jetzt auf der anderen Seite – jetzt wirst du interviewt. Wie ist das?

Eine große Umstellung. Natürlich kann ich mir keine »Zeit im Bild« wie ein normaler Zuseher ansehen, aber Abschiedsschmerz hatte ich keinen, und zwar deshalb nicht, weil ich hier so schnell eintauchen musste. Ich bin gar nicht zum Nachdenken und Abschiednehmen gekommen.

Was sind für dich die bleibenden Momente in diesen 30 Jahren beim ORF?

Dazu gehört sicherlich die Zeit, als ich als ORF-Korrespondentin am 15. April 1987 für ein Jahr nach Amerika ging und zwölf Tage später ein gewisser Herr Waldheim auf die »Watchlist« gesetzt wurde. Das war Politik hautnah – diese Zeit war extrem spannend. Ein Adrenalinstoß nach dem anderen. Natürlich gehören dazu auch Ereignisse wie der Fall der Berliner Mauer, der 11. September 2001 und der Irakkrieg. Das waren Zeiten, in denen ich Tag und Nacht gearbeitet habe. Dazu gehört aber auch die für mich ungeheuer bewegende Reise mit Franz Vranitzky nach Israel 1992.

»Ich bin ein positiver Mensch und betrachte jeden Tag als Geschenk.«

Eine wichtige Zeitspanne in deinem Leben?

Natürlich, jeder Tag war spannend, jeder Tag war anders. Es ist in diesen 30 Jahren einfach extrem viel passiert.

Es war sicherlich ein großer Sprung von der Moderatorin zur Museumsdirektorin. Warst du bereits früher sehr an Kunst interessiert?

Ja. Ich kam durch meinen früheren Lebensgefährten Hubert Klocker, der seine Dissertation über den Wiener Aktionismus geschrieben hat, in die Kunstszene und habe mich mit ihm – auch durch sehr viele Reisen – in diese Welt vertieft. Kunst wurde in dieser Zeit für mich zu viel mehr als nur einem Hobby. Ich dachte mir damals, wenn ich je vom ORF weggehen würde, wäre das einzige, das mich darüber hinaus interessierte, die Kunstvermittlung.

Ab wann wusstest du, dass du beim ORF vielleicht nicht alt wirst?

Älter geworden bin ich ja dort. Der ORF war immer meine berufliche Heimat und ich wäre auch bis zur Pensionierung geblieben. Dort bin ich gewachsen, das war meins. Bis mein Mann im Sommer 2009 gehört hat, dass ein Direktor für das Jüdische Museum gesucht wird.

Hast du kurz darüber nachgedacht, ob du das überhaupt machen solltest?

Was heißt kurz, ich habe lange darüber nachgedacht. Immerhin hatte

ich nicht nur meinen Beruf, sondern ich habe auch drei Kinder.
Wie alt sind sie?
Sie sind 16, 14 und neun Jahre alt. Wir sind sehr lange zusammengesessen, und ich habe begonnen, all meine Ideen aufzuschreiben. Da ist mir gleich so viel eingefallen.
Was konntest du aus den Jahrzehnten beim ORF in dieses neue berufliche Leben mitnehmen?
Ich glaube, die wichtigste Aufgabe eines Museums ist es, den Menschen zu vermitteln, dass Objekte ihre Geschichte haben, dass sie einmal jemandem gehört haben. Dass sie Menschen gehört haben, die heute nicht mehr da sind. Wir haben hier im Jüdischen Museum unzählige Objekte. Und genau deren Geschichten will ich erzählen. Ich glaube, dass ich das sehr gut kann – diese so zu erzählen, dass sie spannend sind.

»Ich will mit offenen Augen durch das Leben gehen und mutig sein.«

Hast du dir diesen Job sofort zugetraut?
Nein, ich hinterfrage immer alles, und daher habe ich mir natürlich die Frage gestellt, ob ich mir das überhaupt zutraue.
Und dich letzten Endes getraut.
Ja.
Hast du deinen Entschluss inzwischen bereut?
Nein, überhaupt nicht. Ich zweifle keine Sekunde daran, die richtige Entscheidung getroffen zu haben.
Die Medien haben damals geschrieben: »Danielle Spera: Das jüdische Gesicht Wiens«. Möchtest du dem Wiener Judentum ein neues Gesicht geben?
Die offiziellen Gesichter gibt es natürlich – vom Oberrabbiner bis zum Präsidenten der Kultusgemeinde –, aber selbstverständlich sollte auch das Jüdische Museum ein Gesicht haben. Das war bis jetzt allerdings nicht der Fall.
Hat es anfangs Widerstände gegen dich gegeben?
Nein, überhaupt nicht. Ich bin bereits vor vielen Jahren zum jüdischen Glauben konvertiert. Das habe ich damals sehr bewusst für mich gemacht. Ich lebte jahrelang mit einer gespaltenen Identität – ich hatte einen jüdischen Vater, habe aber eine katholische Schule besucht. Trotzdem wusste ich immer, dass im Jüdischen meine Wurzeln liegen.
Obwohl du nicht jüdisch erzogen wurdest?
Mein Vater hatte immer große Angst, dass uns Kindern etwas passiert. Alle Spuren zum Judentum sollten verwischt werden.
Aber es war dir ein großes Bedürfnis zu konvertieren?
Ja, das war für mich ganz wichtig. Ich bin ein religiöser, traditioneller Mensch und habe mich nach diesen jüdischen Traditionen gesehnt.
Gibst du diese an deine Kinder weiter?
Ja, wir feiern zuhause alle jüdischen Feste und Feiertage.
Hast du ein Lebensmotto?
»Die ganze Welt ist eine schmale

Brücke und das Wichtigste ist, keine Angst zu haben!« Das gilt für mich in jeder Beziehung. Denn, wie der Wiener so schön sagt: »Zu Tode gefürchtet ist auch gestorben.«
Am wichtigsten ist es für mich, mit offenen Augen durch das Leben zu gehen und mutig zu sein, jeden Tag neu anzupacken. Ich bin ein positiver Mensch und betrachte jeden Tag als Geschenk.

Was macht für dich die Lebensqualität in dieser Stadt aus?

Es ist diese ganz besondere Mischung. Diese Melange aus vielen Kulturen. Das ist spürbar und das lebt man. Das ist das Salz von Wien.

»Wien ist eine Melange aus vielen Kulturen. Das ist spürbar, das lebt man. Das ist das Salz von Wien.«

Was bedeutet Genuss für dich?

In meinem Berufsalltag komme ich kaum zum Essen.

Aber du bist ein Genussmensch?

Ja, absolut. Ich genieße es, Freunde zu treffen, nach Hause zu kommen und mit meinen Kindern zu sein. Ich esse kaum Fleisch und mit Vorliebe Pasta. In jeder Variation und zu jeder Zeit.

Kochst du selbst?

Ja, natürlich. Mit großer Freude.

Auch Pasta?

Am laufenden Band. Auch für meine Kinder. Wahrscheinlich habe ich sie während der Schwangerschaft schon auf den Pasta-Geschmack gebracht.

Das heißt, du bevorzugst italienische Restaurants?

Ja, aber trotzdem esse ich am liebsten im »Salzamt«. Ein letztes Relikt aus dem Wien der achtziger Jahre, als Wien noch eine kulinarische Wüste war und ich vor allem in der Triangel zwischen Oswald & Kalb, Hawelka und dem Salzamt hin- und herpendelte. Ich hoffe, das Lokal sperrt nie zu, denn dort bekomme ich meine Spaghetti aglio e olio genau so, wie ich sie mag. Die Speisekarte ist noch mit der Hand geschrieben, so wie es früher war. Dort ist es, wie zuhause zu essen. Außerdem trifft man da immer noch Leute aus der Wiener Kunst- und Kulturszene. Ich mag dieses ganze Viertel rund um den Tempel sehr.

Salzamt | Ruprechtsplatz 1 | 1010 Wien
T +43 (0)1 533 53 32 | restaurant@salzamt-wien.at | www.salzamt-wien.at
Öffnungszeiten: täglich 17–24 Uhr

Danielle Spera

1957 in Wien geboren, studierte sie Publizistik und Politikwissenschaft an der Universität Wien und promovierte im Jahr 1983. Das Thema ihrer Dissertation waren die Wahlkämpfe der Sozialdemokratischen Partei in der Zwischenkriegszeit. Noch während des Studiums begann Danielle Spera 1978 beim ORF zu arbeiten, wo sie nach Jahren in der Auslandsredaktion, der »ZIB 2« und der Wochenschau im Jahr 1987 ORF-Korrespondentin in den USA wurde und nach Washington ging. In ihre Korrespondentenzeit fiel unter anderem die Watchlist-Entscheidung gegen den früheren österreichischen Bundespräsidenten Kurt Waldheim. 1988 kehrte sie in die ORF-Zentrale nach Wien zurück und begann die Hauptnachrichtensendung des ORF, die »Zeit im Bild«, zu moderieren.

Nach 32 Jahren beim ORF und 22 Jahren als das Gesicht der »Zeit im Bild« wechselte die seit Jahren an Kunst und Kunstvermittlung interessierte Journalistin schließlich von der Moderation zur Museumsdirektion und übernahm mit 1. Juli 2010 die Leitung des Jüdischen Museums Wien.

Obwohl sie eine katholische Schule besucht hat, lebte Danielle Spera jahrelang mit einer gespaltenen Identität: »Ich hatte einen jüdischen Vater und wusste immer, dass im Jüdischen meine Wurzeln liegen.«

Ihr wesentlichstes Anliegen als Museumsdirektorin: »Das Jüdische Museum Wien zu einem Ort der Begegnung, Kommunikation und Diskussion zu machen. Mit einer zeitgemäßen Darstellung der Wiener jüdischen Geschichte und der jüdischen Religion soll es ein wichtiger und unverkennbarer kulturhistorischer Meilenstein in der Wiener Museumslandschaft werden.«

»Die Seele muss mitsingen«

Rudolf Buchbinder

begann seine Karriere als Wunderkind in kurzen Hosen, heute ist er einer der bedeutendsten Pianisten der Gegenwart. Er ist »großkariert«, sagen seine Freunde, und alles, was er beginnt, macht er mit großer Leidenschaft und Perfektion. Das gilt für jeden Ton, den er am Steinway-Flügel anschlägt, für sein Engagement beim Musik-Festival Grafenegg sowie für seine Vorliebe für gutes Essen.

Du hast einmal gesagt: »Menschen, die nicht gerne essen, sind mir nicht sehr sympathisch.« Siehst du das heute noch so?

Ja. Menschen, die nicht gerne essen, machen zumeist gar nichts wirklich gerne. Und ganz egal, was man im Leben tut, man muss es gerne machen.

Das gilt für einen Künstler wahrscheinlich noch mehr als für einen Durchschnittsmenschen.

Absolut richtig!

Kultur und Genuss gehören für dich also zusammen.

Das ist ein und dasselbe. Kultur ist Genuss und Genuss ist Kultur.

Hast du Lieblingslokale, in die du besonders gerne gehst, oder gibt es keine Lokale, in denen so gut wie bei dir zuhause gekocht wird, wo deine Frau Agi das Essen zubereitet?

Die sind sehr schwer zu finden.

Was kocht sie am besten?

Alles!

Hast du keine Lieblingsspeisen?

Ich habe so viele Lieblingsspeisen! Ich habe ein schönes, blutiges Steak genauso gerne wie Langusten.

Langusten womit?

Mit einer herrlichen Majonäse. Aber Leibspeise habe ich keine. Agi kocht alles phänomenal gut.

Aber irgendetwas muss es doch geben, was deine Frau nicht so gut kann.

Schi fahren.

Was mir an dir nicht gefällt, ist, dass du essen kannst, was du willst, und überhaupt nicht zunimmst. Wie schaffst du das?

Wenn ich esse, esse ich.

Das tu ich auch, aber im Gegensatz zu dir nehme ich davon zu.

Dann liegt es wahrscheinlich doch an der Menge.

Dafür frühstücke ich nicht.

Ich auch nicht. Zum Frühstück trinke ich nur Kaffee.

Was hat dir zum Beispiel deine Frau heute Mittag gekocht?

Einen Loup de mer in Mangold gewickelt. Kaum Kalorien.

Dabei darf man nicht unerwähnt lassen, dass deine Frau Agi auch eine Karriere als Pianistin vor sich gehabt hätte.

Ja, das stimmt.

Hat sie es nie bereut, aufgehört zu haben?

Im Gegenteil! Sie verspürt nicht die geringste Lust zu spielen. Am Beginn meiner Karriere, das ist jetzt sicherlich schon 40 Jahre her, wollte ich unbedingt die Slawischen Tänze von Dvořák gemeinsam mit ihr auf Platte aufnehmen. Aber sie wollte nicht.

Nachdem sie dich kennengelernt hatte, wollte sie nur noch eines: dich verwöhnen.

Wundert dich das? Jedenfalls hat sie gefunden, ein Klavierspieler in der Familie reicht bei Weitem.

In jedem Fall kannst du von ihrer Entscheidung nur profitieren.

Natürlich, und immerhin sagt man ja, dass ich fast so gut Klavier spiele wie meine Frau kocht.

Obwohl in Böhmen geboren, nannte man dich einst »Wiener Wunderkind«. Wie kam das?

Ich war damals zehn oder elf Jahre alt, gab mein Debüt im Großen Saal des Wiener Musikvereins und spielte das 1. Klavierkonzert von Beethoven. Es ist für mich heute

noch unvorstellbar, dass ich das damals als kleiner Bub spielen konnte. Jedenfalls war Bundeskanzler Julius Raab anwesend.

War Raab denn so ein großer Freund der Musik?

Nein, ich glaube nicht. Er war eher ein seltener Besucher des Musikvereins, und so wie er Politik machte, war er auch als Mensch: Er vertraute seinem Instinkt. Scheinbar war er von dem kleinen Lausbuben auf der Bühne sehr angetan. Jedenfalls wurde ich gemeinsam mit meinem Onkel, der – da mein Vater bereits vor meiner Geburt gestorben war – die Vaterrolle übernommen hatte, ins Bundeskanzleramt zitiert. Ich war schrecklich aufgeregt. Julius Raab saß hinter einem riesigen Schreibtisch, warf mir über den Tisch eine Silbermünze zu und sagte: »Da hast, Burli.«

Im Laufe des Gespräches erklärte er mir, dass er nicht nur gerne mein Firmpate sein, sondern mir außerdem einen ganz, ganz großen Wunsch erfüllen wolle. Da gab es für mich zwei Alternativen: das erste eigene Klavier oder einen Privatlehrer. Er besprach meine Wünsche mit Unterrichtsminister Trimmel, dessen Antwort ziemlich eindeutig ausfiel: »Der Lausbub soll in die Schule gehen.« »Gut«, sagte Raab, »aber das zahle ich aus meiner eigenen Tasche.«

»Immerhin sagt man, dass ich fast so gut Klavier spiele wie meine Frau kocht.«

Großartig.

Zur Firmung fällt mir noch eine schöne Geschichte ein: Ich ging damals ins Pädagogische Institut in der Burggasse in die Volksschule. Es war eine gemischte Klasse und ich saß in der letzten Reihe, natürlich neben dem schönsten Mädchen …

… natürlich!

Und selbstverständlich war ich mehr mit ihr als mit dem Unterricht beschäftigt. Da sagte der Religionslehrer zu mir: »Rudi Buchbinder, du bist wie ein fauler Apfel, und wenn ein Apfel faul ist, werden es die anderen auch …«

… du warst wohl nicht gerade sein Liebling?

Das kannst du laut sagen. Jedenfalls fand kurz danach die Firmung im Stephansdom statt und mein Religionslehrer war einer der Hilfspfarrer des Bischofs. Julius Raab stand als Firmpate hinter mir und legte die Hand auf meine Schulter. Da sah ich in das Gesicht meines Religionslehrers, der mich mit offenem Mund anstarrte. Das war die größte Genugtuung für mich.

Lass uns noch einmal kurz zum Genussmenschen Buchbinder zurückkehren. Kann man von dir auf andere Musiker schließen und sagen, dass es Künstler grundsätzlich verstehen, zu genießen?

Ich glaube, gute Musiker sind meistens auch Genussmenschen und essen und trinken gerne und gut.

Wer fällt dir dazu ein?

Nathan Milstein, zum Beispiel, oder Zubin Mehta. Ein leidenschaftlicher Esser und Koch. Er ist das Paradebeispiel für einen Genießer.

Du bist auf deinen Reisen aber nicht so kompliziert wie zum Beispiel Vladimir Horowitz, der mit dem eigenen Bettzeug und der eigenen Wasserfilteranlage gereist ist?

Nein, überhaupt nicht. Entscheidend ist bei all meinen Reisen, dass ich mich wohlfühle. Ich ertrage jede Strapaze des Reisens bis zum Mittagessen. Aber danach – nach einem leichten Essen – ...

> Je älter ich werde, desto höher wird der Anspruch an mich selbst.«

Was ist ein leichtes Essen für dich, was isst du zu Mittag am liebsten?

Ich mache nichts in meinem Leben zu einer Regel.

Hast du auch vor deinen Konzerten keinen regelmäßigen Ablauf?

Nein. Denn wäre ich zum Beispiel darauf fixiert, mich vor jedem Konzert einspielen zu müssen, hätte ich sehr oft Stress. Es gibt so viele Künstlerzimmer ohne Klavier, wie sollte ich mich dann einspielen? Daher ist mein Prinzip: Nur nichts zur Regel machen. Die einzige Ausnahme von dieser Regel – wie zuvor schon angesprochen – ist, nach einem leichten Essen, mein Mittagsschlaf. Den brauche ich. Und danach trinke ich einen guten Kaffee.

Bist du vor deinen Konzerten nervös?

Ich werde immer nervöser. Aber ich versuche, dieses Gefühl von mir wegzuschieben.

Nimmt die Nervosität mit dem Alter zu?

Ja, weil ich mir die Latte immer höher lege. Der Anspruch an mich selbst steigt ständig und selbstverständlich auch jener des Publikums an mich.

Was ist deine größte Angst? Dass du während des Spiels einen Hänger hast?

Nein. Die Angst ist, einfach nicht gut genug zu spielen.

Wann weißt du, ob du gut bist oder nicht?

Das spüre ich schon, wenn ich auf die Bühne gehe.

Aber du erfüllst doch die Erwartungen des Publikums immer.

Es reicht nicht, diese Erwartungen zu erfüllen, man muss sie immer übertreffen. Das Glück meiner Karriere bis jetzt war, dass der Aufstieg ein stetes, kontinuierliches Crescendo war. Gott sei Dank war ich nie eine so genannte Sensation, wie diese jetzt sehr gefragten Eventkünstler, die oft nur einen ganz großen Auftritt haben.

Warum?

Weil man Sensationen nicht wiederholen kann.

Und von dir erwartet man, dass du ständig dein Niveau hältst.

Ja, ich muss das Niveau halten, bis zu meinem Lebensende. Erst dann kann man sagen, man hatte eine Traumkarriere.

Der große deutsche Musikkritiker Joachim

Kaiser hat das Vorwort zu deinem Buch »Da Capo« geschrieben. Welche von seinen Aussagen über dich empfindest du als die schönste?

Wenn er meint, dass ich das größte pianistische Talent bin, das er je getroffen hat, dann ist das schon sehr, sehr schön.

Welcher Pianist ist für dich ein großes Vorbild?

Es gibt viele, aber Arthur Rubinstein ist für mich der größte Pianist des vergangenen Jahrhunderts. Es gibt sicherlich bessere Pianisten, aber keiner hatte seine Bandbreite, so eine gewaltige Palette im Repertoire. Er konnte Mozart genauso großartig spielen wie Tschaikowsky oder Prokofjew.

Als ob du nicht genug zu tun hättest, hast du 2007 auch noch die Leitung des Musik-Festivals Grafenegg übernommen. Warum?

Mir wurde seit Jahren immer wieder die Leitung eines Festivals angeboten. Da ich aber Perfektionist bin, war eines klar: Ich kann nur dort eine Intendanz übernehmen, wo ich auch alle meine Vorstellungen verwirklichen kann. Das hat sich allerdings nirgendwo ergeben.

In Grafenegg war das anders?

Ja. Die Familie Metternich-Sándor hat Schloss Grafenegg seit Jahrzehnten als Kulturzentrum geführt und gepflegt – zwar im kleineren Rahmen, aber man legte hier auf Kultur immer großen Wert. Dann hatte unter anderem Landeshauptmann Erwin Pröll die Idee, Grafenegg als Standort für die Niederösterreichischen Tonkünstler auszubauen. Daraus wurde ein Schneeballeffekt. Was klein begann, endete bei der Idee, eine Open-Air-Bühne zu bauen. Dieser Gedanke spannte sich wieder weiter, bis ich schließlich gefragt wurde, ob ich nicht die Intendanz für diese neuen Festspiele übernehmen würde ...

... und du hast spontan Ja gesagt?

Ja, ich wusste, dass ich durch die örtlichen Gegebenheiten alle Möglichkeiten haben würde. Da war zuallererst die Open-Air-Bühne, dann kam ein Jahr später der Konzertsaal dazu – und das spricht wieder für Landeshauptmann Pröll, dass er sich spontan dazu entschlossen hat, den Bau eines Konzertsaals zu fördern.

Außerdem – nehme ich an – wurde dir jede künstlerische Freiheit zugesagt.

Ja, das war meine Bedingung. All diese Punkte zusammen schufen für mich die idealen Voraussetzungen für ein Festival. Heute weiß ich auch, dass ich sicherlich nie wieder diese Möglichkeit haben werde. Ich arbeite hier mit einem großartigen Team, verfüge über zwei traumhafte Locations mit einer perfekten Akustik sowohl auf der Open-Air-Bühne als auch im Konzertsaal und habe jede Freiheit in der künstlerischen Gestaltung.

Welche Vorstellungen wolltest du umsetzen?

Meine Maxime war immer, die Crème de la Crème der Musikwelt

nach Grafenegg zu bringen. Ich wusste, das muss ich schaffen.

Das war sicherlich im ersten Jahr nicht ganz einfach?

Das stimmt. Niemand kannte Grafenegg. Auf die Frage, wer dort schon gespielt habe, musste ich immer sagen: »Niemand, du bist der Erste.« Diese Überzeugungskraft war im ersten Jahr das Schwierigste.

»Meine Maxime war immer, die Crème de la Crème der Musikwelt nach Grafenegg zu bringen.«

Was ist noch wichtig für den Erfolg eines Festivals?

Dass man seine persönlichen Geschmacksvorstellungen hintanstellt. Es sind bei den von mir engagierten Künstlern selbstverständlich welche dabei, die ich weder künstlerisch noch persönlich sehr hoch einschätze. Aber sie haben ihren Stellenwert in der Musikwelt – das ist das Einzige, was für mich als Intendant zählt.

Was möchtest du als Leiter dieser Festspiele noch erreichen?

Dass sowohl die Künstler als auch die großen Orchester weltweit sagen, man müsse beim Musik-Festival beziehungsweise beim Musik-Sommer Grafenegg spielen. Und das kristallisiert sich immer mehr heraus. Egal, ob Renée Fleming oder Zubin Mehta, sie alle sagen bereits jetzt, dass sie jederzeit gerne wieder nach Grafenegg kommen. Das ist das größte Kompliment, das man als Intendant bekommen kann.

Das heißt, das Musik-Festival hat sich bereits weltweit einen Namen gemacht?

Ja. Wobei man auch die Mundpropaganda der Künstler untereinander nicht unterschätzen darf. Wer einmal in Grafenegg war, liebt diesen Ort mit seiner unvergleichlichen Atmosphäre.

Hattest du andere Festivals als Vorbild? Zum Beispiel Tanglewood?

Nein. Aber es freut mich, dass du Tanglewood sagst und nicht Glyndebourne. Denn von Glyndebourne unterscheidet uns, dass wir keine Oper machen und es dort auch keine Open-Air-Bühne gibt. Wenn es überhaupt ein Vorbild gibt, dann ist es sicherlich Tanglewood, das ja ein großes Open-Air-Festival ist. Ein ganz wichtiger Teil unserer Philosophie in Grafenegg ist es, einem breiten Publikum die Möglichkeit zu geben, zu günstigen Preisen Musik auf höchstem Niveau zu hören. Dank dieser gesunden und klugen Preispolitik brauchen wir auch in Zeiten einer wirtschaftlichen Krise keine Angst haben. Wir wollen Familien ansprechen, daher auch die Idee, die Besucher nach Grafenegg zum Picknick einzuladen.

Eine richtige Landpartie sozusagen.

Genau. Schon vor dem Konzert im Schlosspark ein Picknick genießen, durch den herrlichen Landschaftsgarten spazieren und sich ein ruhiges Plätzchen unter jahrhundertealten Bäumen suchen.

Damit spricht man sicherlich auch viele junge Menschen an?

So ist es. Je nach Hunger, Lust und Laune lässt sich dann jeder vor Ort einen Picknickkorb schnüren.

Herrlich! Ich persönlich würde mir ja eine weitere Ähnlichkeit mit Tanglewood wünschen. Nämlich, dass in Grafenegg auch einmal Jazz gespielt wird.

Ich bin allem gegenüber sehr offen. Wichtig ist aber auch, dass Grafenegg das Heimstadion der Niederösterreichischen Tonkünstler geworden ist.

> »Es gibt keine authentische Interpretation. Das ist der Hauptgrund, warum Musik unsterblich ist.«

Du hast einmal den schönen Satz gesagt: »Die Seele muss mitsingen.« Wie hast du das gemeint?

Ich habe damit vor allem die große Emotion gemeint, die Musik auslöst und die man spüren muss. Aber auch die Spontaneität des Augenblicks. Immer im Zusammenhang mit einem fundamentalen Wissen gesehen, ist Musik nicht nur sehr erotisch, sondern vor allem sehr emotionell.

Ist denn dieses Wissen um die geschriebenen Noten so wichtig?

Ganz wichtig. Man darf als Interpret nie zu ausschweifend werden, man braucht die sichere Kontrolle, dass man keine Dummheiten macht. Nie darf man zu frei sein in der Interpretation. Natürlich ist es erlaubt, zwischen den Noten zu lesen, und jeder Künstler hat auch seine Freiheiten, denn eine authentische Interpretation gibt es nicht. Das ist auch der Hauptgrund, warum Musik unsterblich ist.

Manche Menschen behaupten, die Festspiele in Salzburg und Bregenz müssten aufpassen, sonst laufe ihnen das kleine Grafenegg noch den Rang ab. Willst du dich überhaupt dieser Konkurrenz stellen?

Dazu möchte ich zwei Dinge sagen: Grafenegg mit anderen Festivals in einen Topf zu werfen, ist grundsätzlich nicht richtig. Wir haben keine Konkurrenz und wir sind für niemanden Konkurrenz. Allein durch den Standort. Wir nehmen niemandem etwas weg und haben allein durch unsere Preispolitik ein vollkommen anderes Konzept. Salzburg ist ein Festival der Oper und des Schauspiels. Die Konzerte sind die Luxusbeigabe – so war das von Max Reinhardt von vornherein geplant. Salzburg hat eine ganz andere Dimension und – das möchte ich schon sagen – ein am Limit geplantes und finanziertes Festival, so dass jeder künftige Abstrich sicherlich sehr schmerzhaft sein wird.

Grafenegg braucht doch auch Sponsoren.

Ja, aber Abstriche tun uns längst nicht so weh. Das Musik-Festival Grafenegg veranstaltet zwölf sehr exklusive Konzerte. Nicht mehr und nicht weniger. Aber noch einmal, ich mag diese Vergleiche mit anderen Festivals überhaupt nicht.

Und Bregenz?

Bregenz ist so weit weg. Da liegt der Arlberg dazwischen.

Ist die Programmgestaltung für Grafenegg nicht auch manchmal eine Gratwanderung? Auf der einen Seite will man bewusst in die Breite gehen, vielen Menschen zu günstigen Preisen die Möglichkeit geben, sich zu unterhalten. Auf der anderen Seite bietest du ein sehr anspruchsvolles und auch sehr zeitgenössisches Programm. Geht sich diese Schere aus?

Wir haben vorher über Rubinstein gesprochen – und genau das, was ich an ihm so besonders liebe, versuche ich auch hier zu schaffen: eine große Bandbreite. Dieses Streben findest du in meinem Privatleben wie auch in meinem Berufsleben. Nicht nur als Pianist, sondern auch als Intendant.

Als du dich für Grafenegg entschieden hast, gab es da Freunde, die dir davon abgeraten haben, die Intendanz zu übernehmen?

Ich weiß natürlich nicht, was hinter meinem Rücken alles gesprochen wurde, und ich gehe davon aus, dass nicht alle Wortmeldungen positiv waren. Aber ich verfolge meinen Weg, und mir ist egal, was hinter meinem Rücken gesprochen wird. Für mich ist wichtig, dass Grafenegg immer mehr zu einem Gesamtkunstwerk wird – eine Symbiose aus Kultur, Architektur, Natur und Gastronomie.

Du stehst ein Leben lang unter großem Erfolgsdruck. Wie entspannst du dich?

Meine Entspannung findet nur innerhalb meiner vier Wände statt. Nur dort kann ich all meinen Hobbys frönen: Literatur, Malerei und Film.

Hast du nicht auch selbst gemalt?

Ja, ich habe sogar einige Ausstellungen gemacht ...

»Ich habe früher mit Aquarellfarben gemalt. Das Öl brauchte meine Frau zum Kochen.«

Wie hast du gemalt?

Nur Aquarell. Öl stinkt meiner Frau zu sehr. Außerdem braucht sie das Öl zum Kochen.

Machst du Urlaub? Wie? Wohin?

Urlaub ist für mich überhaupt die größte Strapaze. Ich bin ein prädestinierter Anti-Urlauber.

Kannst du mit Lob gut umgehen?

Oh ja, sehr gut sogar.

Dann möchte ich dich gerne mit einem Zitat konfrontieren. Arik Brauer, einer deiner Freunde, hat einmal den wunderbaren Satz gesagt: »Er ist großkariert.«

Schön, wenn man solche Freunde hat.

Dein Professor Seidlhofer sagte: »Mach mir a Freud', Burli, üb' ein bissel mehr.« Hast du nicht gerne geübt?

Ich habe es von Anfang an verstanden, richtig zu üben. Das ist mein Geheimnis. Man muss nicht sechs Stunden am Tag am Klavier sitzen und die Gelenke überbeanspruchen, man muss sich nur in der

Zeit, in der man übt, sehr gut konzentrieren können.

Wenn wir schon bei deinen Freunden sind und dir der Begriff Freundschaft ja sehr wichtig ist: Glaubst du, dass viele Menschen nur deshalb mit dir befreundet sein wollen, weil du der Rudi Buchbinder bist?

Ich bin ein sehr offener Mensch und ich liebe es, einen großen Freundeskreis zu haben. Aber die Frage ist natürlich, wer letzten Endes davon überbleibt und ein wirklicher Freund ist, wenn es darauf ankommt. Diese Probe aufs Exempel möchte ich nie machen müssen. Ich will nie bei einem Misserfolg erfahren müssen, wer letzten Endes als Freund überbleibt.

Wenn man so erfolgreich ist, denkt man dann manchmal daran, irgendwann einmal aufzuhören?

Nein. Ich hoffe, irgendwann während des Klavierspielens zu sterben. Ich erinnere mich da an ein legendäres Konzert von Wilhelm Backhaus in der Stiftskirche Ossiach. Zuerst spielte er Schubert und dann eine Beethoven-Sonate, während der er zusammenbrach. Danach stand er auf, ging in die Sakristei und kam zurück, um noch einmal diese Beethoven-Sonate zu spielen. Sie war sein Lieblingsstück. Er stand auf, verbeugte sich und starb. Einen schöneren Tod kann es nicht geben.

Denkst du dir nicht manchmal, dass du als erfolgreicher, weltweit gefragter Künstler, der von Konzert zu Konzert hetzt, nicht einen sehr hohen Preis zahlst? Hast du nicht manchmal Sehnsucht nach einem normalen, bequemen, stressfreien Leben?

Da kann ich nur zum Anfang unseres Gespräches zurückkehren. Kultur und Genuss gehören für mich zusammen. Das ist mein Leben.

Wirtshaus & Restaurant »Zur Traube« | Kleine Zeile 13–17 | 3483 Feuersbrunn
T +43 (0)2738 229 80 | traube@moerwald.at | www.moerwald.at
Öffnungszeiten: täglich von 10–22 Uhr

Rudolf Buchbinder

Bereits im Alter von fünf Jahren wurde er an der Wiener Musikhochschule aufgenommen – einen jüngeren Studenten hatte diese Institution nie. 1947 in Leitmeritz geboren, gab Rudolf Buchbinder sein erstes öffentliches Konzert 1956 im Wiener Musikverein. 1958 wurde er an der Musikhochschule Wien in die Meisterklasse von Bruno Seidlhofer aufgenommen, bei dem auch Alfred Brendl und Friedrich Gulda studierten.

Seit Jahrzehnten musiziert er weltweit als Solist mit allen großen Orchestern und Dirigenten und ist regelmäßig zu Gast bei bedeutenden Festivals und in den bedeutendsten Konzertsälen der Welt. Mehr als 100 Platten- und CD-Aufnahmen dokumentieren Größe und Vielfalt von Buchbinders Repertoire, das von der Frühklassik bis in die Moderne reicht. Besonderes Aufsehen erregte die Einspielung des Klaviergesamtwerks von Joseph Haydn, die mit dem »Grand Prix du Disque« ausgezeichnet wurde. Sein Zyklus sämtlicher Klavierkonzerte von W. A. Mozart mit den Wiener Symphonikern wurde von dem Kritiker Joachim Kaiser als CD-Erscheinung des Jahres 1998 gekrönt.

Als Herausforderungen auf dem Gebiet der Tonträger hat Rudolf Buchbinder die beiden Klavierkonzerte von Brahms mit dem Concertgebouworkest Amsterdam unter der Leitung von Nikolaus Harnoncourt sowie – als Solist und Dirigent – alle fünf Klavierkonzerte Beethovens mit den Wiener Symphonikern während der Wiener Festwochen 2003 an- und aufgenommen. Bei den Festwochen 2006 spielte Buchbinder mit den Wiener Philharmonikern zwölf Klavierkonzerte Mozarts. Zum wichtigen Anliegen wurde für Buchbinder die Interpretation des »Neuen Testaments« der Klaviermusik, also die zyklische Wiedergabe aller 32 Sonaten Beethovens, die er in Recitals in mehr als 30 Städten aufgeführt hat. »Rudolf Buchbinder erweist sich einmal mehr als einer der wichtigsten und kompetentesten Beethoven-Spieler unserer Tage«, hieß es dazu in der Frankfurter Allgemeinen Zeitung.

»Ein bisschen mehr Leichtigkeit des Seins«

Petra Morzé

liebt Arthur Schnitzler ... auch deshalb, weil er für Frauen jeden Alters wunderbare Rollen geschrieben hat. Die Burgschauspielerin, die ein Leben lang auf der Suche nach dem richtigen Maß ist, sagt über sich selbst: »Als Künstlerin bin ich frei, als Mensch nicht.« Aber wenn Petra Morzé die Wiener Stadtgrenze hinter sich gelassen hat und den Semmering hinauffährt, geht ihr das Herz auf: »Je höher ich hinaufkomme, desto ruhiger und glücklicher werde ich. In den Bergen kann ich loslassen, die Dinge dort stehen lassen, wo sie hingehören. Alles bekommt wieder seinen richtigen Platz.«

Würdest du dich als Genussmensch bezeichnen?

Wenn du mich so fragst, muss ich dir gestehen, dass ich das nicht so genau weiß. Wahrscheinlich frage ich mich grundsätzlich zu wenig, was mir Freude macht, was ich genießen kann. Ich könnte dir die Frage, was mich quält, was schwierig für mich ist, viel leichter beantworten. Genuss war für mich lange Zeit negativ besetzt.

Weil du Genuss mit Genusssucht gleichgesetzt hast?

Ja. Bei beiden Begriffen – sowohl dem Genuss als auch der Qual – steht bei mir immer die Frage des richtigen Maßes an. Das ist vielleicht mein Problem. Das richtige Maß zu finden. Aber lass mich über den Begriff »Genuss« nachdenken. Genuss ist etwas, bei dem man sich fallen lassen kann, wenn man zu sich kommt, bei sich ist. Gleichzeitig lässt sich Genuss nicht erzwingen. Nur weil man sich etwas wünscht, muss es noch nicht gelingen. Genuss ist für mich eine Frage des Bewusstseins oder der Bewusstwerdung.

Nenn mir ein konkretes Beispiel.

Zum Beispiel unser heuriger kleiner Ausflug aus Wien heraus, hierher auf den Semmering. Die Fahrt zum Looshaus, der Wald, die Berge, die Luft, die Stimmung. All das hat mich geöffnet, ich fühle mich jetzt wohl. Und dieses Gefühl lässt mich wieder lieb sein mit mir selbst.

Eine schöne Beschreibung. Würdest du dich als Genussmensch sehen? Kannst du mit Genuss umgehen?

Die erste Frage beantworte ich laut und schnell mit Ja, die zweite mit einem klaren Nein. Aber ich hoffe, ich bin gerade dabei dies zu lernen.

Gerade heißt was?

Gerade heißt seit Jahren, wenn ich ehrlich bin. Ich glaube, man muss mit Genuss auch umgehen lernen. Dazu ist es allerdings nötig, zuallererst einmal herauszufinden, was einem guttut. Was ist persönlicher Genuss? Das muss man ja erst für sich entdecken. Genuss ist etwas sehr Individuelles. Und dieser Prozess des Entdeckens dauert länger – zumindest bei mir.

Das heißt, du hast dir bis jetzt Genuss verwehrt?

Ja.

Bist du sehr gläubig erzogen worden? Hast du deshalb das Gefühl, dass Genuss Lust bedeutet und daher vielleicht Sünde ist?

Nein, überhaupt nicht. Dass ich ein gläubiger Mensch geworden bin, ist ein Resultat der letzten Jahre. Aber das hat nur mit mir, nichts mit meinen Eltern zu tun – obwohl ich am Land aufgewachsen bin. Mein Vater war Maler und Bildhauer. Für ihn galt immer nur alles oder nichts. Das ist auch in mir verankert – in allen Lebenslagen gibt es für mich nur alles oder nichts.

Das macht das Leben nicht immer einfach.

Das kannst du laut sagen. Manchmal ist es fast gefährlich, so streng mit einem selbst zu sein.

Kommt diese Strenge von deiner Erziehung?

Ja, natürlich. Dank Sätzen wie »Schlaf nicht so lange, sonst ist der ganze Tag im Eimer« habe ich heute noch ein schlechtes Gewissen, wenn ich länger schlafe. Aber je länger ich über Genuss nachdenke, umso mehr hat dieses Gefühl für mich mit Natur zu tun. Ich habe in den letzten Jahren die Berge für mich entdeckt. Sobald ich draußen bin aus der Stadt – der Prater reicht nicht ganz für dieses Gefühl –, überwältigen mich in der freien Natur die Gefühle. Manchmal muss ich sogar spontan weinen.

> »Für mich gibt es nur alles oder nichts.«

Weil du so stark berührt bist?

Ja. Dazu musst du wissen, dass letzten Endes die Natur es war, die mich überleben ließ. Ich bin zwar in Kärnten geboren, aber im Weinviertel in einem kleinen Ort bei Mistelbach aufgewachsen. Immer wenn ich Probleme mit den Eltern hatte, bin ich in die Natur geflüchtet. Habe dem Bauern am Feld geholfen, habe geheut und Erdäpfel angepflanzt.

Hattest du oft Probleme?

Ja, sehr oft, und diese Arbeit in der Natur hat mich geerdet. Das war sehr wichtig für mich. Noch heute ist es mir wichtig, zu wissen, woher das, was ich esse, kommt.

Das heißt Essen und Ernährung sind dir wichtig?

Ja, aber ich hatte auch immer ein gestörtes Verhältnis dazu. Auch weil ich ständig Angst habe zuzunehmen. Dieses ewige Zu- und Abnehmen in meinem Beruf führt zu einem gestörten Verhältnis zum Essen. Trotzdem hilft mir und beruhigt mich immer wieder der Gedanke an die Erdäpfel, die ich damals angepflanzt habe, an das Holz, das ich aus dem Wald geholt und mit dem ich eingeheizt habe.

Dadurch fühltest du dich behütet und sicher.

Genau. Selbst wenn ich jetzt im Winter nach Hause komme, schätze ich mich glücklich, dass meine Kinder und ich eine warme Wohnung haben und nicht frieren müssen.

Das klingt fast so, als wärst du ein Nachkriegskind. Aber dafür bist du viel zu jung.

Ja, aber ich habe mich schon als junges Mädchen sehr intensiv mit Nationalsozialismus und dem Zweiten Weltkrieg auseinandergesetzt und mich schon als kleines Mädchen mit dem Leid der Juden beschäftigt. Ich habe sehr oft Bilder von Menschen im Kopf, die in Kriegsgebieten leben und sich dort nicht die einfachsten Bedürfnisse stillen können.

Woher kommen diese dunklen Gedanken?

Wahrscheinlich daher, dass ich selbst eine sehr schwierige Kindheit und Jugendzeit hatte. Der Jude war für mich das größtmögliche Opfer. Und wahrscheinlich habe ich mich selbst auch immer als Opfer meiner Eltern gesehen. Das hat sich in meine Mädchenseele eingebrannt.

Ich nehme an, daher erklärt sich auch dein schwieriges Verhältnis zum Genuss.

Ja, das hat sich auch nicht wesentlich verändert. Ich hatte und habe oft Zeiten, in denen es mir nicht gut geht, und erst jetzt beginne ich, mir bewusst Freude zu bereiten ...

... und erhellst dir dadurch die dunklen Tage?

Ja, dann kaufe ich mir zum Beispiel Blumen oder gehe spazieren – wozu ich mich allerdings zwingen muss – oder ich fahre hierher. Gerade eine Stunde von Wien entfernt, und es tut mir so gut, hier zu sein. Hier werde ich wieder zum Kind und freue mich.

Und wenn du auf der Bühne bist? Erlebst du dort Momente des Genusses?

Nein, so einfach ist das nicht. Jene Sekunden in einer Vorstellung, in denen man wirklich losgelöst ist, sind allerdings wunderschöne Momente.

Aber das dauert immer nur Sekunden, nie eine ganze Aufführung lang?

Ja, nie.

Würdest du diese Augenblicke als Glücksmomente empfinden?

Ja. Aber wenn man auf der Bühne steht, kann man sich nie fallenlassen, es hat immer sehr viel mit Konzentration und Präsenz zu tun.

Kannst du dich zuhause fallenlassen?

Ja, wenn ich allein bin. In Gesellschaft gelingt mir das nur sehr schwer. Ich glaube, man ist immer mental in sich gefangen.

Hilft dir die Bühne nicht auch, aus deinem Alltagsleben hinauszutreten?

Ja, das schon. Ich könnte mir auch nicht vorstellen, etwas anderes zu machen. Manchmal frage ich mich, was die Alternative zur Schauspielerei wäre.

Und ... gäbe es eine?

Nein, weil das, was ich mache, ganz ursächlich mit mir zu tun hat. Ich werde und muss immer mit Wort und Sprache zu tun haben. Schon als 15-, 16-jähriges Mädchen habe ich beim Film statiert, mit ungeheurer Freude. Das Schauspielstudium war wahrscheinlich meine unbeschwerteste Zeit.

Ist diese Freude heute noch so vorhanden?

Nein. Ich stehe mir heute selbst im Weg. Pablo Picasso hat einmal gesagt, er hätte ein ganzes Leben gebraucht, um wieder so zu malen wie ein Kind. Das sagt für mich so viel aus. Dieses Unbeschwerte oder Ursprüngliche. Dieses Losgelöste – dass man sich nicht kontrolliert. Diese Augenblicke werden immer seltener. Dazu trägt erstens bei, dass ich nun in meine zweite Lebenshälfte komme. Und Dinge wie Alter und Abschiede tragen zu einem Gesamtpaket bei, das eine ungeheure Schwere bekommt.

Bist du schwermütig?

Das Melancholische, Schwermütige klopft bei mir wahrscheinlich schneller an als bei anderen Schauspielern. Früher habe ich einfach gemacht und getan, heute überlege ich viel mehr und lasse weniger zu.

Vielleicht schaltest du deinen Kopf zu sehr ein.

Ja, viel zu viel.

Glaubst du, dass viele Künstler dem Essen und Trinken mehr Gewicht geben als andere Menschen?

Ist das so?

Das frage ich dich.

Kann sein. Ich erinnere mich an die Spielzeit bei den Festspielen Reichenau, als im Südbahnhotel »Das weite Land« aufgeführt wurde. Die Nachmittagsvorstellung dauerte vier Stunden und ging fast nahtlos in die Abendvorstellung über, die wieder vier Stunden dauerte. Was mich damals aufrecht hielt, war der Gedanke an dieses herrliche Steak, das danach in der Pension Löffler auf mich wartete.

Wolltest du dich damit belohnen?

Es war eher eine physische Sache. Ich war körperlich kraftlos und schwach. Dieses Stück Fleisch gab mir Kraft unter dem Motto: »Iss ein Stück Fleisch und du wirst stark und g'sund.« Ich glaube ja, dass Essen ganz tief geht, es ist nicht nur Nahrungsaufnahme. Darin liegen das Lagerfeuer der Urmenschen, die Jagd, das Gefühl von Sattheit und Wärme. Ich glaube, dass man durch Essen sehr gut Spannung abbauen kann.

Kochst du auch gerne selbst?

Ich würde gerne. Aber ich kann nicht kochen.

Warum würdest du gerne, man muss ja nicht kochen können.

Weil ich glaube, dass Menschen, die kochen, bessere Menschen sind.

So ein Blödsinn.

Lass es mich erklären. Ich glaube, dass Menschen, die kochen, sich bewusst mehr Zeit nehmen, sich oder jemand anderem etwas Gutes zu tun. Sie haben Muße. So langsam ein Stück Paprika in kleine Stücke zu schneiden, ist etwas Schönes. Das kann man genießen, wenn man es kann.

Und das kannst du nicht?

Kurzfristig kann ich es. Ich glaube, andere Menschen zu bekochen, ist etwas sehr Schönes. Man liebt die Menschen, die einen bekochen.

»Andere Menschen zu bekochen, muss etwas sehr Schönes sein. Man liebt Menschen, die einen bekochen.«

Wirst du dadurch weniger geliebt?

Vielleicht.

Aber Menschen, die kochen, werden doch sicherlich nicht mehr geliebt als eine Schauspielerin, die auf der Bühne steht und eine Figur zeichnet, die die Menschen vor Glück fast ohnmächtig werden lässt. Oder? Es wird zurzeit sowieso viel zu viel Lärm ums Kochen gemacht.

Ja, das stimmt, aber das ist etwas anderes. Ich war immer mit Männern zusammen, die toll gekocht haben. Auch der Vater meiner beiden Kinder ist ein wunderbarer Koch. Seine Mutter war auch eine herrliche Köchin. Über Menschen, die gut kochen können, hängt einfach so ein Flair ...

Auf die Frage: »Wo hast du im Leben bis

jetzt am schlechtesten gegessen?«, müsstest du demnach antworten: »Bei mir zu Hause.«

Ja, das stimmt.

Peter Altenberg sagte über die Landschaft am Semmering: »Man verliert sein Herz an so vieles, da kann man es doch auch einmal an etwas gewinnen.« Ein Satz für die Ewigkeit, wie ich finde.

Stimmt. Auch mir geht das Herz auf, wenn ich hier die Serpentinen auf den Kreuzberg hinauffahre. Je höher ich hinaufkomme, desto ruhiger und glücklicher werde ich. Vor allem im Sommer sind es diese Blicke, die sich tief in mich eingraben. Es ist das »Ins Land hineinschauen«. Wenn ich die Berge sehe, beginnen die Relationen wieder zu stimmen. In meiner Wohnung in Wien gelingt mir das kaum. Der Semmering schafft das. Hier kann ich loslassen, die Dinge dort stehen lassen, wo sie hingehören. Alles bekommt wieder seinen richtigen Platz. Dann könnte ich weinen.

> »Man muss akzeptieren, dass Genuss vorübergeht und nicht anhalten kann.«

Hast du das Gefühl, dass dann alles wieder gut wird?

Dann bin ich das, was ich bin. Beschützt von der Natur. Wenn ich oben am Semmering stehe und in das Land hinunterschaue, steigt eine große Sehnsucht in mir hoch.

Sehnsucht wonach?

Nach Langsamkeit. Sehnsucht, endlich wieder Briefe zu schreiben und nicht Mails oder SMS.

Was hindert dich daran?

Die Gesellschaft, schließlich ist man Teil eines Kollektivs. Wenn man in ihr lebt, muss man auch in ihrem Tempo funktionieren.

Lass uns noch einmal auf den Semmering zurückkommen, wo du im Sommer 2004 in der Rolle der Genia in »Das weite Land« auf der Terrasse des Südbahnhotels auf und ab gingst und ins Tal hinunterschautest. Der Moment muss ein unvergesslich schöner gewesen sein.

Ja, das sind Bilder in meinem Kopf, die ich nie vergessen werde, so schön war es. Auch jenes Bild, als ich in dem Zimmer im obersten Stock des alten Hotels stand – die Fenster reichten bis zum Boden – und auf den Althammerhof am Kreuzberg schaute. Ich wusste, dort drüben spielen gerade meine Kinder, die mit mir gemeinsam in diesem Bauernhof den Sommer verbrachten. Ich wartete auf den Beginn der Vorstellung, ahnte dort drüben meine Kinder und war mitten in der Natur. Ein wunderschöner Moment. Das späte Licht über den Baumwipfeln – unvergesslich. Mehr geht nicht.

Nicht umsonst waren der Semmering, die Rax und der Schneeberg beliebte Plätze der Sommerfrische.

Ja, das verstehe ich so gut. Was mich außerdem sehr anzieht an dieser Kulturlandschaft, ist das Wissen, wer hier oben aller war.

Die vielen Schriftsteller und Künstler. Ich glaube, dies zu spüren. Auch hier im Alpenhof, den Adolf Loos einst erbaut hat. Diese Plätze muss man schützen. Es wird viel zu viel niederplaniert und gleichgemacht. Man muss das Besondere erhalten.

Ja, diese Solidarität des Mittelmaßes ist schlimm.

Wie Recht du hast. Da sind die Menschen solidarisch – im Aufrechterhalten des Mittelmaßes.

Du warst jetzt einige Jahre nicht hier heroben, am Kreuzberg, dieser Semmeringlandschaft. Wie war die Rückkehr?

Ein wenig wie Heimkommen. Und ich hatte das Gefühl, dass ich es damals nicht immer so zu schätzen wusste. Ich war ständig im Stress – die Proben, die Kinder waren klein – und ich musste laufend organisieren. Ich war oft so müde. Heute habe ich mir gedacht, ich müsste es viel mehr schätzen, in so einer Landschaft, in so einem Haus wie dem Südbahnhotel spielen zu dürfen. Ich habe ja leider auch ein wenig die Tendenz – auch um mich vor Verletzungen zu schützen –, die schönen Augenblicke, die ich erlebe, klein zu erhalten, um danach, wenn dieser Moment vorüber ist, nicht verletzt zu werden.

Womit du dich aber auch wieder um eine Art des Genusses bringst.

Genau. Das wäre auch Genuss für mich. Den Augenblick so zu nehmen, wie er ist – und ihn nicht schon von Anfang an mit dem Abschiedsschmerz zu überlagern und zu verhängen. Akzeptieren, dass Genuss vorübergeht und nicht anhalten kann. Denn gäbe es dieses Gefühl immer, wäre es nicht so stark und auch kein Genuss.

Wenn im Theater der Vorhang nach der letzten Vorstellung fällt, folgt danach nicht ein Gefühl der Leere?

Ja, ein absolutes Gefühl der Leere. Aber ich muss sagen, dass bei mir grundsätzlich das Gefühl der Leere sehr rasch kommt. Das wäre zum Beispiel wieder eine Erklärung für mein Problem mit dem Genuss. Genuss ist eine Lebenskunst, sage ich euch. Ich habe ein Problem mit der Intensität, dieses »alles oder nichts« schlägt immer wieder durch.

Aber diese Intensität hat ja auch etwas sehr Schönes.

Ja, aber sie verlangt immer mehr. Das ist ja auch ein Problem dieser Zeit, dieses Nie-Zufrieden-Sein, Immer-Mehr-Wollen, schnell, schnell noch dorthin jetten, dieses oder jenes sündteure Stück kaufen. Schnellimpfungen, deren Wirkung so rasch nachlässt. Die Dosis, die man sich spritzt, hält immer kürzer an.

Kaufst du denn oft und gerne ein?

Nein, überhaupt nicht. Das ist nicht mein Problem, aber diese Intensität meines Gefühlshaushaltes schafft mich. Darum suche ich wahrscheinlich so verzweifelt nach dem richtigen Maß. Ich mag mich immer nur dann, wenn ich gut ausschaue.

Warum kann ich mich nicht auch gernhaben, wenn ich einmal nicht perfekt bin? Das hat für mich sehr viel mit Genussfähigkeit zu tun. Mein Anspruch an Perfektion hindert mich daran.

Was macht deine Arbeit als Schauspielerin hier in dieser Landschaft, am Semmering oder in Reichenau, so besonders?

Man spürt eine gewisse Renaissance der Sommerfrische. Das Publikum, das hierher kommt, ist in Urlaubsstimmung, und das ist sehr schön. Einzigartig im Vergleich zu all den vielen anderen Festspielen, die wie Schwammerl aus dem Boden schießen, ist auch, dass Sommertheater im besten Sinne gemacht wird. Intendant Peter Loidolt spielt hier Werke, die einen ursächlichen Bezug zu dieser Landschaft haben. Entweder die Schriftsteller, wie zum Beispiel Arthur Schnitzler, der den dritten Akt von »Das weite Land« im Südbahnhotel geschrieben hat, oder die Stücke selbst, wie »Die letzten Tage der Menschheit«, worin Karl Kraus Anklage gegen diese Gesellschaft erhebt. Der Bezug zu dieser Landschaft gibt den Stücken eine besondere Authentizität. »Cyrano de Bergerac« wäre hier sicherlich deplatziert.

Gibt es einen Autor, den du besonders liebst. Einen, den du ein Leben lang spielen möchtest?

Auf diese Landschaft hier bezogen?

Bezogen auf dich, auf dein Leben.

Arthur Schnitzler. Der wird mich durch mein Leben begleiten. Eben auch, weil er für Frauen jeden Alters wunderbare Rollen geschrieben hat.

War Schnitzler Frauen gegenüber so besonders einfühlsam?

Nein, das glaube ich nicht. Aber vielleicht deshalb, weil er persönlich daran gescheitert ist, mit Frauen richtig umzugehen. Er zeigt die Männer, wie sie sind. Wahrscheinlich deshalb, weil er auch so war.

Du stehst jetzt in der Mitte deines Lebens, was wünscht du dir als Mensch und als Schauspielerin?

Als Mensch ist es natürlich mein größter Wunsch, gesund zu bleiben – das wird mir immer wesentlicher. Aber diesem Wunsch widersprechend, wäre es das Allerschlimmste, das mir passieren könnte, meine Kinder zu überleben. Davor habe ich wirklich Angst.

Und welche Rolle möchtest du unbedingt noch spielen?

Das hat weniger mit der Rolle als mit dem Thema zu tun. Ich kann es nur allgemein sagen. Je älter ich werde, umso stärker möchte ich ein anderes als das derzeitige Frauenbild aufzeigen. Zum Beispiel, dass die Frau auch ein vernunftbegabtes Wesen ist – diesbezügliche Rollen sind in der Theaterliteratur allerdings selten. Und ich möchte auch aufzeigen, aber das ist wahrscheinlich eher im Film als im Theater möglich, wie Frauen von heute mit Alter, Abschied und mit einer Attraktivität umgehen, die jenseits des Begehrensmarktes der Männer liegt.

Kann man als attraktive Schauspielerin und Frau trennen, ob man von einem Mann als Schauspielerin wegen der Rolle, die man gerade spielt, begehrt wird oder als Frau, die hinter dieser Rolle steht?

Männer verwechseln oft die Schauspielerin mit der Frau. Und jene, die mich als Schauspielerin begehren, interessieren mich überhaupt nicht.

Magst du schauspielerische Herausforderungen wie zum Beispiel die Rolle in Götz Spielmanns »Antares«?

Ja, sehr. Ich würde mir öfter solche Herausforderungen wünschen.

Wenn man so wie du zuletzt in einer Kritik mit Paula Wessely verglichen wird, sieht man dies als Bürde?

Nein, überhaupt nicht. Denn wenn ich arbeite, bin ich frei.

Das heißt, du bist als Künstlerin freier denn als Mensch?

Absolut. Ich glaube an mich als Künstlerin mehr als an mich als Mensch. Schon als Schauspielstudentin hat mich ein Satz der Romy Schneider sehr bewegt und betroffen gemacht: »Im Film kann ich alles, im Leben nichts.« Vielleicht habe ich mir das zu sehr verinnerlicht.

Ich hoffe, das ist nicht dein Lebensmotto geworden?

Nein, überhaupt nicht. Trotzdem habe ich mich oft wie Romy Schneider gefühlt, und auch – genauso wie sie – ein wenig mit der eigenen Tragik gespielt. Aber es gibt im Leben Punkte, an denen man die Chance hat, sich zu entscheiden. Und das habe ich getan. Ihre Melancholie und Einsamkeit kann ich jedoch unheimlich gut nachvollziehen.

Gibt es eine lebende große, internationale Schauspielerin, die du bewunderst?

Meryl Streep.

Was möchtest du deinen Kindern mit auf ihren Lebensweg geben?

Ich würde ihnen so gerne Stabilität geben. Das ist etwas, das ich nie hatte. Ich möchte immer für sie da sein, aber wirklich da sein – denn immer anwesend sein kann ich bei meinem Beruf natürlich nicht. Aber für sie da sein, wenn sie mich brauchen. Meine Mutter, die war zwar physisch immer da, aber geistig nie anwesend. Nie da, wenn ich sie gebraucht hätte.

Hast du einen Wunsch für deinen weiteren Lebensweg?

Ein bisschen mehr Leichtigkeit des Seins, Selbstironie und auch ein bisserl mehr über mich selbst lachen können.

Alpenhof Kreuzberg/Looshaus | Kreuzberg 60 | 2650 Payerbach
T +43 (0)2666 529 11 | steiner@looshaus.at | www.looshaus.at
Öffnungszeiten: Do–Di 11.30–21 Uhr; Ruhetag: Mi (Juli und August kein Ruhetag)

Petra Morzé

Die 1964 in Klagenfurt geborene Schauspielerin ging nach ihrem Schulabschluss für ein Jahr nach Israel, nahm Schauspielunterricht und spielte damals noch als Petra Kogelnig in »Eis am Stiel 6« eine erste kleine Filmrolle. Zurück in Österreich bekam sie ein Stipendium für die Grazer Hochschule für Musik und Darstellende Kunst, wo sie ihr Schauspieldiplom machte.

Die Schauspielerin spielte auf fast allen großen Bühnen Österreichs, darunter am Schauspielhaus Graz, am Wiener Volkstheater sowie am Theater in der Josefstadt, und ist seit 2002 festes Ensemblemitglied des Wiener Burgtheaters. Petra Morzé, die Arthur Schnitzler liebt, war bei den Salzburger Festspielen zu sehen und kann fast jeden Sommer bei den Festspielen in Reichenau – zuletzt in Anton Tschechows »Drei Schwestern« – bewundert werden.

Neben vielen Rollen in Fernsehserien und -filmen, liebt Petra Morzé schauspielerische Herausforderungen, außergewöhnliche Drehbücher und die Zusammenarbeit mit großen österreichischen Regisseuren – auch bei Low-Budget-Produktionen. So spielte sie unter anderem in Kinofilmen wie »Antares« in der Regie von Götz Spielmann, »Import Export« von Ulrich Seidl und war in den Kinofilmen »42 Plus«, »Nordwand« und »Lourdes« zu sehen.

»Manchmal beginnt man zu fliegen«

Michael Schottenberg

hatte ein Leben lang »Theater im Kopf«. Vor fast drei Jahrzehnten hat der Vollblut-Theatermann in einem Zelt vor der Votivkirche begonnen, inzwischen ist er Direktor des Wiener Volkstheaters. Er ist sich immer treu geblieben, denn Theatermachen lag dem Schauspieler, Regisseur und Direktor niemals nur im Kopf, sondern vielmehr am Herzen. Als »Probebühne der Wirklichkeit« will er – damals wie heute – den Theaterbesuchern die Welt der Geschichten eröffnen, um das Theater zu einem magischen Ort für Schauspieler und Publikum zu machen.

Dein Vertrag als Direktor des Wiener Volkstheaters wurde um weitere fünf Jahre verlängert. Warum hast du ihn unterschrieben?

Mein Ruf ist ohnehin schon ruiniert. Das ist das Problem. Wer einmal Theaterdirektor war, bekommt keinen anderen Job mehr.

Du meinst, das Zelt vor der Votivkirche kannst du nicht mehr aufstellen? Kein »Theater im Kopf« mehr?

Nein, ich habe jetzt ein Theater am Buckel. Aber im Ernst, ich schleppe es gerne. Und ich habe mich wirklich sehr gefreut, dass sich die Kulturabteilung der Stadt Wien explizit auch für die nächsten fünf Jahre für mich als Direktor des Volkstheaters entschieden hat – dass man sich ganz bewusst für das, was ich mache und wie ich es in den vergangenen Jahren gemacht habe, ausspricht. Ich wollte vom Kulturstadtrat gebeten werden, und der g'scheite Mensch hat mich gebeten. Ich bin sehr stolz darauf. Und ich liebe ihn dafür.

Was hast du dir für die kommenden Jahre vorgenommen? Was wirst du anders machen? Wie wirst du mit den vorgegebenen Strukturen und Mechanismen umgehen?

Mein Beruf bringt es mit sich, dass jeder Tag ein neuer Tag ist. Im wahrsten Sinne des Wortes. Man kann sich in diesem Beruf kaum etwas auf Dauer schaffen, man muss es täglich neu beweisen. Es muss einem täglich etwas Neues einfallen. Das hält mich auf Trab. Es braucht, wie Brecht sagt, den »langen Atem«. Aber ich bin ja Marathonläufer. Es ist nie etwas geschafft und ich bin auch selbst sehr oft mit meiner Arbeit nicht zufrieden. Ich lebe mit all meinen Fehlern wie mit einer Krankheit. Mein Trost ist halt immer: Ich kann mich verbessern und die Quote meiner Zufriedenheit zu erhöhen. Aber es gibt auch etwas, das ich tatsächlich neu machen werde: Das ist die Jugendarbeit. Hier ist der Hebel anzusetzen, denn Jugendarbeit gibt es nicht wirklich in diesem Land. Es gibt ein Modell im Schauspielhaus Graz, initiiert vom Bundesministerium für Unterricht, Kunst und Kultur, das sehr klug ist und guten Zulauf hat. Da muss man ansetzen, man muss viel mehr in die Schule gehen.

Als Theaterpädagoge sozusagen?

Genau. Wir müssen gemeinsam mit Theaterpädagogen in Schulen gehen. Man muss früh beginnen, ein interessiertes Publikum zu erziehen. Die Menschen, die auf der Bühne stehen, und die Menschen, die zusehen, müssen in einen geistigen und emotionalen Dialog gebracht werden. Wir dürfen oben nicht intelligenter sein als die, die unten sitzen. Natürlich müssen Menschen, die ins Theater gehen, keine Fachleute sein. Nach acht Stunden Arbeit hat man das Recht auf einen entspannten Abend oder zumindest eine Auseinandersetzung auf einem Niveau, das man versteht.

Hast du dazu ein Modell im Kopf?

Ja. Das Theaterpädagogen-Modell, das mir vorschwebt, schaut so aus, dass wir in den Schulen gemeinsam mit den Schülern Stücke lesen und dann verschiedene Interpretationsmöglichkeiten beziehungsweise Phantasien entwickeln.

Wäre das nicht die Aufgabe eines Deutschlehrers?

Nein. Damit wäre jeder Lehrer überfordert. Es braucht unser Know-how.

Lassen Schulen diese ungewöhnliche Unterrichtsmethode zu?

Das sollten sie. Es könnte ja einmal pro Woche integrativer Bestandteil des Deutschunterrichtes sein. Dadurch erzieht man ein Publikum, das gewohnt wäre, im Theater frei zu denken und zu assoziieren. Ein offeneres Bild für Kunst und für Experimentelles in der Kunst wäre wachgeküsst. Natürlich ist dieser Beginn in den Schulen nur ein Samenkorn.

Aber wenn es aufgeht, ist es sicherlich auch für Künstler eine Freude, vor einem anspruchsvollen Publikum zu spielen.

Natürlich. Für einen Künstler ist es wunderbar, sich einem interessierten, offenen Publikum mitteilen zu können. Man muss ja keine universitäre Ausbildung haben, um zu verstehen, was die sich auf der Bühne denken. Das wäre ja schrecklich. Man muss ja auch kein Flugzeug konstruieren können, um das Fliegen zu genießen. Man muss nur eine kleine Schwelle überspringen und darf sich vor seiner Phantasie nicht fürchten, das ist alles. Ich würde es synaptische Geschmacksbildung nennen, wenn du so willst. Ja, das klingt gut.

Merken Schauspieler, wie interessiert oder gebildet ein Publikum ist?

Natürlich. Offenheit und Interesse spürt man sehr bald. An manchen Abenden geht alles schief, an anderen beginnt man zu fliegen.

Wovon hängt es ab, ob du abhebst oder nicht? Wie setzt sich ein perfektes Publikum zusammen?

Es hat jedenfalls nicht mit alt oder jung, Abonnent oder Nicht-Abonnent, gebildet oder nicht gebildet zu tun. Wahrscheinlich liegt es an einer Zusammensetzung und Mischung von möglichst vielen interessierten und offenen Menschen. Nun könnte man meinen, ein lustiges, leichtes Stück hat es diesbezüglich leichter als ein schwieriges – aber das stimmt nicht. Entscheidend ist, dass Regisseur, Schauspieler und Publikum dieselbe Sprache sprechen. Und im Idealfall ähnliche Phantasien entwickeln. Um das zu erreichen, muss man aber erst einmal jene Menschen erreichen, die für dieses oder jenes Stück am geeignetsten sind, denen man am meisten mitgeben kann. Die, die man ansprechen möchte, gehen aber meist gar nicht ins Theater.

Was es schwierig macht, sie zu erreichen.

Du sagst es. Die Kunst ist ein Hund.

Mit diesem Projekt der Jugendarbeit

schaffst du dir also eine zusätzliche Aufgabe – das heißt, du machst es dir nicht unbedingt leichter und einfacher?

Nein, aber es sind viele Samenkörner, die ein Ganzes, so wie ich es mir vorstelle, funktionieren lassen. Das betrifft nicht nur die Auswahl der Stücke und eine permanente, behutsame Erneuerung des Ensembles. All das, auch das Unkünstlerische an meiner Arbeit, ist ein einziges Bemühen darum, Publikum zu sammeln. Ansonsten könnte ja alles so bleiben, wie es früher einmal war: Alles konzentrierte sich auf die Hauptbühne und zweimal im Jahr fand eine Dichterlesung im ehemaligen Pausenfoyer statt. Aber diese Reduktion würde bedeuten, all die Buntheit und die vielen Themenvernetzungen wieder zu verlieren, die wir in den letzten Jahren aufgebaut haben. Das wäre meinem Publikum und auch mir zu fad.

Lass uns kurz über den Schauspieler Schottenberg sprechen. Du hast dich dafür entschieden, zumindest zehn Jahre lang den Theaterdirektor, den Macher zu spielen. Du bist aber darüber hinaus nicht nur ein wunderbarer Regisseur, sondern auch ein begnadeter Schauspieler. Fehlt dir das nicht?

Nein, es fehlt mir nicht. Ich verwirkliche mich ja in so vielem anderen. Ich habe in den letzten fünf Jahren fünf Rollen gespielt – aber das ist mir in dieser Konstellation einfach zu viel. Ich kann nicht bis halb acht Uhr am Abend den Theaterdirektor spielen und dann todmüde auf die Bühne torkeln. Wenn das andere können – Chapeau! Vielleicht »schwänzen« sie ja heimlich das eine oder das andere.

Aber du inszenierst das eine oder andere Stück?

Ja, als Regisseur muss ich arbeiten, sonst verdorre ich. Ich glaube, ein Theaterdirektor muss seine Seele herzeigen, muss angreifbar, berührbar sein. Er muss zeigen, dass er ein ganz normaler Typ ist, der Fehler macht und auch Schmerzen hat. Bei dieser Arbeit lerne ich die Schauspieler am besten kennen – und sie mich, da man auf sehr engem Raum zusammen ist. Als Regisseur zeige ich alles von mir her, ungeschützt, bin jederzeit ansprechbar, bin verletzlich und auch bereit, zu scheitern. Aber natürlich auch umgekehrt: Wenn alles wunderbar funktioniert, bin ich Teil eines gemeinsamen Erfolges. Das ist doch herrlich! Direktoren, die nicht inszenieren, sind auswechselbare, langweilige Manager. Darüber hinaus gibt es am Volkstheater eine Tradition, dass der Direktor Volksstücke selbst inszeniert.

Wie hast du 1984, als du im Schauspielhaus mit Stücken wie »Elvis«, »Rocky Horror Show« und »Piaf« begonnen hast und dort große Erfolge feiern konntest, das Volkstheater gesehen?

Als einen unüberschaubar großen Tempel, in den ich nicht hineingehen wollte, weil ich die Struktur für mich nicht akzeptieren konnte.

Es wurde mir von Helmut Zilk bereits in jener Zeit, als ich vor der Votivkirche das Theaterzelt aufgestellt hatte, die Direktion des Volkstheaters angeboten. Ich habe damals abgelehnt, unter anderem deshalb, weil ich mir nicht zugetraut habe, ein Theater dieser Art zu führen, Menschen entlassen zu müssen und/oder für deren Existenzen verantwortlich zu sein. Es war ein Apparat, mit dem ich glaubte, nicht umgehen zu können. Ich dachte meine Talente zu verlieren, wenn ich mich dort einklinken würde.

»Ein Theaterdirektor muss seine Seele herzeigen und auch angreifbar, berührbar sein.«

Aber 20 Jahre später hast du es dir zugetraut? Warum? Was hat dich dazu bewogen?

Ich musste es tun. Die Zeit war reif. Es ist, wie ein Kind zu bekommen. Man will es haben, um zu wissen, wie es ist, wenn man es hat.

Das heißt, es wäre dir heute nicht mehr möglich »Theater im Kopf«, das du 1984 gegründet hast, zu machen?

Ich glaube, dass all die Dinge, die ich gemacht habe, Umwege waren, um dorthin zu kommen, wo ich heute bin. Und das ist wahrscheinlich wiederum ein Umweg zu etwas anderem, wovon ich heute noch nicht weiß, was es sein wird.

Gibt es heute irgendeine Form des Theaters, die dir als Vision vorschwebt?

Ich glaube, dass Peter Stein derzeit etwas Wunderbares macht. Er lädt Schauspieler in sein Haus nach Italien ein, wählt ein Stück nach seinem Belieben aus, probt einige Wochen inmitten seiner Weinberge, führt dann dort das Stück auf und wird zu Festivals eingeladen. Großartig! Ich will das auch machen. Mir fehlen nur noch die Weinberge.

Ich fürchte für dich, dass dieses Konzept an der Finanzierung scheitern könnte. Du wirst wohl noch eine Weile im Haus am Weghuberpark bleiben müssen. Aber das machst du ja auch gerne.

Stimmt. Weißt du, warum ich Theater so gerne mache und wovon ich so sehr überzeugt bin? Ich glaube fest daran, dass die Zeit, in der wir leben, die so zerrissen, kleinteilig, und »verpixelt« ist und hauptsächlich nur mehr aus Ich-AGs besteht, dieses Sammelsurium an Egoismen und Winzigkeiten, das dann von irgendjemandem zu einem absurd großen Ganzen zusammengesetzt und damit vergewaltigt wird, nichts dringender braucht als Zusammenhänge und Geschichten. Geschichten, sind derzeit die stabilste Währung, stabiler jedenfalls als diese seltsam konkreten Zahlen, die uns täglich umschwirren. Es sind die Geschichten, die letztlich übrig bleiben und alles überdauern. Was ist vom Staat der Griechen und Römer geblieben? Geschichten, Malereien, Bauwerke. Kunst. Nichts anderes bleibt. Es sind die

Geschichten, die überleben, weil sie Emotionen beinhalten. Und für diese Emotionen sind wir Theatermenschen zuständig. Gerade unsere Zeit braucht nichts dringender als die Zusammenführung von verschiedenen Gedanken. Das Zusammenfügen – nicht das Auseinanderzerren – ist unsere Aufgabe, denn die Dekonstruktion am Theater hat in den achtziger und neunziger Jahren stattgefunden. Daher glaube ich an erzählende Regisseure. Sie transportieren Geschichten. Die Menschen sehnen sich danach, ein Stück »erzählt« zu bekommen. Geschichten helfen. Sie sind geistiges Grundnahrungsmittel, in ihnen spiegelt sich die Welt.

Merkst du, dass Menschen in dieser wirtschaftlich schwierigen Zeit größere Sehnsucht als früher nach jenen Geschichten haben, die ihr auf der Bühne erzählt?

Natürlich. Ein Stück, das eine klare Erzählstruktur hat, läuft von der ersten Vorstellung an gut. Leider gelingt uns das nicht bei jedem Stück.

Das wird ja auch nicht jeder Regisseur gleich gut können.

Richtig, aber ich suche konkret nach jenen Regisseuren, die genau das wollen und können.

Wirtschaftskrisen sind also gut fürs Theater?

Sie sind, zynisch gesagt, für das Theater eine Chance.

Noch drei Fragen zum Theater: Gibt es irgendwo auf der Welt ein Theater, das für dich ein Vorbild ist beziehungsweise hast du ein Idealbild eines Theaters vor Augen? Gibt es einen großen Regisseur, den du dir fürs Volkstheater wünschen würdest? Gibt es einen großen Schauspieler oder eine große Schauspielerin, den beziehungsweise die du gerne einmal ans Volkstheater holen möchtest? Drei Wünsche an eine Fee?

Ohne lange nachzudenken, kann ich dir die ersten zwei Fragen beantworten: Das »Théâtre du Soleil« ist eine der schönsten Theaterformen, die ich kenne, und Ariane Mnouchkine macht eben in diesem »Théâtre du Soleil« die für mich großartigste Regiearbeit. Sie macht in diesem Theater all das, was ich mir auch mit »Theater im Kopf« vorgestellt habe – es ist ein magischer Ort für Schauspieler und Publikum. Mit Tanz, Zauberei und sehr viel theatralischer Intelligenz wird der Zuschauer in eine andere Welt gebeamt.

Und dein dritter Wunsch? Welchen Schauspieler würdest du gerne engagieren?

Den oder die bilde ich am liebsten selbst heran.

Um jetzt vom Theater im Allgemeinen auf die Theaterstadt Wien zu sprechen zu kommen. Es wird immer wieder behauptet, das Wiener Publikum wäre großartig. Wie siehst du das?

Das ist sehr höflich ausgedrückt. Das Wiener Publikum ist ein schwieriges Publikum.

Warum?

Ein Beispiel: Gemeinsam mit Marcello de Nardo habe ich »Weiningers Nacht« in Berlin und in Wien herausgebracht. Dasselbe Stück, dieselben Schauspieler und eine sehr ähnliche Inszenierung. In Berlin war es ein Erfolg. In Wien war es absolut keiner.

Wie erklärst du dir das?

Wien ist – um es milde auszudrücken – eine fremdendistanzierte Stadt. Das spürt man immer wieder. Eine erschreckend hohe Anzahl der Wiener ist voller Ressentiments gegenüber Andersdenkenden. Wien ist aber auch eine Stadt, die sich mit Kritik und mit ihrer eigenen Vergangenheit schwertut.

Warum bleibt man dann als Künstler ein Leben lang in dieser Stadt? Ist das eine gewisse Abhängigkeit, ist es Liebe?

Wien ist darüber hinaus eine höchst lebenswerte Stadt und es ist ja auch nicht jeder Wiener fremdenfeindlich. Aber der Anteil derer, die es sind, ist ungleich größer als anderswo. Wien ist aber auch eine Stadt, die sich in den vergangenen 30 Jahren sehr verändert hat und wesentlich offener und liberaler geworden ist. Ein Restaurant wie das »Neni«, in dem wir jetzt sitzen, wäre vor Jahrzehnten in Wien undenkbar gewesen. Wien hat wahrscheinlich die größte Anzahl an Sushi-Lokalen. Allein schon deshalb möchte ich in keiner anderen Stadt leben.

Vancouver hat vielleicht mehr, aber du bist ja kein Mah-Jongg-Spieler, oder?

Nein, und vor allem: Was täte ich in Vancouver mit dem Volkstheater? Abgesehen davon: Die Stadt, in der man lebt, betrachtet man halt besonders kritisch. Das Wiener Theaterpublikum ist süchtig nach Sensationen und Außergewöhnlichem. Der Durchschnittszuschauer ist nicht am Theater, sondern am Event interessiert. Oder er ist ein Schauspieler-Narrischer, der Schauspieler-Schauen geht. Das gibt es in Düsseldorf oder in Berlin nicht.

Es ist eine alte Theatertradition in Wien: »Gemma Wessely schaun« … Gibt es für dich über das Theater hinaus eine künstlerische Vision, die du in deinem Leben noch verwirklichen möchtest?

Was mich immer schon interessiert hat, ist das Reisen in fremde Länder. Und: Mich faszinieren Menschen, die ihre ganze Kraft in den Dienst anderer, benachteiligter Menschen oder einfach am falschen Ort Geborener stellen. Ich bewundere zum Beispiel den Italiener Dr. Benno Röggla, den Gründer von »Helfen ohne Grenzen«, und finde das, was er in Burma leistet, großartig. Er hilft vor Ort tausenden Kindern und steckt seine ganze Kraft in diese Arbeit. Wunderbar! Leider habe ich diese Kraft nicht, aber hätte ich sie, würde ich mich darin verlieren. In einer Arbeit, die wirklich Sinn macht. Und ich würde damit Menschen wirklich glücklich machen.

Noch glücklicher als im Theater?

Wirklich glücklich.

Du wirst – du weißt es vielleicht noch gar nicht – in einem Jahr 60.

Das glaube ich dir nicht.

Doch, doch. Lässt man in diesem hohen Alter bereits sein Leben Revue passieren?

Fragst du dich manchmal, ob du dies oder jenes anders hättest machen sollen?

Dazu habe ich noch keine Zeit. Null Zeit. Ich merke es nur an meinen jungen Schauspielern. Fast unmerklich bin ich, quasi von einem Moment zum anderen, in die Vorgänger-Generation gerutscht. Bin hineingeschlüpft in die Rolle des Alten.

Wie gewinnt man das Vertrauen der nächsten oder übernächsten Generation?

Ich glaube, das ist in diesem Beruf wesentlich einfacher als in jedem anderen Beruf. Am schönsten ist es bei den Zirkusleuten: Ein junger Jongleur wird vom alten lernen, er verehrt diesen Menschen und weiß, dass dieser Jahrzehnte vor ihm genau dasselbe erlebt und durchgemacht hat. Er spricht ihn per Sie an, trägt ihm die Keulen. Nicht, dass mir jemand die Keulen tragen müsste, aber mir gefällt dieser Gedanke, den es auch in der fernöstlichen Kultur gibt. Dass man denjenigen, der den Weg bereits gegangen ist, hochachtet. Das gibt es am Theater auch. Die jungen Schauspieler wollen von den alten lernen. Die Alten sind es, die ihnen den Job geben, die für ihre Ausbildung verantwortlich sind.

Das ist fast ein Vater-Sohn- oder Vater-Tochter-Verhältnis.

Genau. Und wenn man dieses Verhältnis lebt, dann liebt man seine Theaterfamilie umso mehr.

Erkennst du an jungen Schauspielern schnell, wie talentiert sie sind oder wie groß ihr schauspielerisches Potential ist?

Meistens. Bei der Kathi Straßer war es mir in dem Moment klar, als ich sie zum ersten Mal gesehen habe. Sie ist ein besonderes Talent. Aber natürlich hat sie Rollen und Herausforderungen gebraucht, um zu wachsen. Und dafür bin ich da. Ich muss die Verantwortung für Talente übernehmen. Das ist meine Aufgabe.

Hat dich – als du jung warst – die traditionelle Schauspielerei überhaupt je gereizt?

Mich haben Rollen gereizt. Ich habe mich nach einem Samtvorhang gesehnt.

Jetzt bist du als Theaterdirektor auch manchmal in der Situation, jemanden kündigen zu müssen, einem Schauspieler zumindest sagen zu müssen, dass er sich für die eine oder andere Rolle nicht qualifiziert …

Es hat lange Zeit gebraucht, das zu lernen.

Wie entspannst du dich?

Ich kann inzwischen mit unbewältigten Problemen schlafen gehen. Aber auch das musste ich lernen.

Das heißt, du schläfst gut?

Ich könnte in jeder Sekunde einschlafen.

Na, ich hoffe nicht. Träumst du dabei von schönen Dingen?

Na ja …

Wovon hast du zuletzt geträumt?

Immer nur vom Theater.

Du bist aber nicht nur Schauspieler, Regisseur und Theaterdirektor, du bist auch Zauberer – etwas, das ja bis jetzt in deinem Leben zu kurz gekommen ist. Ein begnadeter Zauberer, möchte ich fast sagen.

Begeisterter wäre treffender.

Da will ich dir nicht widersprechen. Aber wenn man schon eine solche Fähigkeit hat, will man da nicht öfter in diese Welt der Magie eintauchen?

Ich bin ja mitten drinnen. Im Ernst: Klassische Zauberei ist vor allem Handfertigkeit. Das fasziniert mich.

Gibt es denn nichts, was wir von dieser magischen Welt lernen könnten?

Zauberei hat viel mit der Verführbarkeit des Publikums zu tun. Als Zauberer weiß man genau, wie man es lenken beziehungsweise ablenken muss, wie und wann man es täuscht.

Bleibt für einen sinnlichen Menschen wie dich bei so viel Theaterengagement noch die Zeit, andere Seiten des Lebens zu genießen?

Ja, gutes Essen und Trinken kann ich sehr genießen.

Du bist Vegetarier? Warum?

Dahinter steckt keine Philosophie. Ich fühle mich einfach wohler, wenn ich kein Fleisch esse.

Was isst du denn besonders gerne?

Sushi – alles Japanische.

Was ist auf deiner Werteskala zum Glücklichsein noch weit oben?

Nach Schwechat zum Flughafen zu fahren.

Warst du schon in Japan?

Ja. Ich bin jeder Art von asiatischer Küche verfallen.

Wir sitzen hier in einem multikulturellen Lokal am Naschmarkt.

Ja, wunderbar. Fast über Nacht wachsen hier neue Lokale aus dem Boden. Das finde ich genial. Ich wünschte, die ganze Stadt wäre ein Naschmarkt. Diese herrlichen Gerüche, diese Buntheit, diese ethnische Vielfalt. Ich mag ja im Unterschied zu dir die österreichische Küche nicht so gerne. Sie hat mir nie wirklich geschmeckt.

Was hast du denn als Kind gegessen? Hat deine Mutter japanisch gekocht?

Leider nein.

Hast du nie Gusto auf ein Gulasch?

Ich muss dich enttäuschen. Das einzige, wonach ich mich seltsamerweise manchmal sehne, ist ein Burenhäutl. Wenn ich an einem Würstelstand vorbeigehe, bleibe ich manchmal stehen und schnuppere.

Burenhaut?

Das ist mir jetzt ein bisschen peinlich.

Aber du springst nicht über deinen vegetarischen Schatten und beißt in eine hinein ... dass es nur so spritzt?

Nein. Um es zu präzisieren: Ich bin ein Fisch-Vegetarier. Ich esse jede Art von Fisch, bloß kein Fleisch.

Warst du früher Junkfood-Esser?

Ja. Ich habe alles gegessen.

Trinkst du gerne Wein?

Bei Wein kann ich wunderbar entspannen. Glaubst du, Fisch-Vegetarier trinken ausschließlich grünen Tee?

Ich habe es befürchtet.

Neni | 510 Naschmarkt | 1060 Wien
T +43 (0)1 585 20 20 | info@neni.at | www.neni.at
Öffnungszeiten: Mo–Sa 8–24 Uhr; Frühstück 8–14 Uhr, Warme Küche 12–23 Uhr

Michael Schottenberg

1952 in Wien geboren, erhielt er seine Ausbildung als Schauspieler in der Zeit von 1971 bis 1974 an der Hochschule Mozarteum in Salzburg und war danach in zahlreichen Rollen an Wiener und Berliner Theaterbühnen zu sehen. Seit 1978 arbeitet er auch als Regisseur.

Im Jahr 1984 gründete Michael Schottenberg sein eigenes Theater: das »Theater im Kopf« – ein Theaterzelt vor der Wiener Votivkirche. Damit wollte er seinen Traum von einer der schönsten Theaterformen verwirklichen. Sein großes Vorbild war das »Théâtre du Soleil« von Ariane Mnouchkine. »Sie macht in diesem Theater all das, was ich mir auch mit ›Theater im Kopf‹ vorgestellt habe – es ist ein magischer Ort für Schauspieler und Publikum. Mit Tanz, Zauberei und sehr viel theatralischer Intelligenz wird der Zuschauer in eine andere Welt gebeamt.« Und von einem ist Michael Schottenberg bis heute überzeugt: »Es sind die Geschichten, die von uns Menschen bleiben, weil sie Emotionen beinhalten. Und für diese Emotionen sind wir Theatermenschen zuständig.« Zu seinen außergewöhnlichen »Theater im Zelt«-Aufführungen von Shakespeares »Der Widerspenstigen Zähmung« (1987) und Ibsens »Peer Gynt« (1988) kamen jeweils mehr als 20.000 Menschen.

Zwischen seinem Leben für das Theater war er auch immer wieder als Filmschauspieler und Filmregisseur tätig, bis er im Herbst 2005 die Direktion des Wiener Volkstheaters übernahm. Im Jahr 2010 wurde sein Vertrag um weitere fünf Jahre verlängert und das »Abenteuer Volkstheater« ging in die zweite Etappe.

»Ich glaube an die Magie des Lachens«

Heinz Marecek

war 27 Jahre lang im Ensemble des Theaters in der Josefstadt und kehrte nach einer jahrelangen Theaterpause in seiner Traumrolle als Willy Loman in »Tod eines Handlungsreisenden« auf die Bühne zurück. Heute nimmt sich der 66-jährige großartige Geschichtenerzähler – auf seinen Wegen zwischen den Drehorten Kitzbühel und Ramsau, zwischen Golfplatz und Bridgepartie – aber auch gerne Zeit für die schönen kleinen Dinge des Lebens, die er zu genießen versteht.

Schön, dass wir uns hier in Lofer beim Steinerwirt treffen. Woher kommst du gerade?

Vom Golfplatz Lärchenhof in Erpfendorf.

Na du führst ein Leben. Wir haben uns lange nicht gesehen, gibt's was Neues?

Gestern war ich im Restaurant La Piccola essen ...

Na geh ...

Nach dem Essen hab ich die Kellnerin gefragt: »Entschuldigung, kann ich einen Zahnstocher haben?« Sie darauf: »Ja gerne, es ist gerade einer frei geworden.«

Ein wunderbarer Einstieg für ein ernsthaftes Gespräch.

Wie ernsthaft?

Nicht sehr. Es geht – und da sind wir ja bei dir ganz richtig – ums Essen, Trinken und die anderen schönen Dinge des Lebens. Was sind für dich »die anderen schönen Dinge des Lebens«?

Ich kann mich an unendlich vielen Sachen erfreuen. Mir genügt schon, wenn ich aufstehe und es ist ein schöner Tag, an dem ich frei habe. Dann gehe ich spazieren – oder wenn es regnet, kann ich auch stundenlang lesen. Ich kann diese schönen kleinen Dinge des Lebens sehr genießen. Dinge, die weder etwas kosten noch schwer zu bekommen sind ...

... wenn man diese Momente erkennt und sich an ihnen erfreuen kann. Und wenn man die Muße hat.

Ich glaube, dass jeder Mensch viel mehr Muße hätte, als er glaubt. Das Problem ist nur, dass die meisten sich nicht die Zeit für die kleinen Dinge des Lebens nehmen.
Nimm doch nur ein Beispiel: Die Zeit, ein Gedicht am Tag zu lesen, hätte jeder. Diese fünf oder sieben Minuten am Tag, um ein Gedicht von Schiller, Goethe oder Eichendorff zu lesen – nachdem man all die schrecklichen Nachrichten in der Zeitung gelesen oder im Fernsehen gehört hat –, die hätte jeder Mensch.

Welches Gedicht hast du gestern gelesen?

Leider keines. Ich mache das ja leider auch nicht regelmäßig und bin darin auch nicht konsequent genug, aber es würde mir sehr viel Freude machen. Ein anderes Beispiel: Ich habe drei Monate lang jeden Tag zwei Stunden lang Spanisch gelernt ... aus lauter Hetz an der Freud'.
Ich glaube, jeder könnte sich mit einfachen Mitteln und ohne großen Zeitaufwand viele kleine, schöne Mosaike bauen.

Hattest du den Hang zu den kleinen schönen Dingen immer oder erst, seit du die 60 überschritten hast?

Immer schon. Ich genoss das als junger Mensch sogar noch müheloser. Ich konnte mich mit 14 Jahren nach dem Mittagessen in eine Hängematte legen ...

... während deiner Sommerferien im Mühlviertel?

Im Mühlviertel gab's keine Hängematten. Aber am Wörthersee zum Beispiel. Ich konnte also in der Hängematte liegen und einfach so vor mich hin in die Luft schauen. Das kann ich heute noch gut.

... und lässt die Gedanken kommen?

Ja, das hab ich gerne. Das ist wie Zusammenräumen im Kopf. Ich genieße das sehr. Da ist zum Beispiel der Golfplatz von Kaps. Ich habe dort sicherlich über 100 Mal gespielt – trotzdem ist die Landschaft für mich immer noch völlig unabgenutzt. Es gibt dort so fünf bis sechs Punkte, an welchen ich jedes Mal wieder aufs Neue stehen bleibe und mich einfach an dem erfreuen kann, was ich sehe.

»Ich genieße es sehr, in die Luft zu schauen und im Kopf aufzuräumen.«

Kannst du das in einer Stadt genauso?

Das kann überall sein.

Was sind – ganz spontan – deine liebsten Plätze?

Venedig steht immer an allererster Stelle. In Santa Lucia auszusteigen, erzeugt bei mir Gänsehaut. Venedig hat etwas, was kein anderer Platz der Welt hat.

Dann natürlich Wien. Wien ist eine unglaubliche Stadt, und je weniger Zeit ich dort verbringe, desto wichtiger ist es mir, nach dem Frühstück – ganz ohne jeden Plan – das Haus zu verlassen und einfach drauflos zu gehen. Wie ein Tourist gehe ich vom Brahmsplatz über den Naschmarkt, an der Secession vorbei zur Oper ...

... und lässt dich durch die Stadt treiben? Ohne Ziel?

Ja. Jeden Tag entdecke ich wieder Neues. Nicht immer nur Schönes, aber zu entdecken gibt es immer vieles ...

... und das kann Stunden dauern?

Manchmal sogar den ganzen Tag. Ich flaniere durch die Gassen, trinke dort und da einen Kaffee, kaufe mir ein Buch, setze mich irgendwohin und lese eine Stunde darin, gehe immer gerne in das eine oder andere Museum hinein ... all das kann ich unglaublich genießen.

Lieblingsplatz Nummer drei ist?

Ibiza, wo die Familie meiner Frau ein Haus hat und wo ich leider viel zu wenig Zeit verbringe. Über der Insel weht für mich ein ganz spezieller zärtlicher Atem. Es haben sich dort – abgesehen von den Einheimischen – die richtigen Menschen niedergelassen. Das ist geradezu ein Geheimbund von Menschen, die von überall in der Welt kommen, gut miteinander können und dort leben wollen.

Danach kommt natürlich sofort London. Ich liebe diese Stadt und diese so besondere britische Art der Annäherung ans Leben. Dort könnte ich einen ganzen Tag an einer Ecke stehen und nur die Menschen beobachten. Das allein ist mir ein tagesfüllendes Programm.

Welcher Ort gehört noch zu deinen Top Fünf?

Derzeit ist das sicherlich auch Kitzbühel. Ich habe mich inzwischen sehr an diese Stadt gewöhnt und ich genieße diese gelungene Verbindung von Arbeit und Freizeit. Aber das wird sich sicherlich nach

Beendung der Serie »SOKO Kitzbühel« ändern. Trotzdem wird mir Kitzbühel sicherlich fehlen.

Und deren wunderschöne Golfplätze?

Ja, auch.

Jetzt kommst du vom Golfplatz und fährst von hier nach Kitzbühel zurück, um Bridge zu spielen. Ein schönes Leben. Was hätten wohl dein »Papsch« und deine »Mamsch« zu diesem Leben gesagt?

Sich gefreut, hoffe ich. Diese Veränderung in meinem Leben passierte ja nicht von heute auf morgen. Ich habe ja keinen Lotto-Sechser gewonnen, sondern mein Leben hat sich über Jahrzehnte hindurch verändert. Der Weg vom Gemeindebau oder der Zimmer-Kuchl-Kabinett-Wohnung bis zu meinem heutigen Leben ging schrittweise vor sich. Allerdings habe ich sehr früh begonnen, mir ein schönes Zuhause oder eine schöne Wohnung zu schaffen. Das war mir von Anfang an wichtig. Ich habe immer sehr viel Geld – auch wenn ich wenig verdient habe – für Wohnen ausgegeben.

Ich erinnere mich an die Salzburger Festspiele 1972. Da hast du während des Festspielsommers im Fondachhof, damals eines der exklusivsten Hotels in Salzburg, gewohnt. Wie viel hast du damals verdient?

44.000 Schilling ...

... und wie viel hast du in dieser Zeit im Fondachhof für das Zimmer gezahlt?

98.000 Schilling.

Wie man sieht, hattest du immer ein Herz für schönes Wohnen, und ich erinnere mich, deine Wohnungen waren immer nicht nur schön, sondern auch sehr stilvoll eingerichtet.

Mir war vor allem immer eines sehr wichtig: Raum zu haben. Ob man das darauf zurückführen kann, dass ich als Kind auf beengtem Raum leben musste, weiß ich nicht. Aber es steht fest, dass es für mich immer wichtig war, mich zurückziehen zu können. In meiner Kindheit bestand das Rückzugsgebiet aus dem Raum zwischen Herd und Küchentisch ... ich nehme an, das hat mich geprägt.

Kannst du dich erinnern, was du dir für deine erste Gage gekauft hast? Hast du dir damit einen Wunsch erfüllt?

Um das Geld konnte ich mir nicht viele Wünsche erfüllen. Meine erste Gage erhielt ich im Jahr 1966 am Ateliertheater am Naschmarkt, das Veit Relin damals geleitet hat – es war das Stück »Narr und Nonne« ...

Welche Rolle hast du gespielt, jene der Nonne?

Nein, den Psychiater Dr. Burdiegel. Dafür bekam ich an einem Abend 40 Schilling und kein Probengeld.

Wie lange wurde probiert?

Zirka vier Wochen.

Musstest du damals zusätzliche Arbeiten annehmen, um Geld zu verdienen?

Nein, ich wurde von meinen Eltern unterstützt, habe noch zuhause gewohnt und gegessen. Es hat lange gedauert, bis ich genug verdient habe, um davon leben zu können. Nach dem Ateliertheater habe ich im Theater der Courage gespielt. Auch dort habe ich 40

Schilling pro Abend verdient, allerdings für jede Vorstellung zusätzlich einen Fahrschein bekommen. Alle zehn Tage 400 Schilling und zehn Vorverkaufsfahrscheine.

Wofür hast du deine ersten Abendgagen ausgegeben?

Fürs Essen und Trinken.

Und wurdest du davon satt?

Mit der Zeit immer satter. Es folgten Engagements an der Volksoper und dann am Theater der Jugend. Die Gagen waren immer noch bescheiden, aber schön langsam verdiente ich zumindest so viel, dass ich mir eine eigene Wohnung leisten konnte. Bald darauf habe ich, das war 1968, Julia Migenes, meine erste Frau, kennengelernt.

Sag, Heinzilein, ist es Zufall, dass zwei von mir sehr geschätzte Menschen, wie Franz Vranitzky und du, die beide »Sozialismus ist Charaktersache« und »Ein Leben lang Chancengleichheit für alle Menschen« sagen, begeisterte Golfspieler sind? Beide könnte ich mir – aufgrund ihrer ideologischen Einstellung – überall vorstellen, nur nicht am Golfplatz.

Vor 50 Jahren hätte ich diesen Satz absolut unwidersprochen gelassen, aber die Zeit, wo Golf ein elitärer Sport war, ist doch längst vorbei. Der Schiurlaub einer Familie mit zwei Kindern ist heutzutage sicherlich teurer, als Golf zu spielen. Damals hat eine Mitgliedschaft im Golfclub Freudenau 250.000 Schilling gekostet. Es gab Zeiten, in denen auch Tennis so elitär war, dass man diese Sportart im Wiener Arbeiter Turn- und Sportverein, dem WAT, gar nicht aufnehmen wollte, so abgehoben war damals diese Sportart.

Dein Buch »Das ist ein Theater!« hast du deiner Mutter mit dem Satz »Für meine Mutter, die immer dafür sorgte, dass genug zum Lachen im Hause war« gewidmet ...

Ja, das stimmt. Und ich habe auch geschrieben: »... wir haben so gelacht, dass uns die Salatblätter bei der Nase herausgekommen sind.« Was auch stimmt. Meine Eltern haben ein Leben lang das Simpl geliebt und kein Programm versäumt. Zuhause haben sie sich dann gegenseitig tagelang die Pointen erzählt. Immer wieder. Und sie haben sich erstaunlich viel von jedem Programm gemerkt und die Gags wortwörtlich zitiert. Das hat sich natürlich eingeprägt. Selbst 40 Jahre später, als ich selbst mit diesen Programmen gearbeitet habe, wusste ich aus alten Sketchen, die ich selbst nie selber gesehen hatte, immer noch die Pointen auswendig.

Das heißt, du hast damals schon Pointen geliebt?

Wenn es eine gute war.

Worin liegt die Kunst, eine Pointe zu setzen?

Es ist eine Frage des Timings, aber in allerletzter Konsequenz ist es nicht erlernbar. Entweder man kann's oder nicht. Komödie ist Timing.

Hattest du dieses richtige Timing immer schon?

Ja, ich war dafür begabt. Aber

ich habe auch in der Zusammenarbeit mit Ernst Waldbrunn sehr viel gelernt und mit ihm fast jeden Abend Pointen neu ausprobiert.

Entstehen Pointen auf der Bühne nie aus einer Spontaneität heraus, sind sie immer präzise gesetzt und vielfach geprobt?

Es muss erprobt sein, aber es gibt doch auch eine andere Schule ...

... jene, wo Sketches jeden Abend neu erfunden werden?

Ja, der mir bekannteste ist Robin Willams, der kann das wirklich aus dem Stegreif. Dazu gehört auch die Tradition der alten jüdischen Stand-up-Comedians, zu denen zum Beispiel Don Rickles gehört hat. Die Amerikaner haben überhaupt eine hochentwickelte Boulevard-Technik. Doch auch bei den Marx Brothers war jeder Handgriff hundertmal erprobt ...

Das heißt, Komödianten sind letzten Endes Handwerker ...

Das kann man gar nicht fett genug schreiben.

Da du gerade Ernst Waldbrunn erwähnt hast, bitte erzähl mir diese herrliche Anekdote, als du eines Nachmittags Rumobst gegessen hast ...

Es war Anfang der siebziger Jahre und ich habe den Nachmittag bei meinem Freund Roman Schliesser verbracht. Von dessen Haus standen damals gerade die Grundmauern und wir saßen dort herum und plauderten.

Irgendwo stand ein Gurkenglas mit Rumobst. Sonst gab es nichts zu essen und ich begann mir eine Frucht nach der anderen aus dem Glas zu fischen. Langsam türmte sich ein Berg Obstkerne vor mir auf. Als es schließlich Zeit war, in die Kammerspiele zur Vorstellung von »Drei Männer im Schnee« aufzubrechen, stand ich auf, öffnete den Bretterverschlag, trat an die frische Luft und fiel augenblicklich um.

Jetzt brach Panik in mir aus, denn so viel wusste ich noch: Ich war von den mit Rum angesaugten Früchten stockbetrunken und sollte in zwei Stunden auf der Bühne stehen. Man setzte mich in ein Taxi, ich hielt den Kopf aus dem Fenster und wurde in die Rotenturmstraße geführt. Dort angekommen, wollte ich mich in meiner Garderobe auf dem Sessel ausruhen und setzte mich prompt daneben. Jetzt bemerkten meine Partner, Hannerl Thimig und Lotte Lang, natürlich sofort, was los war und riefen den Theaterarzt, der mir sofort irgendetwas mit der Pipette eingeflößt hat ...

... wo war Ernst Waldbrunn zu diesem Zeitpunkt?

In dem Lokal vis-à-vis schnapste er mit dem Techniker. Aber als er mich dann sah, wusste er sofort, dass ich stockbetrunken war – so fremd war ihm dieser Zustand ja auch wieder nicht. Auf der Bühne drückte er mich in einen Sessel und achtete die ganze Zeit darauf, dass ich sitzen blieb. Auch den Text hat er so verändert, dass ich nie aufstehen musste. Als ich dann zu früh abgehen wollte, hielt er mich einfach zurück und führte mich am Ende der Vorstellung hinaus ...

Und konntest du deinen Text noch?

Ja, jedes Wort. Ich bin nie gehangen, habe mich nicht versprochen, aber die Vorstellung dauerte eine Viertelstunde länger, weil ich so langsam gesprochen habe. Nachher sagte der Waldbrunn zu mir: »Dir gehören ein paar Watschen, du Rotzbub.« Zur Strafe musste ich mit ihm nach der Vorstellung in die Eden Bar gehen und mit ihm dort eine Flasche Cognac trinken! Ich habe nie wieder betrunken gespielt, und Cognac kann ich bis heute nicht riechen.

Wann hast du dich eigentlich zum ersten Mal für Regie interessiert?

Bereits am Reinhardt Seminar. Ich habe mich später geärgert, dass ich nicht Schauspiel und Regie belegt habe.

Warum wolltest du Regie führen?

Die schlechten Regisseure haben mich ermutigt. Ich habe sehr rasch gemerkt, dass die meisten Regisseure den Schauspielern die falschen Hilfestellungen geben.

Was war deine erste Regiearbeit?

»Die Gratulanten (The Boys in the Band)«, ich war 28 Jahre alt und die Meisterleistung dabei war nicht die Inszenierung, sondern Franz Stoß dieses Stück schmackhaft gemacht zu haben. Ihm kann man ja viel Positives nachsagen, aber dazu gehört sicherlich nicht sein Faible für Schwule.

War das Stück ein Erfolg?

Ja, es wurde monatelang gespielt und jede Vorstellung war ausverkauft.

Viele Jahre später ist es dir gelungen, aus dem Blödler Maxi Böhm einen brillanten Komiker zu machen.

Na ja, das ist übertrieben. Ich habe ihm vielleicht dabei geholfen. Aber er hatte eine große Sehnsucht nach dieser Form des Theaters und zuerst mit »Pension Schöller« und dann mit dem von mir inszenierten Ayckbourn-Stück »Schlafzimmergäste«, in dem er gemeinsam mit Vilma Degischer die Hauptrolle spielte, ist ihm der Durchbruch als ernstzunehmender Schauspieler gelungen.

War er im Grund seines Herzens ein tieftrauriger Mensch?

Der ganze Maxi war wie eine undurchdringliche Wand. Er konnte seine Probleme nicht mit anderen teilen. Nie hätte er mir gesagt: »Heute geht es mir schlecht.« – obwohl ich sehr eng mit ihm befreundet war. Ich erinnere mich an ein gespenstisches Erlebnis: Zwei oder drei Tage, nachdem seine Tochter Christine zu Tode gestürzt war, habe ich ihn bei unserem gemeinsamen Optiker »Giovanni« Maurer in der Josefstädter Straße getroffen. Ich sah ihn und wollte ihn einfach nur in den Arm nehmen und ihm mein Mitgefühl ausdrücken, als er – noch ehe ich ihn umarmen konnte – begann, mir einen Witz zu erzählen: »Kennst du den? Treffen sich zwei Blondinen …«

Hat er überhaupt je sein Inneres nach außen gekehrt? Hat er je wirklich herzlich gelacht?

Es hat ihn so eine Art Glasur umgeben, eine Schicht, durch die man nie dringen konnte. Er war ein tief einsamer Mensch.

Hast du nicht auch Alfred Böhm sehr verehrt?

Ich hatte ihn sehr gerne – verehrt habe ich ihn nicht. Er konnte einfach alles aus dem Stand und hatte einen unglaublichen Sinn für Pointen und Komik. Er konnte nichts, was man lernen musste, aber er konnte all das, was man nicht lernen kann.

Kurt Sowinetz hingegen hast du verehrt …

Ja, und ich habe ihn geliebt. Er war ein eigener Planet, ein völlig in sich geschlossener Kreislauf. Eine große Persönlichkeit, die keine Konventionen übernommen hat. Er hat die Figuren, die er gespielt hat, auch immer selbst gestaltet und neu erfunden, hat sich für jede Figur kleine Merkwürdigkeiten ausgedacht. Er war ja auch Erfinder von Dingen wie kleinen Geigen und Dampfmaschinen. Er war großartig.

Wenn man von all deinen Freunden und Lehrern spricht, darf man natürlich Otto Schenk nicht vergessen. Was verdankst du ihm?

Der Otti war für mich ein absolutes Elementarerlebnis. Als Lehrer am Seminar war er wie ein energiegeladener Sputnik. Wenn er in die Klasse kam, hat er uns stundenlang erzählt, wie Theater sein muss. Immer hat er vorgespielt, wie eine Rolle falsch und wie sie richtig gespielt werden muss. Das war immer eine explodierende Symphonie von Intelligenz, Begabung und Komödiantentum. Die Stunden bei ihm waren ein absolutes Urerlebnis, und bereits nach den ersten zwei, drei Stunden war ich ihm verfallen, weil er so viele Antennen in mir angerührt hat.

»Nach dem ersten Applaus – als Sechsjähriger – wusste ich, dass ich Schauspieler werden will.«

Du hattest ihm gegenüber jedoch einen großen Vorteil, du hast bereits als Sechsjähriger Napoleon gespielt …

Das wäre übertrieben. Ich hatte einen napoleonischen Zweispitz am Kopf, eine Schärpe um und einen Tambourstab, mit dem ich auf den Boden klopfen durfte. Es war eine Schulaufführung in der Kenyongasse, und ich war der Spielansager. Das war die Initialzündung. Ab diesem Abend – nach dem ersten Applaus – wusste ich, dass ich Schauspieler werden wollte. Wenige Jahre später – ich war ungefähr acht Jahre alt – habe ich begonnen, mir Geschäfte in den Bezirken außerhalb des Gürtels auszusuchen – dort, wo man mich nicht kannte. Ich bin hineingegangen und habe einen Ausländer gespielt. Ich wollte wissen, wie die Menschen auf mich reagieren ...

Welche Ausländer hast du gespielt?

Meistens Franzosen oder das, was ich mir damals als Franzosen vorgestellt habe.

Aber du konntest nicht Französisch?

Nein, ich habe nur Franzosen gespielt ...

Hat es für die Außenbezirke gereicht?

Ja, in der Innenstadt wäre ich aufgeschmissen gewesen. Das hat mir ungeheuren Spaß gemacht. Später habe ich auch irgendwelche Phantasiesprachen erfunden, weil ich befürchtete, irgendwann wirklich auf einen Franzosen zu stoßen.

Du hast einmal gesagt: »Ich glaube an die Magie des Lachens, das ist wie ein fliegender Teppich.« Wird der Magie des Lachens heute im Theater noch immer dieser Stellenwert gegeben?

Natürlich ist Lachen nicht ein unbedingter Bestandteil eines Theaterabends, aber es sollte zumindest ein fixer Bestandteil jeder Probe sein. Und ich bin mir nicht sicher, ob bei Peymann und Castorf gelacht wird. Und ich spreche nicht von Komödien! Dabei muss nicht gelacht werden, sondern es muss vor allem die Feinmechanik abgestimmt werden. Wenn man jedoch »Romeo und Julia« probt, muss man bei Proben als Gegengewicht lachen können. Man versetzt sich viel leichter in den großen Schmerz, wenn das Lachen vorher die Seele, die Rezeptoren, öffnet.

Gibt es etwas, das du rückblickend – aus heutiger Sicht – anders machen würdest?

Ich habe mir seit meinem ersten Besuch in London im Jahr 1971 gewünscht, dort zu leben. Ich erinnere mich, dass ich damals am Weg zurück nach Wien weinend im Zug saß. Ich war hingerissen von der Stadt und von den Theatern. Wenn es möglich war, bin ich sogar zweimal am Tag in eine Vorstellung gegangen. Es war für mich überwältigend, Schauspielgrößen wie Alec Guinness, Anthony Hopkins oder Laurence Olivier auf der Bühne zu sehen. Diese drei Wochen in London sind mir bis heute unvergesslich. Ich habe allerdings immer geglaubt zu wissen, dass es mir nicht möglich gewesen wäre, in dieser Stadt zu reüssieren. Oder glaubst du, man hätte mich je Shakespeare spielen lassen?

Na ja? Vielleicht hättest du konsequenter daran glauben müssen ...

Ich hatte nie diese Entschlusskraft zu sagen: »Ich bleibe in London, weiß zwar nicht, wovon ich leben soll, aber ich versuche mein Glück.«

Immerhin konntest du zu dieser Zeit ja bereits in Wien die Bequemlichkeit deines Erfolges genießen?

»Man versetzt sich viel leichter in den großen Schmerz, wenn das Lachen vorher die Seele öffnet.«

So bequem war es damals noch nicht, aber ich wusste zumindest, dass ich in meiner Geburtsstadt Wien gut überleben werde. Mich in dieses Abenteuer »London« zu stürzen, dazu war ich auch mit 26 Jahren nicht bereit ...

Aber denkt man rückblickend nicht manchmal, man hätte sich an einer Weggabelung des Lebens nicht für die rechte, sondern die linke Abzweigung entscheiden sollen?

Doch, natürlich. Aber dieser Wunsch war zu weit hergeholt. Dafür hatte ich weder die Phantasie, noch den Mut, noch die Entschlusskraft ... Aber bereut habe ich es nie, dazu war mir diese Idee zu wenig real. Zwei Dinge, die ich nie gemacht habe – vielleicht sogar aus einer leichten Arroganz heraus –, aber gerne getan hätte, war ein Theater zu leiten und zu unterrichten. Ich dachte immer, man wird mich schon fragen. Ich wollte mich nie bewerben, ich wollte gefragt werden.

Aber das kann ja noch kommen?

Es ist schon relativ spät ...

Würdest du Ja sagen, wenn man dich heute fragt?

Kommt darauf an, wer fragt. Auch als ich zuletzt dazu aufgefordert wurde, nach Harald Serafin die Seefestspiele Mörbisch zu leiten, und die Bewerbung dafür hätte scheiben sollen, habe ich es nicht getan.

Aus Eitelkeit?

Ich weiß nicht, ich bin eigentlich kein eitler Mensch, aber ich dachte immer, wenn mich jemand engagieren will, dann wird er schon kommen. Ich wollte keine Bewerbung dafür schreiben ...

Hattest du nach 27 Jahren Mitglied im Ensemble des Theaters in der Josefstadt ein klein wenig das Gefühl, dass man dich zumindest hätte fragen sollen, ob du Direktor werden möchtest?

Nein.

Aber bleibt »die Josefstadt« nicht immer dein Theater?

Nein. Wären die Menschen von damals noch in diesem Theater, dann ja.

Hast du denn nicht ein wenig das Gefühl von Heimat, wenn du in das Theater in der Josefstadt oder in die Kammerspiele hineingehst?

Nein, überhaupt nicht. Ich gehe an »der Josefstadt« vorbei wie an meiner Volksschule. Ich habe nach dem Tod von Ernst Haeusserman im Jahr 1984 gedacht: »Eigentlich könnte man mich jetzt fragen, ob ich Direktor werden möchte.« Dem war aber nicht so ... und was nicht ist, ist nicht.

Hattest du denn auch nie eine Rolle, die du unbedingt spielen wolltest?

Doch eine, jene des Willy Loman in dem Stück »Tod eines Handlungsreisenden«. Und dieser Wunsch wurde mir ja oder diesen Wunsch habe ich mir ja erfüllt.

Und du hast heute mit 66 Jahren nicht noch den Wunsch, diese oder jene Rolle zu spielen, diese oder jene Inszenierung zu machen?

Doch, ich würde gerne »Sweeney

Todd« inszenieren, konnte jedoch noch keinen Theaterdirektor davon überzeugen ...

Jetzt drehst du vor allem fürs Fernsehen. Ist die Theatersehnsucht noch immer da?

Ja, die ist ungebrochen vorhanden, es ist nur eine Frage der richtigen Konstellation.

Aber du hast noch keine Angst vor dem Lernen des Textes?

Nein, noch nicht.

Wo lernst du Text am besten?

Das kann überall sein. In einem Park, im Kaffeehaus, im Zug, zuhause am Diwan ...

Es bleibt in deinem bisherigen Leben also wenig übrig, was du nicht gemacht hast, aber immer gerne gemacht hättest?

Doch es gibt schon einige Sachen, die ich gerne gemacht hätte: ein Instrument zu lernen, zum Beispiel. Aber es gibt nichts, wofür ich wirklich brennen würde. Ich denke, all das, was ich machen möchte, kommt auch auf mich zu. Mein Prinzip war immer, das, was kommt, so gut wie möglich zu machen.

Bist du glücklich?

Als Grundfarbe meines Lebensbildes – ja. Natürlich ist dieses Glück nicht immer ungebrochen ... Aber ich würde sagen, mein Leben ist erstaunlich gelungen – und fast das größte Phänomen in diesem Leben sind meine beiden Kinder, die beide mit einer großen, sehr sensiblen sozialen Kompetenz ausgestattet sind und für die Schauspielerei brennen. Bereits während der Ausbildung sind beide viel konsequenter als ich es je war. Mein Sohn hat in den letzten zwei Jahren in der Schauspielschule Krauss keine zehn Minuten des Unterrichts versäumt.

... was man von dir nicht behaupten konnte?

Was heißt zehn Minuten ...

Gibt es Sehnsüchte, die du dir unbedingt noch erfüllen möchtest?

Nein. Exotische Wünsche wie »Im Heißluftballon über die Mongolei schweben«, »Die Stufenpyramiden der Azteken erklimmen« oder »Im Einbaum den Amazonas durchfahren« – das war mir immer fremd. Ich habe auch mit Orten und Plätzen, an denen ich gerne sein möchte, überwiegend europäische Sehnsüchte ... Mich lockt es, im schottischen Hochland spazieren zu gehen oder Dublin kennenzulernen ...

»Ich bin immer auf der Suche nach dem verlorenen Geschmack ...«

Apropos Irland, du warst doch einmal begeisterter Fischer ...

Ja, aber das ist vorbei. Mir tun inzwischen die Fische leid, wenn sie so am Haken hängen ...

Du bist jemand, der gerne und gut isst. Hast du immer für gutes Essen viel Geld ausgegeben?

Nein. Meine kulinarischen Genusserlebnisse waren immer – und sind es nach wie vor – sehr einfacher Natur. Ich bevorzuge heute noch

Speisen, die ich aus meiner Kindheit kenne, in lupenreiner Qualität. Eine Rindsroulade, die mich an jene meiner Großmutter erinnert, macht mich glücklich. Ich bin immer auf der Suche nach dem verlorenen Geschmack ...

... und wirst du oft fündig?

Erfreulicherweise immer wieder. Auch heute beim Steinerwirt war der Schweinsbraten sehr gut, aber für mich trotzdem zu mager. Das Problem ist, dass man einfach aus Schweinen, die wie rosa Delphine aussehen, keine anständige Mahlzeit herstellen kann. Ein unfassbar gutes Schweinefleisch habe ich in England gegessen. Es heißt «Old-fashioned Gloucester pork belly" ...

Wie bitte?

Ein Schweinebauch, so fett wie heißer Lado. Das habe ich geradezu inhaliert.

Da fällt mir diese wunderbare Geschichte ein, als du deine Eltern nach Plomberg zum Eschlböck eingeladen hast ...

Das war Anfang der siebziger Jahre, die Nouvelle Cuisine erreichte gerade die österreichische Küche und für die Nachkriegsgeneration meiner Eltern waren große Portionen das Merkmal einer guten Küche. Die Nouvelle Cuisine war davon natürlich weit entfernt. Manchmal glaubte man ja sogar der Teller sei schmutzig, dabei war es die Vorspeise.

»Aus Schweinen, die wie rosa Delphine aussehen, kann man keine anständige Mahlzeit herstellen.«

Jedenfalls saß ich mit meinen Eltern beim Eschlböck und auf der Karte stand die Speise »Entenwürfel in Orangensauce«. Das irritierte meinen Vater bereits leicht. Dann bestellte er ein kleines Bier. »Tut mir leid«, sagte der Kellner, »wir haben kein Bier.« Daraufhin sagte mein Vater: »Was? Sie haben Entenwürfel in Orangensauce, aber kein Bier?« Er stand auf und ging.

Zuhause musste meine Mutter einige Dosen »Nuri«-Sardinen aus der Speisekammer holen und wir haben heißhungrig Sardinenbrote gegessen.

Hotel & Gasthof Steinerwirt | Lofer 48 | 5090 Lofer
T +43 (0)6588 201 70 | info@steinerwirt.info | www.steinerwirt.info
Öffnungszeiten: Mi–Mo 11.30–14 Uhr, 17–24 Uhr

Heinz Marecek

1945 in Wien geboren, studierte er am Max Reinhardt Seminar und schwärmt heute noch von seinem Lieblingslehrer Otto Schenk: »Er war wie ein energiegeladener Sputnik. Wenn er in die Klasse kam, hat er uns stundenlang erzählt, wie Theater sein muss.«

Sein erstes Engagement hatte er 1966 am Wiener Ateliertheater. Ab 1968 spielte der damals 23-Jährige an der Volksoper, von 1971 bis 1998 gehörte er dem Ensemble des Theaters in der Josefstadt an. Seine erste Regiearbeit war 1973 »Die Gratulanten (The Boys in the Band)«.

Neben vielen Rollen in Fernsehproduktionen übersetzte und bearbeitete Heinz Marecek englischsprachige Theaterstücke und füllt seit Jahrzehnten auch als Kabarettist die großen Theaterbühnen des Landes. Seit 1998 arbeitet Heinz Marecek als freier Schauspieler und Regisseur hauptsächlich fürs Fernsehen und ist seit vielen Jahren mit seinem Soloabend »Das ist ein Theater« und gemeinsam mit Karlheinz Hackl mit dem Programm »Melodie des Lachens« im gesamten deutschsprachigen Raum unterwegs.

Seit seiner frühesten Jugend hat der begeisterte Golf- und Bridgespieler eine Leidenschaft für Geschichten – »Ich habe sie verschlungen, die gelesenen, die erzählten und die erlebten« – und wurde selbst zu einem großartigen Geschichtenerzähler, den am Theater immer nur der Mensch interessierte. »Mit seinen Nöten, seinen Sorgen, seinen Ängsten, seinem Glück, seinem Leid, mit seinem ständigen Versuch, die Regeln dieses seltsamen Spiels ›Leben‹ zu durchschauen ...«

Im November 2008 kehrte Heinz Marecek auf die Theaterbühne zurück: In seiner Traumrolle als Willy Loman in »Tod eines Handlungsreisenden« stand er auf der Bühne des Wiener Volkstheaters.

»Ich habe nur meine Kunst im Kopf«

Friederike Mayröcker

hat sprachlich »immer mehr gewagt als alle anderen« und galt bereits im Nachkriegswien als die größte Avantgardistin. Heute führt die 86-jährige »Weltliteratin«, vielfach ausgezeichnete experimentelle Poetin und Lebenspartnerin von Ernst Jandl ein absolut einsames und zurückgezogenes Leben. Das braucht die große Wiener Dichterin, um schreiben zu können und sich ihre Wirklichkeit immer neu zu schaffen – »denn erst das Schreiben selbst erzeugt die Wirklichkeit: unmittelbar und intensiv«.

Wir treffen uns heute Mittag in Ihrem Lieblingswirtshaus. Wie oft kommen Sie hierher?

Fast jeden Tag. Ich komme gerne hierher. Christian Wanek ist ein feiner, lieber Mensch. Und er ist nicht nur ein wunderbarer Koch, sondern auch ein wunderbarer Gastgeber. Ich fühle mich hier zuhause.

Wann waren Sie denn das erste Mal hier?

Das ist sicherlich schon 20 Jahre her. Damals war noch der Rudi hier der Chef.

Ja, der Fußballer.

Das wusste ich nicht. Ich bin ganz gegen Fußball.

Aber Sie sitzen hier unter vielen Fotos österreichischer Fußball-Legenden, wie Krankl, Polster, Prohaska.

Macht auch nichts.

Haben Sie früher selbst gekocht?

Nein, ich kann nicht kochen.

Kochen Dichter grundsätzlich nicht?

Es gibt auch welche, die kochen.

Kennen Sie welche?

Bodo Hell zum Beispiel. Unter Künstlern gibt es viele, die gerne kochen, aber ich gehöre nicht dazu.

Sie wohnen ganz nahe bei Rudi's Beisl.

Ja, in der Zentagasse. Wann immer ich kann, komme ich hierher. Der Christian weiß immer genau – schon wenn ich bei der Tür hereinkomme –, wie ich mich fühle und was ich essen will. Er wusste auch heute, dass mir sein Erdäpfelpüree guttun wird.

Ein Seher, der Christian.

Er ist sehr einfühlsam.

Sie haben einmal gesagt: »Ich lebe in Bildern, ich sehe alles in Bildern, meine ganze Vergangenheit, Erinnerungen sind Bilder.« Welche Bilder sehen Sie vom Wien von heute im Vergleich zu früher?

Dieses Zitat ist nicht auf meine Heimatstadt bezogen, sondern damit meinte ich grundsätzlich Erinnerungen.

Aber Sie fühlen sich mit Wien sehr verbunden?

Ja, ich bin in Wien geboren, hier zur Schule gegangen und habe 24 Jahre lang als Englischlehrerin Dienst an einer Wiener Schule gemacht.

»Es geht um die Schreibexistenz, die Seele auf dem Papier.«

Hat Ihnen dieser Beruf gefallen?

Nein. Ich bin keine Pädagogin, sondern hatte immer nur meine Kunst im Kopf.

Sie haben sehr früh zu veröffentlichen begonnen. Der Buchtitel Ihres ersten Buches »Larifari« gefällt mir sehr, da er mir das Gefühl gibt, dass Sie sich als Dichterin nicht allzu ernst nehmen.

Damals war es sehr schwierig, irgendetwas zu veröffentlichen.

Sie haben 1946, als 15-Jährige, zu schreiben begonnen?

Ja, aber es wurde noch nichts publiziert. »Larifari« kam etwas später und hatte den Untertitel »Ein konfuses Bild«. Dieses Buch ging genauso wie das erste von Ernst Jandl buchstäblich unter. Man fand es eigentlich nur in Stadtbibliotheken. Später hat man es dann ganz vergessen.

Meine erste wichtige Publikation erschien im Rowohlt Verlag in Hamburg, weil ich in Österreich mit meiner experimentellen Literatur keine Chance hatte. Nach dem Krieg hatten die Menschen natürlich noch andere Dinge im Kopf als Literatur. In Deutschland war das leichter.

Andererseits gab es aber auch die Wiener Avantgarde-Zeitschrift »Der Plan« von Otto Basil, wo auch Sie Ihre ersten Gedichte veröffentlicht haben. Das war für damals doch eine hochinteressante Publikation?

Stimmt. Das war eine sehr wichtige Literaturzeitschrift in Österreich.

Und viele Literaten wurden darin erstmals veröffentlicht …

Ja. Ilse Aichinger, Paul Celan, Erich Fried, und ich glaube auch, dass Ingeborg Bachmann bereits damals für den »Plan« geschrieben hat.

Orientierte sich diese Zeitschrift nicht ein wenig an der »Fackel« von Karl Kraus?

Ja, vielleicht. Aber »Der Plan« war weniger politisch, viel mehr künstlerisch, literarisch und sprachlich orientiert.

Diese Zeit muss sehr aufregend gewesen sein.

Ja, schwierig und aufregend. Otto Basil war jedenfalls sehr wichtig, da er die damaligen Avantgardisten zusammengeführt hat und auch französische Gedichte von Baudelaire und Rimbaud ins Deutsche übersetzen ließ. Die beiden haben mir besonders gefallen, da ich mich bereits damals vom Surrealismus so angezogen gefühlt habe. Man bekam zu dieser Zeit ja kaum irgendwo Literatur.

Könnten Sie sich vorstellen, in einer anderen Stadt zu leben und zu arbeiten als in Wien?

Nein.

In einer Laudatio wurden Sie unter anderem mit dem Satz zitiert: »Es geht um das Schreiben als Leben, es geht um die Schreibexistenz, die Seele auf dem Papier.« Wie schaut Ihr Schreiballtag aus?

Das bleibt mein Geheimnis.

Können Sie uns zumindest sagen, ob Ihr Schreiballtag eine gewisse Regelmäßigkeit hat?

Ja.

Aber mehr wollen Sie uns nicht verraten?

Nein.

Sind Sie bei Ihrer Arbeit sehr diszipliniert?

Ein bisschen.

Könnte man überhaupt ohne Disziplin schreiben? Reicht es, einfach darauf zu warten, dass etwas kommt, oder muss man sich dafür einen täglichen Rhythmus auferlegen?

Beides. Man muss etwas diszipliniert sein. Aber ich persönlich muss immer darauf warten – auf das Schreiben-Können.

»Ich muss immer darauf warten – auf das Schreiben-Können.«

Und wenn Sie schreiben? Fühlen Sie sich dann wohl? Würden Sie sagen, dass Sie sich dann in einem außergewöhnlich angenehmen Zustand befinden?

Das kommt drauf an, wie man diesen Zustand benennen will. Aber außergewöhnlich ist er in jedem Fall.

Ist es manchmal auch ein Kampf?

Nicht so sehr ein Kampf, schon eher ein schöner Zustand.

Sie montieren auch viele Texte aus Magazinen und Zeitungen ...

... das habe ich vor allem früher in meiner experimentellen Zeit gemacht. Das mache ich jetzt weniger.

Ist diese Form der Arbeit ein charakteristisches Ausdrucksmittel für die Zeit, in der Sie gerade schreiben und leben?

Was ist das Interessante, wenn Sie aus einer Tageszeitung Textpassagen übernehmen?

Aus Tageszeitungen mache ich das kaum. Wenn, dann aus Briefen, Gesprächen, aus Wortfetzen, die ich von Passanten auf der Straße auffange, und natürlich aus der Lektüre, das ist ganz wichtig. Die Lektüre ist ein ganz wichtiger Bestandteil meines Arbeitens.

Das heißt, einen Großteil Ihres Alltages verbringen Sie mit Lesen?

Ja.

Lassen Sie sich beim Lesen treiben?

Nein. Ich bleibe bei meinen Lieblingsautoren.

Welche sind das – oder ist das auch ein Geheimnis?

Nein. Das ist vor allem der französische Philosoph Jacques Derrida, der sehr poetisch, literarisch schreibt.

Auch deutschsprachige Autoren?

Peter Handke zum Beispiel, oder Gerhard Rühm.

> »Ich habe ja erst angefangen zu schauen zu sprechen zu schreiben zu weinen.«

Weil Sie gerade von Rühm sprechen, mit der Wiener Gruppe waren Sie ja ...

... nein, Ernst Jandl und ich waren nicht Mitglieder der Wiener Gruppe.

Aber Sie waren der Schriftstellervereinigung zumindest nahe.

Ja, ja, das schon, wir standen in loser Verbindung zur Wiener Gruppe. Dazu gehörten unter anderem auch Oswald Wiener, H. C. Artmann, Friedrich Achleitner und Konrad Bayer.

Sie selbst setzten sich jedoch von deren konkreter Poesie von Anfang an ab?

Der Surrealismus war mir näher.

Um noch einmal kurz auf Bodo Hell zurückzukommen, der ja ein Freund von Ihnen ist. Er hat über Sie gesagt: »Friederike hat immer schon mehr gewagt als alle anderen.« Wie ist das zu verstehen? Meint er sprachlich gewagt?

Ja, natürlich auf das Sprachliche bezogen.

Hatten Sie als junges Mädchen Vorbilder?

Hölderlin war mein großes Vorbild.

In einem Ihrer jüngsten Gedichte schreiben Sie: »ich habe ja erst angefangen zu schauen zu sprechen zu schreiben zu weinen.« Wie schön, wenn man seit mehr als sieben Jahrzehnten schreibt und sich noch immer am Anfang fühlt.

Ja, ich fühle mich am Anfang meiner Möglichkeiten.

Das heißt, Sie haben noch viel vor?

Ja, ich habe noch einiges vor.

Sie wurden vielfach als Lyrikerin und Schriftstellerin im deutschsprachigen Raum ausgezeichnet, sind Ihnen diese Anerkennungen wichtig?

Ja, darüber freue ich mich, weil es eine gewisse Anerkennung meines Werkes ist.

Ihr Lebenspartner und Lebensmensch war Ernst Jandl. Seit seinem Tod vor zehn Jahren haben Sie mehrere Prosastücke über ihn geschrieben. Er ist für Sie immer noch Bezugsperson und bleibender Gesprächspartner, auch in Ihren neuen Gedichten. Von ihm stammt ein Gedicht, das gut hier ins Wirtshaus passt: »der alte vielfraß / steht schon mit dem fuß im grabel, / hält noch im handel eine gabel.«

Er hat gerne solch kleine Gedichte geschrieben, die auch an den Wiener Dialekt angelehnt waren. Damit hat er bei einem Urlaub in Puchberg am Schneeberg begonnen. Beim Herumwandern. Das war der Anfang – während des Spazierengehens hat er diese Dialektgedichte in ein Büchlein geschrieben.

Hat er während des Gehens geschrieben?

Ja.

Verbindet Sie etwas mit Puchberg am Schneeberg?

Klimatisch habe ich mich dort nie wohlgefühlt. Selbst im Frühsommer ist es dort kalt, und ich brauche die Wärme. Aber der Ort ist für mich wichtig, weil meine Eltern in Puchberg eine Sommerwohnung hatten. Nach dem Tod meines Vaters habe ich dort meine Mutter an den Wochenenden besucht.

Ich möchte noch kurz auf Ihre Beziehung zu Ernst Jandl zu sprechen kommen. Darf man sich Ihre Beziehung ein wenig wie jene von Simone de Beauvoir und Jean-Paul Sartre vorstellen?

Na ja, deren Beziehung hat sich in anderen Gesellschaftskreisen abgespielt. Beauvoir und Sartre waren außerdem beide auch Philosophen. Ich bin keine Philosophin. Aber es stimmt, dieser Vergleich kommt immer wieder.

Und Sie können mit diesem Vergleich leben?

Daran denke ich nicht, das hat für mich keine Bedeutung.

Haben Sie mit Ernst Jandl je zusammengewohnt?

Nur sehr kurz. Ich brauche zum Arbeiten absolute Ruhe und völlige Einsamkeit. Die nicht immer angenehm ist.

Wenn zwei Dichter sich so nahe sind, befruchtet man sich auch gegenseitig bei der Arbeit?

Wahrscheinlich. Ernst Jandl hat mir an den Abenden, wenn ich zu ihm gekommen bin, immer seine Gedichte vorgelegt, und ich habe sie mit größtem Interesse und auch mit Neugierde gelesen. Zu dieser Zeit – als er vor allem Gedichte geschrieben hat – habe ich mich mehr mit Prosa beschäftigt. Daher konnte ich ihm mein Manuskript immer erst zeigen, wenn es ganz fertig war. So zwischendurch konnte ich einfach nichts herzeigen.

So gesehen hatte er es leichter.

Ja. So gesehen.

Hat Ernst Jandl auch gerne gut gegessen?

Ja. Wir sind auch manchmal gemeinsam essen gegangen.

Wohin?

Er hat in der Wohllebengasse gewohnt. Im selben Haus gab es ein jugoslawisches Lokal, außerdem gab es in der Argentinierstraße einen guten Griechen. Beim »Ubl« waren wir auch manchmal und am Südbahnhof, im Restaurant Rosenkavalier.

Haben Sie Lieblingsspeisen?

Ich esse eigentlich alles.

Wie angenehm für jeden Koch. Was hat sich in den vielen Jahren, in denen Sie schreiben und dichten, verändert? Welchen Stellenwert hat die Literatur heute?

Ich glaube, dass die jungen Schriftsteller sehr in Richtung Realismus tendieren, von experimenteller Dichtung will man momentan nichts wissen – und das mit Recht, diese Zeiten sind vorbei. Wichtig ist, dass jeder seine eigene Art des Arbeitens findet.

Was Ihnen ja sehr gut gelungen ist?

Ja, das ist mir vielleicht gelungen.

Woran arbeiten Sie gerade?

Ein Prosa-Buch ist vergangenes Jahr erschienen, außerdem habe ich auch ein Hörspiel über Robert Schumann geschrieben.

Stefan Zweig hat geschrieben: »Wien war, wie man weiß, eine genießerische Stadt, aber was bedeutet Kultur anderes, als der groben Materie des Lebens ihr Feinstes, Zartestes, ihr Subtilstes durch Kunst und Liebe zu entschmeicheln.« Glauben Sie, dass Wien für Genuss besonders prädestiniert ist? Oder würde Ihnen eine andere Stadt einfallen, auf die dieses Zitat auch passen könnte?

Das kann ich nicht sagen, da müsste ich lange nachdenken.

Sind Sie viel gereist? Gibt es Plätze, die Sie besonders berührt haben, die Ihnen viel bedeuten und zu denen Sie immer wieder zurückgekehrt sind?

Nein, zurückgekehrt bin ich nirgendwohin. Ich war in Amerika, in Russland, in Deutschland, der Schweiz ...

Haben Sie zur englischen Sprache einen besonderen Bezug? Da Sie ja als Englischlehrerin gearbeitet haben?

Ich habe Englisch einmal geliebt, aber jetzt habe ich einen großen Abstand zur englischen Sprache. Diese Anglizismen in der deutschen Sprache finde ich schrecklich. Viele junge Menschen vergessen darüber hinaus ihre Muttersprache.

Gibt es eine andere Stadt, in der sie notgedrungen leben könnten oder wollten?

Nein, gar nicht. Dort, wo ich meine Sprache nicht mehr habe, möchte ich nicht leben.

Aber in Deutschland zum Beispiel? Da könnten Sie auch in Ihrer Sprache leben.

Vielleicht in Berlin.

Gibt es Plätze in Wien, die Sie besonders lieben?

Ja schon, die Innere Stadt, den Stephansplatz, den Graben. Der »Tirolerhof« ist mein Lieblingscafé.

Gehen Sie oft dorthin? Wann ist für Sie Kaffeehauszeit? Vormittags?

Nein, nein, vormittags arbeite ich.

Schön langsam weihen Sie uns ja doch noch in das Geheimnis Ihres Schreiballtags ein ...

… meistens gehe ich am Nachmittag oder gegen Abend in den »Tirolerhof«.

Gehen Sie auch ins Kaffeehaus, um die Menschen zu beobachten?

Menschen beobachte ich immer und überall. Im Kaffeehaus, auf der Straße …

Apropos beobachten: Da wir große Hundefreunde sind, gefällt uns Ihr Satz sehr, es könne vorkommen, dass Sie auf der Straße einen Hund sehen und daraufhin die Welt mit seinen Augen wahrnehmen können. Wie nimmt denn ein Hund die Welt wahr?

Ich bin auch ein Hundefreund und habe das Gefühl, wenn ich einem Hund in die Augen sehe, dass ich ihn verstehe und die Welt mit seinen Augen sehen kann. Zumindest bilde ich mir das ein. Und vielleicht erkennen das die Hunde auch, jedenfalls gehen sie mir sehr zu.

Aber Sie hatten selbst nie einen Hund?

Nein, das geht leider nicht. Ich brauche die absolute Einsamkeit. Ich hätte aber immer gerne einen gehabt.

Sie haben inzwischen an die 100 Bücher veröffentlicht. Welches ist Ihr persönliches Lieblingsbuch?

Immer das jüngste.

Möchten Sie heute noch einmal am Anfang stehen und als junge Dichterin in der heutigen Zeit beginnen?

Ja, aber ich möchte bereits all das geschrieben haben, was ich geschrieben habe.

Glauben Sie, dass Künstler heutzutage mehr Möglichkeiten haben als Sie damals in Ihrer Jugend, oder schafft man diese sowieso nur aus sich heraus?

Autoren haben es so lange schwer, bis sie ihre eigene Literatur beziehungsweise ihre eigene Form der Literatur gefunden haben.

Ist das nicht ein lebenslanger Prozess?

Natürlich, daher würde ich ja gerne als junge Dichterin noch einmal dort anfangen, wo ich jetzt stehe.

Steht man je am Ende dieses Prozesses? Hat man je das Gefühl, alles gesagt, geschrieben zu haben?

Nein, aber mich interessiert immer nur, was kommt, nicht, was war.

Erreichen Sie je eine Phase der Entspannung?

Nein, ich bin ständig in der Spannung. Das muss ich auch sein, ohne Spannung kann ich nicht arbeiten.

Könnten Sie sich vorstellen, in einer anderen künstlerischen Ausdrucksform als der Sprache umzugehen?

Nein, es war immer die Sprache, die mich fasziniert hat.

Was fühlen Sie, wenn es Ihnen gelungen ist, ein Gefühl so in Worte zu fassen, dass es genau das ausdrückt, was Sie wollten?

Es gibt mir ein gewisses Gefühl der Befriedigung.

Rudi's Beisl | Wiedner Hauptstraße 88 | 1050 Wien
T +43 (0)1 544 51 02 | Öffnungszeiten: Mo–Fr 11.30–14.30 Uhr, 18–22 Uhr

Friederike Mayröcker

1924 in Wien geboren, legte sie nach der Matura die Staatsprüfung auf Englisch ab und arbeitete zwischen 1946 und 1969 als Englischlehrerin an verschiedenen Wiener Hauptschulen.

Bereits 1939 begann sie mit ersten literarischen Arbeiten, und der Ausdruck »Gut wie Mayröcker« galt bereits unter den Avantgardistinnen im Nachkriegswien als höchstes Lob. Ab dem Jahr 1945 veröffentlichte sie ihre ersten Gedichte in der Zeitschrift »Der Plan«, und als sie 1954 den damals noch unbekannten Ernst Jandl traf, war ihr Ruf als experimentelle Dichterin bereits gefestigt. Anfangs verfassten Mayröcker/Jandl noch gemeinsame Texte – 1968 erhielten sie den begehrten Hörspielpreis der Kriegsblinden –, ehe sich ihre Wege literarisch trennten. Immer blieben die behutsame gegenseitige Kritik, der subtile Umgang mit den Eigenheiten des/der anderen. Ernst Jandl blieb ein Leben lang von der Überlegenheit des Schaffens seiner Lebensgefährtin überzeugt.

Auf das anfängliche Zusammenleben folgten bald getrennte Wohnungen. Mayröcker brauchte ihre eigene chaotische Wohnung in Wien und die Einsamkeit, um arbeiten zu können. Sie beschreibt ihre Arbeitsweise so: »Ich lebe in Bildern. Ich sehe alles in Bildern, meine ganze Vergangenheit, Erinnerungen sind Bilder. Ich mache die Bilder zur Sprache, indem ich ganz hineinsteige in das Bild. Ich steige so lange hinein, bis es Sprache wird ...«

In mehr als sieben Jahrzehnten hat sich Friederike Mayröcker den Ruf einer »Weltliteratin« erschrieben, hat ihre eigene Gattung geschaffen, die keine Grenzen kennt und alle Dimensionen sprengt.

Mehr als 80 Titel wurden veröffentlicht – Lyrik, Kurzprosa, Hörspiele, Kinderbücher, Romane – und mehr als 20 Auszeichnungen und Preise würdigen ihr Lebenswerk.

2011 erschien ihr bis jetzt letztes Buch »vom Umhalsen der Sperlingswand, oder 1 Schumannwahnsinn«. In einer Rezension wird die Arbeit der bald 87-Jährigen beschrieben: »Aus den ›Schluchten der Sprache‹ und den ›Lustgärten der Sprache‹ tönt die neue Prosa der großen Wiener Dichterin in wilder, die Passion des Lebens und des Liebens beschwörender Rede.«

»Freude darf keine Sünde sein«

Propst Maximilian Fürnsinn

ist seit mehr als 30 Jahren Propst des Stiftes Herzogenburg und zeichnet sich immer wieder durch seine Zivilcourage aus. Aussagen wie »Gott straft« sind für ihn primitive Theologie und Einteilungen in Gut und Böse ausschließlich eine menschliche Interpretation. Für den kunstsinnigen Kirchenmann ist große Kultur ohne Kultus genauso banal wie Kultus ohne Kultur. Beides schließt allerdings gute Küche nicht aus, denn »der innerste Kern des Glaubens muss die Freude sein«.

Herr Prälat, wenn ich gut essen will, muss ich mich mit meiner Frau gut stellen. Sie haben es da wahrscheinlich besser, Sie bekommen regelmäßig immer und zu jeder Zeit ein gutes Essen.

Im Kloster kommt Gott sei Dank auch das Essen zu seinem Recht und ist eine wichtige Sache. Wie überhaupt die Struktur in einem Kloster so angelegt ist, dass immer alles zu seinem Recht kommt. Die Arbeit, das Gebet, die Meditation und die Zeit des gemeinsamen Essens. Allerdings anders als beim modernen Menschen. Der hat seine acht Stunden Arbeit und danach seine Freizeit. Bei uns greift das eine in das andere über, aber die Zeit des gemeinsamen Essens gibt es immer zu fixen Zeiten.

Ein Luxus in Zeiten wie diesen, wo keiner mehr für den anderen Zeit hat.

Das stimmt. Im Kloster ist die Zeit der Gemeinsamkeit, und dazu gehört auch die Zeit des gemeinsamen Essens, fixer Bestandteil unseres Tagesablaufes. Das beginnt schon beim gemeinsamen Frühstück. Alle 15 Mitbrüder wohnen im Stift Herzogenburg und strömen erst nach dem Gebet und nach dem Frühstück – für das wir uns ausreichend Zeit nehmen – in ihre Pfarren hinaus. Wir nützen diese Zeit für das gemeinsame Gespräch, und das ist uns sehr wichtig.

Kann man das mit dem Frühstück einer Familie am Sonntag vergleichen, wenn man sich zumindest an diesem einen Tag Zeit nimmt füreinander.

Ja. Allerdings kann ich nur hoffen, dass in der Familie dann genauso offen über alles gesprochen wird, wie das in unserer Gemeinschaft der Fall ist.

Zum Mittagessen kommen dann wieder alle zusammen?

Ja, nach einem kurzen Tischgebet und einer kurzen Lesung essen wir um zwölf Uhr gemeinsam zu Mittag und um 18 Uhr nach der Vesper zu Abend.

Eine beneidenswerte Regelmäßigkeit. Und wer kocht?

Wir haben zwei Köchinnen, die sehr gut kochen. Schauen Sie mich an ... An mir sieht man, dass ich gut und gerne esse. Für die Küche zuständig ist jedoch ein Mitbruder, der Küchenmeister – der »Präfectus culinae«. In unserem Fall ist er auch der Gastmeister, der »Exceptor hospitium«, der für den Speiseplan zuständig ist.

Dürfen Sie bei ihm auch Ihre Speisewünsche deponieren?

Könnte ich, ja. Aber ich bin da sehr angepasst. Wobei ich gestehen muss, dass ich oft eingeladen bin und mir dann bestellen kann, was ich möchte – so wie zum Beispiel heute ein gekochtes Rindfleisch.

Das heißt, Sie haben keine Extrawünsche?

Nein. Nur an meinem Geburts- und Namenstag wünsche ich mir etwas Besonderes. Dieses Recht hat aber jeder Mitbruder. Dann feiern wir mit der Lieblingsspeise des Geburtstagskindes und stoßen auf ihn an.

Was sind Ihre Lieblingsspeisen?

Schinkenfleckerl, Bratwürste, Kalbsnierenbraten und Schopfbraten.

Und angestoßen wird mit einem Wein aus dem eigenen klösterlichen Weingarten?

Ja, mit unserem eigenen Wein. Momentan haben wir zirka zwölf Hektar Weinanbaufläche. Vor Kurzem kam ein neues Weingut hinzu, das wir in Kooperation mit einem Weinbauer betreiben. Dort werden fünf Hektar ganz neu – vor allem mit Grünem Veltliner – ausgesetzt. Bis jetzt hatten wir ja so ziemlich jeden Wein, der in dieser Gegend wächst. Vom Riesling bis zum Sauvignon Blanc, sogar ein bisschen Rotwein, einen Zweigelt, hatten wir im Eigenbau.

Sind die Weine gut?

Na ja, nicht so schlecht. Aber wir arbeiten daran. Wir haben die Produktion umgestellt und seit 2010 beschränken wir uns auf drei bis vier Sorten. Das sind ein schwerer und ein leichter Grüner Veltliner und ein Neuburger, von dem man sagt, er sei der Wein des alten Mannes.

Weil er weniger Säure besitzt.

Sagen die alten Männer.

Und als Messwein verwenden Sie einen Grünen Veltliner?

Ja.

Muss der Messwein immer der leichteste Wein sein?

Nein, das nicht, aber er muss immer ein naturbelassener Wein sein.

Gibt es im Stift Herzogenburg einen Klosterbruder, der sich mit Wein beschäftigt?

Ja, das ist der »Cellerarius«, der bei uns gleichzeitig der Waldmeister ist.

Haben Sie ausreichend Platz, um den vielen Wein unterzubringen?

Ja, wir haben den Weinkeller, den Jakob Prandtauer erbaut hat, saniert.

Befinden sich in dem Keller noch alte Flaschen?

Nein, nein, alle Flaschen wurden getrunken. Alt wird der Wein bei uns nicht.

Um nun von der Kulinarik zur Kultur und zur Kirche überzuleiten, kann man diese drei K's überhaupt in Verbindung bringen?

Oder die drei »C's« in lateinischer Sprachweise. Also »Cultus« und »Cultur« waren immer sehr eng miteinander verbunden. Beide haben dieselbe Wurzel, und ich vertrat immer die sehr grundlegende Auffassung, dass dort, wo man der Kultur den Kultus, also die religiöse Wurzel, entzieht, Kultur banal wird. Daher meine Theorie, dass gute Kunst immer religiöse Kunst ist – beziehungsweise in authentischer Kunst immer ein religiöser Moment vorhanden ist.

> »In der Authentizität eines Künstlers ist immer eine religiöse Note. Das Echte impliziert das Religiöse.«

Heißt das, große Künstler sind immer religiöse Menschen?

Nein, überhaupt nicht. Es gibt wunderbare Künstler, die überhaupt keinen religiösen Bezug haben und trotzdem in ihrem Schaffen tief religiös sind. In der Authentizität eines Künstlers ist immer eine religiöse Note. Das Echte impliziert das Religiöse. Das ist immerdar – davon bin ich überzeugt.

Was kann ich mir als Laie unter Religiosität vorstellen? Bedeutet Religiosität, die Sie meinen, Spiritualität?

Ich denke, Religiosität hat vorerst mit einer unglaublichen Tiefe und Wahrhaftigkeit zu tun. Natürlich erreicht dies auch immer eine spirituelle Dimension.

Kann auch zeitgenössische Kunst, die einem zum Beispiel nicht gefällt, religiös sein?

Ja. Ich halte zum Beispiel Hermann Nitsch für einen religiösen Künstler. Ich habe zwar wegen dieser Behauptung schon viele Schläge einstecken müssen, aber ich halte ihn trotzdem künstlerisch für zutiefst religiös. Selbstverständlich knüpft er dabei an einen Mysterienkult und Blutreligionen an, die ich nicht vertrete. Ich scheue auch nicht davor zurück, Nitsch zu sagen, dass es sehr gefährlich ist, heute, in einem Zeitalter des Terrors, wo Blutopfer dargebracht werden, mit Blutorgien zu spielen.

»Ich glaube, dass das Christentum eine Religion der Freude ist, man hat es manchmal leider zu einer versauerten Religion gemacht.«

Große Kultur bedarf also der religiösen Wurzel ...

... und der Kultus bedarf der Kultur. Meine Überzeugung ist auch im umgekehrten Sinn gültig. Auch Kultus ist ohne Kultur banal.

Und um nun zum dritten Punkt, zur Küche, der »Culina«, zu kommen: Die Küche war und ist in Klöstern immer ein sehr wichtiger Bestandteil. Entscheidend ist – so auch eine Regel des heiligen Benedikt, bei allen Dingen das rechte Maß zu finden. Auch beim Fasten. Oder wie Paulus sagt: »Was immer ihr tut – essen, trinken, arbeiten –, tut alles zur Ehre Gottes.«

Glauben Sie, dass Menschen, die genießen können – unabhängig davon, ob sie gläubig sind oder nicht –, mit dem Alltag des Lebens leichter umgehen können? Oder sollte man laut katholischer Kirche eher Purist sein?

Ich denke, zu genießen ist ein Aspekt von Freude – und ich muss gestehen, ich setzte lieber bei dem Wort »Freude« an als beim Wort »Genuss«. Genuss hat immer noch eine leicht negative Färbung.

Weil dem Genuss die Lust innewohnen könnte?

Selbst Lust hat nichts Negatives an sich. All das sind für mich Facetten der Freude und ich habe einen Kernsatz, den ich wirklich liebe: »Der innerste Kern des Glaubens muss die Freude sein.«

Ein schöner Gedanke.

Glaube, der nur von Selbstkasteiung und Anstrengung lebt, ist ein eingeschränkter Glaube. Ich finde auch, dass das Christentum eine Religion der Freude ist, man hat es manchmal leider nur zu einer versauerten Religion gemacht. Aber schlussendlich kann es immer nur um das Glück des Menschen gehen, um seine wirkliche Erfüllung. Jesus sagte ja einmal sehr schön im Johannes-Evangelium: »Ich bin gekommen, das Leben zu bringen, und zwar das Leben in Fülle.« Nicht das halbierte oder das reduzierte.

> »Jesus sagte: ›Ich bin gekommen, das Leben zu bringen, das Leben in Fülle.‹ Nicht das halbierte oder das reduzierte.«

Das heißt, Glaube muss nicht in Selbstgeißelung gipfeln?

Natürlich nicht. Selbstverständlich kann und soll es den Moment der Buße oder Reduktion, wie beispielsweise das Fasten, geben. Auch Leid und Kranksein gehören zum Leben. Aber Freude darf keine Sünde sein.

Wie gehen Sie als Mensch mit Freude um beziehungsweise auch mit jenen Momenten, in denen es Ihnen nicht so gut geht. Wie finden Sie wieder zu Ihrem inneren Gleichgewicht?

Durch die Nähe zur Natur nehme ich Landschaften in mir auf. Ich erfreue mich auch sehr an Kultur in jeder Form, im Besonderen auch an der Architektur.

Egal welcher Epoche?

Ja, ich mag auch zeitgenössische Kunst – obwohl ich zugeben muss, im tiefsten Inneren meines Herzens ein Barockmensch zu sein. Das Schöne an meinem Leben – und das ist natürlich ein großes Privileg – ist auch, dass ich in einem Haus leben darf, das von Schönheit nur so strotzt. Ein Schatzhaus in jeder Hinsicht.

Was man sicherlich nicht von jedem Gemeindebau behaupten kann. Das heißt, die Umgebung, in der man lebt, prägt den Menschen sehr?

Ja, die Umgebung fließt in das Leben hinein. Aber Teil meines Wohlgefühls ist auch, dass ich sehr gerne arbeite und den Rhythmus von Gebet, Meditation und Arbeit einhalte. Das hält mich aufrecht und entspannt mich gleichzeitig.

Stress kennen Sie nicht?

Zeitdruck, dann und wann. Aber alles in allem bin ich ein sehr ausgeglichener Mensch.

Haben Sie nie Sehnsucht nach Urlaub?

Ich mache gerne Gruppenreisen, um mich auch mit neuen Kulturkreisen auseinanderzusetzen. Zum Beispiel den Spuren der Zisterzienser im Burgund zu folgen, einige Teilstücke entlang des Jakobsweges zu gehen oder im Heiligen Land unterwegs zu sein. Diese Reisen bedeuten mir sehr viel. Ich liebe es, mit Menschen zu reisen und sowohl in fremden Kulturlandschaften das Entstehen einer Spiritualität zu entdecken, als auch zu sehen, wie sich diese Spiritualität auf die Menschen überträgt.

Zum Beispiel?

Bibelzitate, vorgetragen im Heiligen Land, haben bei den meisten

Menschen eine wesentlich größere Auswirkung und gehen meist viel tiefer.

Kehren wir wieder zu den irdischen Freuden dieses schönen Landstriches zurück. Ist es ein Zufall, dass so viele Klöster mitten in Weingebieten liegen und Abteien oft Weingroßgrundbesitzer sind?

Darauf möchte ich Ihnen gerne unpräzise antworten. Man kann ein Klosterleben ohne Wein nicht führen. Je katholischer ein Kloster, umso mehr Weinanbau betreibt es. Allein in Krems gab es im Mittelalter 56 geistliche Weingüter.

> »Im tiefsten Inneren meines Herzens bin ich ein Barockmensch.«

Sie selbst stammen aus einer Fleischhauerfamilie, haben selbst die Fleischhauerlehre gemacht und sind 1957 zum landesbesten Fleischhauerlehrling von Niederösterreich gewählt worden. War es nicht danach ein großer Sprung zum Geistlichen?

Kommt drauf an, wie man diesen Sprung deutet. Ich wollte ja schon als Kind Priester werden ...

Hat Ihr Vater Sie davon abgehalten, diesen Weg einzuschlagen?

Die Berufsberatung meines Vaters, der ein begeisterter Fleischhauer war, dauerte immer nur eine Minute. Das Resultat war: »Du wirst Fleischhauer.«

Und das war dann ja auch so.

Ja. Ich machte meine Gesellenprüfung und kann mich noch sehr gut daran erinnern.

Wissen Sie heute noch, was Sie für Ihre Gesellenprüfung alles machen mussten?

So, als wäre es gestern gewesen. Ich begann um sechs Uhr früh in einer Fleischhauerei in Krems. Von sechs bis sieben Uhr habe ich Fleisch zerlegt, von sieben bis halb zehn Uhr habe ich eine Sau abgestochen und um zehn Uhr wurde ich in einen Schlachthof geführt und musste eine Kuh schlachten.

Das ganze Vieh?

Ja, das ganze Vieh. Aber ich musste es nicht mehr ganz zerlegen. Dafür hat die Zeit nicht gereicht. Um zwölf Uhr war dann das Mittagessen und um zwei Uhr begann der theoretische Teil in der Handelskammer von Krems.

Und das haben Sie so gut gemacht, dass Sie zum »Landesbesten Fleischhauerlehrling« gewählt wurden. War der Papa sehr stolz?

Ja, der war sehr stolz. Ich war damals ein begeisterter Fleischhauer.

Ihr Entschluss, Geistlicher zu werden, muss Ihren Vater sehr getroffen haben?

Ja. Das war eine sehr schmerzliche Sache. Er hat wochenlang nichts mit mir gesprochen.

War er ein frommer Mensch?

Überhaupt nicht. Ein Gläubiger vielleicht, aber in die Kirche ist er nie gegangen. Er wollte keine Kirchensteuer zahlen.

Hat es für Ihren Entschluss, Priester zu werden, ein Schlüsselerlebnis gegeben?

Kein spezielles. Ich führte ein

normales Leben, war tüchtig in meinem Beruf und hatte ein Mädchen, das ich sehr gerne hatte. Aber durch ein Gespräch mit einem Freund wurde mir klar, dass ich gerne Pfarrer werden würde. Ich hatte einen tiefen Glauben in mir.

Und Sie bereuen es natürlich nicht.

Nein, vom ersten Augenblick an bis heute bin ich in diesem Beruf glücklich.

Aber zu Fleischhauern haben Sie immer noch einen guten Kontakt?

Oh ja, ich halte sehr oft – wenn die Steuerprüfungen gut vorübergegangen sind – die Dankeshochämter für Fleischhauer. Die dann meist besonders innig sind.

Bleibt man im Herzen ein wenig Fleischhauer, wenn man einmal einer war? Darf ich das so salopp formulieren?

Na ja, ich hab mich ein wenig umgestellt. Notschlachtungen sind selten geworden.

Aber wenn Sie – so wie hier im Landgasthof Schickh – Rindfleischstücke auf Ihrem Teller haben, ist dann Ihr Blick immer noch der eines Fleischhauers, der weiß, was da vor ihm liegt?

Ja, das ist richtig.

Gibt es Fleisch, das Sie nicht gerne essen?

Ich mag kein Lamm und kein Kitz.

Gibt es hier in der Gegend gute Wirtshäuser?

Ich bemerke, dass im Umfeld von Herzogenburg einige junge Gastwirte ihre elterlichen Betriebe übernommen und daraus jetzt etwas vollkommen Neues gemacht haben. Das ist gut so. Allein in unmittelbarer Nähe gibt es zwei: den Gasthof Nährer in Kapelln an der Perschling und das Gasthaus Kern in Langmannersdorf.

Sie sind nicht nur ein kunstsinniger Mensch, sondern haben auch selbst bereits als Bühnenstar einen großen Erfolg gefeiert. Vor einigen Jahren standen Sie auf der »Bühne im Hof« in St. Pölten.

Ja, die Intendantin Mimi Wunderer hat mich zu diesem Abend überredet.

Was war der Inhalt Ihres Programmes?

Frommes, Politisches, Humorvolles. Ich habe aus meinen Werken und Weinreden gelesen und Anekdoten aus meinem Leben erzählt. Das hat mir unheimlich viel Spaß gemacht und es war ein ausgesprochen lustiger Abend.

Trotz Ihres Erfolges in St. Pölten und auch der Entstehung eines neuen Kulturbezirkes und der sehr erfreulichen Entwicklung der Theater in den letzten Jahren hinkt die Landeshauptstadt kulturell immer noch anderen niederösterreichischen Städten nach.

Das liegt teilweise auch an der Politik des Landes. Krems wurde kulturell immer stärker gefördert und bevorzugt. Die Verwaltung und Politik nach St. Pölten, die Kultur nach Krems. Das war die Devise.

Ich möchte von dem kunst- und kulturbeflissenen Maximilian Fürnsinn noch einmal zum Kirchenmann zurückkehren. Sie arbeiten – wenn man das so sagen kann – für eine sehr rigide geführte Firma und es ist sicherlich nicht leicht, in dieser immer Zivilcourage zu zeigen. Doch gerade Sie beweisen das ja erfreulicherweise sehr oft. Denken Sie im Vorhinein nach, ehe Sie zu einer Sache Stellung beziehen, oder haben

Sie mit Gott einen Pakt geschlossen, dass Sie immer das sagen dürfen, was Sie sich denken?

Wenn es sich um eine Sache handelt, die mir persönlich existenziell wichtig ist, dann muss es aus mir heraus und ich beziehe ganz bewusst Stellung.

Denken Sie vorher darüber nach, was Sie sagen werden, oder sind Sie sehr spontan?

Ich überlege schon, aber danach geht es meist sehr rasch – tagelang hin und her zu überlegen liegt mir nicht. Dennoch muss ich das Gesagte verantworten können und ich möchte sachlich argumentieren. Selbst dann wird es einem ja noch anders ausgelegt.

Trotzdem sind Sie sehr oft mutig in Ihren Äußerungen.

Ja, aber das Gesagte muss klar und überlegt sein. Hinter jemandes Rücken zu jammern, das ist jedenfalls nicht meine Art.

In der Beschreibung Ihrer Person taucht immer wieder die für Sie so wichtige »augustinische Spiritualität« auf. Was können wir uns als einfache Menschen darunter vorstellen?

Ich glaube, dass Augustinus für den heutigen Menschen beispielhaft sein könnte, weil er selbst sehr lange seinen Weg zu Gott gesucht hat. Er war – wie man heute sagen würde – Hochschulprofessor für Rhetorik. Er war ein ehrlich Suchender, ein tiefer Mensch, der irgendwann merkte: »Da geht es noch unendlich weiter.«

Können wir heute – in diesen schwierigen Zeiten – etwas von ihm lernen, Lehren für den Alltag ziehen?

Ich glaube, die meisten Menschen haben vergessen, dass es den Abgrund des Göttlichen überhaupt gibt. Das führte unweigerlich in das Chaos hinein, in dem wir jetzt stecken. Es hat sich niemand mehr verantwortlich gefühlt, es gab keine Moral mehr. Wir leben in einer ökonomisierten Gesellschaft, für die Erfolg alles ist. Keiner sieht mehr die Verpflichtung, sozial zu denken, für den anderen da zu sein. Ich bin davon überzeugt, dass wir diese Krise nicht bewältigen werden, wenn wir es nicht schaffen, wieder Vertrauen aufzubauen, Rücksicht zu nehmen, Mut und Hoffnung zu haben.

Augustinus hatte eine Zukunftsvision in der Zeit der Völkerwanderung, das heißt in einer Zeit, in der alles zugrunde ging – das gesamte römische Reich, die antike Welt. Es gab Krieg und große Kulturen wurden zerstört. In dieser Zeit schuf er eine Zukunftsvision, eine geistige Überlebensstrategie ...

... die wir auch heute wieder bräuchten.

Ja, diesen Zusammenhang habe ich bis jetzt noch gar nicht so gesehen, aber es stimmt. Auch wir leben in einer Zeit des Umbruchs und des Zerfalls. Das, was Augustinus so entscheidend geprägt hat, war die Aussage, dass Gott in jedem Menschen wohnt. Er sagte zum Beispiel den schönen Satz: »Gott ist dir näher, als du dir selbst nahe bist.«

Eine Zwischenfrage: Wie gehen Sie mit Menschen um, die zu Ihnen kommen und sagen: »Ich verstehe Gott nicht mehr! Warum lässt er so viele grauenhafte Dinge auf Erden geschehen?«

Also ich halte es grundsätzlich für eine sehr primitive Theologie, zu sagen »Gott straft.« Ich habe hierzu einen sehr pointierten Standpunkt, der da heißt: »Gott ist Liebe und sonst nichts.« Aus. Punkt. Alles, was wir so an Divergenzen in unsere Gottesvorstellung hineintragen, ist unsere Eigeninterpretation. Wir denken immer nur in Gut und Böse.

Sie meinen, man kann Gott nicht für alles verantwortlich machen?

Sicherlich ist vieles in der Schöpfung brüchig, es gibt in der Schöpfung den Tod, es gibt die Naturkatastrophen. Aber es gibt wesentlich mehr Leid, das Menschen selbst verursachen.

Eine abschließende Frage: Wie würden Sie sich selbst beschreiben?

Ich bin so eine eigene Mischung. Auf der einen Seite glaube ich schon von mir, eine tiefe Spiritualität zu haben, da ist eine tiefe Sehnsucht und ein großer Glaube in mir. Andererseits ist da auch eine unglaubliche Lebensfreude und ich bin auch sehr gesund geerdet. Ich bin unkompliziert, menschlich und freundschaftlich.

Bitte verstehen Sie das nicht als Selbstlob, aber da Sie mich gefragt haben, versuche ich Ihnen ehrlich zu antworten. Ich glaube, ein tüchtiger, verlässlicher, einsatzfreudiger Mensch zu sein und mache es mir nie leicht. Aber auf der anderen Seite feiere ich gerne. Ich bin einer, der Stunden mit Menschen zusammensitzen und feiern kann.

Es ist doch schön, dass Sie beide Seiten in sich haben und spüren.

Ja, auch wenn es Gegensätze sind, passen sie doch in mein Bild von einem ganzen Menschen. Es ist mir wichtig, ein ganzer Mensch zu sein und kein reduzierter.

Landgasthof Schickh | Avastraße 2 | 3511 Klein-Wien

T +43 (0)2736 721 8 | office@schickh.at | www.schickh.at

Öffnungszeiten: Mo, Di, Fr 11.30–14.30 Uhr, 17.30–21.30 Uhr; Sa, So 11.30–21.30 Uhr

Maximilian Fürnsinn

1940 in Herzogenburg als Sohn einer Fleischhauerfamilie geboren, führte sein beruflicher Werdegang vorerst in eine ganz andere Richtung. Denn die Berufsberatung seines Vaters, der ein begeisterter Fleischhauer war, dauerte nur eine Minute. Das Resultat war: »Du wirst Fleischhauer.« Er wurde zum »Landesbesten Fleischhauerlehrling« und als Gesellenprüfung musste er eine Sau abstechen und eine Kuh schlachten. »Ich war damals ein begeisterter Fleischhauer, führte ein normales Leben, war tüchtig in meinem Beruf und hatte ein Mädchen, das ich sehr gerne hatte.« Nach einem Gespräch mit einem Freund wurde Maximilian Fürnsinn jedoch klar, dass er gerne Pfarrer werden würde. »Ich hatte einen tiefen Glauben in mir.«

Maximilian Fürnsinn machte die Matura in Horn und trat anschließend in das Stift Herzogenburg ein. An der Ordenshochschule in Klosterneuburg und in Wien studierte er Philosophie und Theologie und erhielt die Priesterweihe im Jahr 1972. Im Stift Herzogenburg war er zunächst als Kaplan, Novizenmeister und Bauamtsdirektor tätig, ehe er am 18. April 1979 zum 68. Propst des Stiftes Herzogenburg gewählt wurde. Am 2. Juni folgte die Abtweihe.

Seit dem Jahr 1981 ist der heute 71-Jährige Vorsitzender der Niederösterreichischen Äbtekonferenz und Vorsitzender der Ordenskonferenz der Diözese St. Pölten.

»Ich tanze mir die Seele aus dem Leib«

Maria Köstlinger

wurde bereits im Alter von 24 Jahren Ensemblemitglied am Theater in der Josefstadt. Die heute 39-Jährige spielt »Theater aus dem Bauch heraus« und glaubt nicht, dass es immer nur das Stille, Leise und Zurückgenommene sein muss, das einer Bühnenfigur Authentizität verleiht. Laute Gefühle, die sich die selbstbewusste Schauspielerin in ihrem Privatleben allerdings nicht immer gestattet. Auf der privaten Bühne ihres Lebens glaubt sie längst nicht mit jener Überzeugtheit an sich, mit der sie – in eine andere Rolle geschlüpft – auf der Bühne das Publikum verzaubert.

Du hast ein herrliches Lachen, eigentlich ist es mehr als nur ein Lachen.

Sag's ruhig, es gleicht eher einem Grunzen.

Aber einem sehr herzlichen. Grunzt du immer, wenn du lachst?

Vor allem dann, wenn ich entspannt bin.

Fast ansteckend, dieses Entspannungsgrunzen.

Stimmt. Alle Schauspielerkollegen, die lange und oft mit mir zusammen sind, beginnen irgendwann zu grunzen.

Auch dein Mann, Karlheinz Hackl?

Natürlich.

Wie lange seid ihr jetzt verheiratet?

Ewig. Na ja, fast. Seit 1997.

Seit 1996 spielst du am Theater in der Josefstadt. Das sind jetzt 15 Jahre. Damals warst du blutjung, heute bist du auch schon ...

... im Strafraum, wie man so schön sagt.

Beruhigend, dass auch junge Mädchen irgendwann älter werden und sich uns g'standenen Herren altersmäßig ein wenig annähern.

Werden Männer denn überhaupt älter?

Kaum, du hast Recht. Du bist als 24-Jährige ans Theater in der Josefstadt gekommen – einem Haus mit großer Schauspielertradition. Wie war das, als junges Mädchen plötzlich mit Granden wie Otto Schenk und Helmuth Lohner auf der Bühne zu stehen?

Ein Wahnsinn. Otto Schenk war damals noch Direktor, kurz bevor Helmuth Lohner das Szepter übernahm.

Wie bist du überhaupt an dieses Theater gekommen? Du hast damals doch nicht in Wien gelebt.

Richtig. Ich war ab 1994 am Salzburger Landestheater engagiert. Helmuth Lohner kam damals auf Empfehlung eines Regisseurs gemeinsam mit Herbert Föttinger extra nach Salzburg, um mich am Landestheater in »Tango« zu sehen. Damals wurde für Herbert Föttinger eine Partnerin für die Produktion »Barfuß im Park« in den Kammerspielen gesucht.

Du hast den beiden Herren gefallen, nehme ich an?

Ja, vermutlich.

»Barfuß im Park« wurde dein erstes Stück an den Kammerspielen?

Ja. Gefolgt von »Was ihr wollt« an der Josefstadt.

Wie war die Begrüßung am Theater in der Josefstadt? Wie wurdest du aufgenommen?

Wunderbar. Alle waren entzückend. Ohne jede Form von Überheblichkeit.

Warst du damals schon so selbstbewusst?

Bin ich so selbstbewusst? Ich erinnere mich an meine erste Leseprobe von »Was ihr wollt«. Ich war sehr nervös. Aber da ich von allen Kollegen so herzlich aufgenommen wurde und mir dadurch so eine Kraft gegeben wurde, konnte ich sehr rasch meine Nervosität ablegen. Dafür war ich sehr dankbar, und ich hatte große Freude am Spielen.

War für dich als 24-Jährige das Theater in der Josefstadt eine Wunschadresse? Wirkt *so ein Traditionstheater für einen jungen Menschen nicht auch ein wenig morbid oder verstaubt?*

Nein, überhaupt nicht. Obwohl ich davor nur einmal als 17-Jährige in der »Josefstadt« war. Aber ich muss zugeben, dass ich auch kein typisch rebellisches junges Mädchen war, das sich gegen das Establishment aufgelehnt hat.

Wolltest du schon immer Schauspielerin werden?

Ja, ich war ein typisches Theaterkind. Mein Vater war Opernsänger, und ich durfte immer dabei sein, hinter der Bühne sitzen und bereits als Kind meinem Papa zuhören. Er hat unter anderem den Tony in der »West Side Story« gesungen. Allein in dieser Rolle habe ich ihn 24 Mal gesehen.

Papas Liebling also. Hat dich die Welt der Bühne damals schon begeistert?

Ja, das Flair war so ansteckend. Sehr bald war mir klar, dass ich auch dort draußen – auf der Bühne – stehen möchte. Damals war es mir noch egal, ob als Sängerin, Tänzerin oder Schauspielerin. Hauptsache, hinaus auf die Bühne.

Du bist in Schweden geboren. Wann bist du mit deinen Eltern nach Österreich übersiedelt?

Ich bin in Stockholm geboren und war zwei Jahre alt, als meine Eltern nach Salzburg übersiedelten. Mein Vater ist Oberösterreicher und meine Mutter Schwedin.

Hast du heute noch eine innige Beziehung zu Schweden?

Ja, sehr. Schweden ist ein wunderbares Land und Stockholm eine traumhaft schöne Stadt. Ich fahre jedes Jahr ein paar Wochen nach Schweden und miete mir dort ein Ferienhaus. Ich versuche auch schwedische Traditionen – wie zum Beispiel das Luciafest – an meine Tochter weiterzugeben.

Du kamst 1996 nach Wien und wurdest im selben Jahr Ensemblemitglied.

Ja, und ich bekam sofort einen Zweijahresvertrag.

... und bist bis heute noch im Josefstadt-Ensemble. Hat man nicht irgendwann – und du bist ja immer noch sehr jung – den Wunsch, auf eine andere Bühne zu wechseln?

Na ja, sicherlich. Jetzt gehe ich auf die 40 zu, und man stellt sich natürlich in diesem Alter andere Fragen. Nicht, dass ich die »Josefstadt« unbedingt verlassen möchte.

Aber du willst keine Vilma Degischer werden?

Sie war eine große Schauspielerin, aber manchmal denke ich mir natürlich, dass sich in meinem Leben schon noch etwas verändern sollte.

Spielst du lieber am Theater als im Film?

Den direkten, spontanen Kontakt zum Publikum finde ich auf der Theaterbühne spannender.

Du hast einmal gesagt, dass du oft überrascht bist über die Reaktion des Publikums, nachdem der Vorhang gefallen ist. Wunderst du dich, dass die Zuseher nicht mehr aus sich herausgehen? Ist das ein Problem für dich?

Ja. Das Publikum im Theater in der Josefstadt ist oft sehr verhalten. Das ist, nachdem man zweieinhalb Stunden lang auf der Bühne gestanden und sich das Herz aus dem Leib gespielt hat, oft schwer zu verstehen. Applaus ist für uns Schauspieler sehr wichtig.

Weißt du, wenn du auf der Bühne stehst, ob du gerade besonders gut bist, ob das Stück ein Erfolg wird oder nicht?

Ja, ja, man hat das Gespür dafür, ob sich ein Stück ausgeht oder nicht. Oft weiß man schon allein wegen des Bühnenbildes, ob das Publikum eine Produktion mögen wird oder nicht. Auch weiß man meist bereits vorher, ob Regisseure den Nerv der Zuseher treffen werden oder nicht.

Ist es bei diesen Vorgaben nicht oft schwierig, überhaupt auf die Bühne hinauszutreten?

Eigentlich nicht. Man kommt irgendwann zu dem Punkt – vor allem, wenn es sehr schwierige und textintensive Rollen sind –, an welchem man sich nur mehr auf sich selbst konzentriert und versucht, aus seiner Rolle das Beste zu machen. Wenn mir das gelingt, habe ich oft auch bei schwierigeren Bedingungen sehr viel Spaß und Freude daran, auf die Bühne zu gehen.

Ist es leichter oder mühsamer, mit einem Schauspieler als Mann und Lebensmenschen zusammen zu sein als beispielsweise mit einem Kunsttischler?

Der Vergleich mit dem Kunsttischler fehlt mir leider. Ich war erst einmal mit einem Handwerker zusammen, und das war definitiv schwieriger. Es ist leichter, wenn der Partner in irgendeiner Form mit deinem Beruf zu tun hat, finde ich. Aber, ob es gleich ein Schauspieler sein muss?

Er könnte ja auch ein Kostümbildner sein oder ein Tänzer?

Ja, Letzterer, vielleicht.

Apropos Tanzen. Nach einer Premiere bist du immer die Erste, die tanzt – und das am wildesten von allen. Ist das Tanzen ein Ventil für dich?

Ja. Das ist nach einer Premiere sehr wichtig für mich. Es gibt ja kaum eine Premiere – zumindest habe ich sie noch nicht erlebt –, bei der insgesamt alles perfekt gelaufen ist. Mein Mann sagt immer: »Je später der Abend, desto schlechter wird die Premiere.« Und so ist es auch. Kurz nach dem Ende der Aufführung gratuliert noch jeder, aber je länger die Nacht wird, umso mehr Kritik muss man sich anhören. Daher ist es mir immer lieber, schnell auf die Tanzfläche zu verschwinden, da kann ich meine Gefühle hinaustanzen und muss mir nicht all das anhören, was die Menschen glauben, mir sagen zu müssen. Denn das ist oft sehr unsensibel. Und es tut auch weh. Das Tanzen hilft mir, Aggressionen abzubauen.

»Es gibt Premieren, da fliehe ich direkt von der Bühne auf die Tanzfläche.«

Was war der größte Flop am Theater, bei dem du dabei warst? Wann bist du am schnellsten auf die Tanzfläche geflüchtet?

Ich glaube, das war »Das Sparschwein« von Eugène Labiche und Botho Strauß.

In den Kammerspielen?

Nein, das war im großen Haus. Aber es gab einige Stücke, nach welchen ich fast nahtlos auf die Tanzfläche geflüchtet bin. Das gehört einfach dazu.

Da wir gerade beim Tanzen und Entspannen sind. Kochst du gerne?

Na ja, mittlerweile koche ich sehr gerne. Der Karli, mein Mann, war bei uns zuhause früher immer der Chefkoch, und ich war als seine Assistentin für das Schneiden der Zutaten verantwortlich. Diese so genannten niedrigen Hilfsarbeiten durfte ich machen. Dazwischen war ich auch für das Abwaschen verantwortlich. Inzwischen habe ich aber Spaß am Kochen und bin in unserer hierarchischen Küchenordnung bereits aufgestiegen.

Was kochst du denn gerne?

Verschiedenes. Die Speisenzubereitung ist bei uns aufgeteilt: Für das Paprikahuhn ist beispielsweise Karli, für Lasagne bin ich zuständig, auch Fisch mache ich gerne auf die verschiedensten Arten. Mittlerweile backe ich auch – darunter auch diverse schwedische Kuchen. Ich verwende viel Kardamom und Safran.

»Preiselbeeren esse ich zu allem – auch zum Paprikahuhn und zum Gulasch.«

Hast du auch die Angewohnheit, in schwedischer Manier Käse mit Marmelade zu essen?

Ja, ich esse gerne Käse mit Marmelade, und auch zu fast allem und jedem Preiselbeeren. Die liebe ich. Zum Schnitzel, zum Gulasch, zum Paprikahendl.

Wir sitzen hier in der »Frommen Helene« und du isst ein Steak mit Preiselbeeren. Warum kommst du gerne hierher?

Ich mag diese gemütliche Atmosphäre und das Personal, da es nicht aufdringlich ist. Ich bevorzuge Lokale, die täglich frische Speisen anbieten und nicht nur ständig dieselbe Standard-Speisekarte haben. G'sundes, Frisches ist mir schon sehr viel lieber ...

... als Ung'sundes, Verdorbenes?

Du sagst es. Aber die »Fromme Helene« ist für mich, seit ich in Wien lebe, sehr wichtig. Bereits an meinem dritten Tag in der Stadt hat mich Herbert Föttinger, zu dieser Zeit noch Kollege und nicht Direktor, in die damals noch alte »Fromme Helene« eingeladen. Auch mit Petra Morzé war ich, als wir »Was ihr wollt« an der Josefstadt spielten, ständig da. Unter anderem habe ich hier Karlheinz kennengelernt. Der Karli ist – egal auf welcher Bühne er gerade stand – immer in dieses Lokal gegangen. Petra Morzé hat ihn mir dann vorgestellt.

Ich verehre dich als Schauspielerin, weil du Figuren wunderbar auf die Bühne bringst, und das auf eine – für mich – sehr erotische Art und Weise. Weiß man das als Frau und Schauspielerin, und ist einem diese Wirkung bewusst und wichtig?

Wichtig ist es in jedem Fall. Sehr wichtig sogar. Wenn ich selbst im Zuschauerraum sitze, empfinde ich es als unerträglich, wenn ein Mann eine Rolle spielt und dabei eine erotische Ausstrahlung haben soll, die er nicht hat. Man muss das Knistern zwischen Mann und Frau auf der Bühne spüren.

»Man muss das Knistern zwischen Mann und Frau auf der Bühne spüren.«

Spürt man als Schauspielerin die eigene Erotik beziehungsweise zeigen die männlichen Zuschauer, dass sie diese empfinden?

Kaum, da sind Frauen viel aktiver. Wenn ihnen ein Mann auf der Bühne gefällt, stellen sie sich am Bühneneingang an, warten auf ein Autogramm, machen Geschenke, stricken Pullover ...

Darf ich dir vielleicht einmal eine Bonbonniere schicken? Oder gar ein Preiselbeertörtchen?

Das wär lieb. Damit werde ich selten verwöhnt.

Hat dir noch nie ein männlicher Fan Rosen geschenkt?

Doch, aber das waren meist Männer, die – um es milde auszudrücken – etwas seltsam waren.

Bist du vor Premieren nervös?

Ich werde immer nervöser. Leider.

Wie entspannst du dich vor einer Premiere?

An Premierentagen verbringe ich viel Zeit mit meiner Tochter Melanie und spiele Klavier.

Welches Stück?

Chopin, was immer so aus mir herauskommt.

Du bist am Theater in der Josefstadt eine sehr präsente Schauspielerin, über die man allerdings nur wenig Privates liest. Woran liegt das?

Das ist aus meiner Perspektive nicht ganz leicht zu beantworten. Sicherlich gibt es Menschen, die finden, ich sollte mich mir selbst mehr widmen, mehr auf mein eigenes Wohl schauen. Das hat wiederum mit einem mangelnden Selbstvertrauen zu tun – und das führt in der Folge wiederum dazu, dass ich mich nicht wirklich selbst verkaufen kann.

Dabei wirkst du sehr selbstbewusst.

Das ist eine große Bandbreite – auf der einen Seite ist da großes Selbstbewusstsein, auf der anderen wiederum überhaupt nicht. Das ist eine recht merkwürdige Mischung, die es mir selbst nicht immer ganz leicht macht.

Was hättest du denn gerne anders an dir?

Ich hätte gerne mehr Glauben an mich selbst. Meine Selbstzweifel sind groß und stehen mir manchmal im Weg.

Würden dich auch große Filmrollen interessieren?

Durchaus. Ich würde keinem Hollywoodregisseur die Tür vor der Nase

zuschlagen. Wenn ich mir beispielsweise Christoph Waltz ansehe, denke ich mir schon, super ...

Das heißt, man muss als Schauspieler auch selbst aktiv werden, um Rollen zu bekommen?

Natürlich. Abgesehen von dem bisschen Glück, das auch dazugehört.

Wenn jetzt Hollywood anrufen würde, mit welchen großen internationalen Schauspielern würdest du gerne spielen?

Ich würde gerne mit einer sehr temperamentvollen Frau eine lustige Komödie spielen, wie zum Beispiel mit Penélope Cruz. Aber ich mag bei Frauen ganz verschiedene, konträre Typen. Juliette Binoche, zum Beispiel, finde ich auch atemberaubend gut.

Was magst du am Film?

Faszinierend beim Film ist, dass man bei nahen Kameraeinstellungen so viel mit Gestik zeigen und ausdrücken kann. Ich finde nicht, dass man – was Theaterschauspieler beim Film meist glauben – mit ganz wenig Gestik alles zeigen muss. Das kann auch langweilig sein. Es muss nicht immer nur das Stille, Leise und Zurückgenommene sein. Schau dir Jack Nicholson an, ein großartiger Schauspieler und durchaus ein Beispiel dafür, dass weniger nicht immer mehr ist. Mir gefällt auch – um beim deutschsprachigen Fernsehen zu bleiben – sehr gut der »Tatort« mit Axel Prahl und Jan Josef Liefers. Die spielen sich die Seele aus dem Leib, mit Händen und Füßen.

Würdest du gerne auf eine andere große Wiener Bühne, zum Beispiel das Burgtheater, wechseln?

Ja.

Du hast auch bei zwei Produktionen von Peter Stein mitgespielt. Spürt man als Schauspieler die Qualität eines großen Regisseurs sofort?

Ja. Natürlich ist es für jeden Schauspieler wichtig, mit einem guten Regisseur zu arbeiten. Und die Arbeit mit Peter Stein war aufregend und prägend.

»Am Tag der Premiere setze ich mich ans Klavier und spiele Chopin.«

Welcher Regisseur hat am meisten aus dir herausgeholt, dich am meisten gefordert?

Sicherlich mein Mann, nicht nur, weil er sehr gut ist, auch deshalb, weil er mich so gut kennt. Er kann bei mir an Schrauben drehen und etwas aus mir herauslocken, das niemand anderem so gelingt. Aber auch Otto Schenk hat es in »Liebelei« – auch wenn das nicht immer leicht war – geschafft, mich zu fordern, an neue Grenzen heranzuführen und sehr viel aus mir herauszuholen.

Gibt es Facetten an und in dir, die noch kein Regisseur bis jetzt ans Licht geholt hat?

Das hoffe ich. Es gibt sicherlich auch eine Scheu oder Schüchternheit an und in mir, die es für einen Regisseur noch aufzulösen gäbe.

Könntest du dir vorstellen, einen Film ohne Tabus zu drehen? Ich denke zum Beispiel an den Film »Antares« mit Petra Morzé.

Ich kann bei Dreharbeiten sehr gut abschalten, daher ist viel möglich, aber ich möchte zum Beispiel nicht, dass es bei einem Dreh tatsächlich zum Geschlechtsverkehr kommt.

Aber du kannst dir vorstellen, sehr weit zu gehen?

Ja. Wichtig ist, dass mein – ganz persönlicher – Intimbereich gewahrt bleibt.

Du bist jetzt 39 Jahre alt, hat sich dein Verhältnis zu deinem Beruf mit dem Älterwerden geändert?

Ich bin insgesamt in einer Phase der Veränderung.

Aber du befindest dich in keiner Krise?

Na ja, es gibt immer wieder kleine Krisen. Und das hat natürlich auch mit dem Alter zu tun. Es wäre eine Lüge, wenn ich sagen würde, es sei mir egal, älter zu werden.

Wie alt wärst du gerne, wenn du die Uhr zurückdrehen könntest?

30. Ich würde gerne zurück an den Start gehen und 30 Jahre alt sein. 30 Jahre und alles noch einmal neu machen. Das wäre schön.

Ich nehme an, ohne über die Krankheit deines Mannes sprechen zu wollen, dass dir dein Beruf in schwierigen Zeiten sehr geholfen hat? Du hast einmal gesagt: »Mein Beruf gab mir die Möglichkeit, Ventile zu öffnen und meinen Schmerz, meine Angst und meine Wut rauszulassen.« Kann man auf der Bühne aus seiner Persönlichkeit herausschlüpfen?

Ja. Es war während der Aufführung von »Liliom«, als mein Mann im Krankenhaus war und ich die Rolle der Julie gespielt hab – deren Mann in dem Stück ja stirbt. Das war zwar einerseits entsetzlich, aber andererseits konnte ich dadurch weinen, traurig sein – und ich hatte die Möglichkeit, diese Rolle als Ventil zu nützen. Ja, es war mir lieber, diese Rolle spielen zu können als beispielsweise eine Komödie. So konnte ich zumindest teilweise auch meine Empfindlichkeiten ausleben.

»Es ist für einen Schauspieler wichtig, zielstrebiger zu sein als ich.«

Ist es für dich als Schauspielerin schwierig, mit einem Bühnen-Grandseigneur wie Karlheinz Hackl verheiratet zu sein?

Ja. Unter anderem, weil er Rapid-Fan ist und ich Red-Bull-Salzburg-Anhängerin. Aber ich habe keine Minderwertigkeitskomplexe.

Weil du gerade vom Fußball sprichst. Kannst du mir spontan für eine Produktion am Theater ein »Dreamteam« zusammenstellen? Schauspieler, mit denen du gerne auf der Bühne stehen würdest?

Auf der Bühne des Theaters in der Josefstadt?

Egal. Auf der Bühne eines Welttheaters, wenn du möchtest.

Ich bleibe beim österreichischen Theater. Ob ich auf genau elf komme, weiß ich nicht, vielleicht müsste der eine oder andere manchmal auf der Ersatzbank sitzen: Aber im »Dreamteam« wären auf jeden Fall: Nicholas Ofczarek, Regine Fritsch, Maria Happel, Birgit Minichmayr, Klaus Maria Brandauer, Alexander Pschill, Bernhard Schir, Erwin Steinhauer, Erni Mangold, Sandra Cervik, und von den Jungen Gerti Drassl, Franziska Hackl, meine Stieftochter, und Sebastian Wendelin, ... und – würde sie noch leben – in jedem Fall Monika Bleibtreu.

Welcher Trainer beziehungsweise Regisseur sollte dieses »Dreamteam« zur Weltmeisterschaft führen?

Das ist schwierig, da ich ja mit sehr vielen großen Regisseuren noch nicht gearbeitet habe, aber ich würde sagen Martin Kusej.

Wunderbar, das Match kann ja nur gewonnen werden. Wir wünschen dir und deinem Team viel Glück.

Fromme Helene | Josefstädter Straße 15 | 1080 Wien
T +43 (0)1 406 91 44 | restaurant@frommehelene.at | www.frommehelene.at
Öffnungszeiten: täglich 11–00 Uhr

Maria Köstlinger

1972 als Tochter des Tenors Josef Köstlinger – der 1975 in der »Zauberflöten«-Verfilmung von Ingmar Bergmann den Tamino spielte – und seiner schwedischen Frau Kerstin geboren, wuchs sie ab ihrem dritten Lebensjahr in Salzburg auf. Schon als Kind spielte sie am Salzburger Landestheater, wo sie unter anderem in »Liliom« als Marie und in Mrozeks »Tango« als Ala auf der Bühne stand. In der Zeit von 1988 bis 1993 nahm sie Schauspielunterricht in Wien und für die Salzburger Festspiele besetzte sie Peter Stein 1996 als Salchen in »Der Alpenkönig und der Menschenfeind« und als Spielansager im »Jedermann«.

Seit 1996 ist die beliebte Schauspielerin im Ensemble des Theaters in der Josefstadt. Ihre erste Rolle war die Corie in »Barfuß im Park«. Es folgten die Viola in »Was ihr wollt«, die Elisabeth in »Glaube, Liebe, Hoffnung« und die Rosalie in »Höllenangst« an der Seite ihres Mannes Karlheinz Hackl, den sie 1997 heiratete. Mit ihm als Partner wagte sie auch einen Ausflug ins Musical, »Mizzis und Strizzis« im Metropol. Bei den Sommerfestspielen Reichenau beeindruckte sie in der Regie von Otto Schenk als Christine in Schnitzlers »Liebelei«.

Maria Köstlinger wirkte seit 1997 auch in mehreren Film- und Fernsehproduktionen mit: Sie war in der TV-Serie »Kommissar Rex« zu sehen, drehte unter der Regie von Helmuth Lohner, mit Otto Schenk und Tobias Moretti »Mein Opa und die 13 Stühle« und übernahm eine Episoden-Hauptrolle in »Sinan Toprak – Der dreifache Salamander«. Im November 2002 drehte Maria Köstlinger in der Regie von Andreas Prochaska den Psychothriller »Ausgeliefert« und war anschließend in »Silentium« in der Regie von Wolfgang Murnberger, in der Serie »Der Winzerkönig« sowie ab 2006 in Reinhard Schwabenitzkys »Oben ohne« zu sehen.

»Wenn die Zeit stehenbleibt ...«

Clemens Hellsberg

kann sich ein Leben ohne Oper genauso wenig vorstellen, wie ein Leben ohne Wien und ein Leben ohne Kunst. Für den Vorstand und Primgeiger der Wiener Philharmoniker ist Kunst einer der ganz wenigen Bereiche im Leben, der uns das Gefühl der Unendlichkeit vermittelt. Die Möglichkeit, dabei große Künstler kennenzulernen, ist für ihn ein Geschenk, denn sie demonstrieren etwas, was auch sein Credo ist, nämlich dass zu jedem wirklichen Kunstwerk viele Wege führen.

Herr Hellsberg, haben Sie je eine Diskothek besucht?

Ich habe zwei Versuche gewagt. Der erste war – glaube ich – im »Atrium«. Aber nach zehn Minuten war ich völlig fertig und bin davongerannt.

Wollten Sie als Jugendlicher nicht auch irgendwann etwas anderes als klassische Musik hören?

Hätte ich das gewollt, wäre das bei uns zuhause ein Drama gewesen. Aber mein musikalischer Anspruch war schon immer sehr hoch ...

Das heißt, Sie sind nicht – so wie zum Beispiel Friedrich Gulda – der Meinung, dass sich E- und U-Musik verbinden lassen?

Ich glaube zwar grundsätzlich auch, dass es nur eine Unterscheidung zwischen guter und schlechter Musik gibt, aber die Popgruppen meiner Jugend interessierten mich nie. Die einzige Ausnahme war Elvis Presley – der hatte wirklich eine herausragende musikalische Begabung.

Sie haben mit viereinhalb Jahren begonnen Geige zu spielen und sind in einem Elternhaus aufgewachsen, in dem – wie Sie selbst sagen – »ständig klassisch musiziert wurde« – war Ihr Vater ein strenger Lehrer?

Ein sehr strenger.

Wusste er bereits als Sie vier Jahre alt waren, dass Sie besonders begabt sind?

Nein, das konnte man zu diesem Zeitpunkt noch nicht sagen. Ich war ja auch kein Wunderkind.

Haben Sie in diesem Alter schon gerne und oft Geige gespielt?

Anfangs ja. Gespielt habe ich immer gerne, aber nie gerne geübt.

Hatten Sie je einen anderen Berufswunsch. Wollten Sie als Kind nicht einmal etwas ganz anderes machen?

Nein, Musik stand immer schon im Mittelpunkt meines Lebens. Bei uns zuhause hat immer irgendwer, irgendwo gespielt.

Viele Menschen werden Sie nicht nur darum beneiden, dass Sie so intensiv mit der Musik verwurzelt sind, sondern auch dass Sie an einem der schönsten Arbeitsplätze tätig sind, dem Wiener Musikvereinssaal. Empfinden Sie das auch so?

Ja. Ich spiele jetzt seit 36 Jahren in diesem Saal und freue mich nach wie vor jeden Tag darüber.

Ich habe gehört, akustisch ist das Konzerthaus fast noch besser als der weltberühmte Goldene Saal? Stimmt das?

Das ist sehr unterschiedlich. Es gibt Stücke, die bestimmter Säle bedürfen. Zum Beispiel die »Sinfonietta« von Leoš Janáček. Dieses Werk sprengt die Kubatur des Musikvereins. Für dieses Stück ist das Konzerthaus viel geeigneter. Genauso wie das Große Festspielhaus in Salzburg oder das Brucknerhaus in Linz. Quergebaute Bühnen haben diesbezüglich eine höhere Kapazität.

Sie sind seit Ihrem 28. Lebensjahr Mitglied bei den Wiener Philharmonikern. Wie ist das Ausleseverfahren? Wird man als Mitglied des Orchesters der Wiener Staatsoper automatisch auch Wiener Philharmoniker?

Zuerst muss man mindestens drei Jahre lang Mitglied des Orchesters

der Wiener Staatsoper sein, ehe man in den privaten Verein der Wiener Philharmoniker aufgenommen wird beziehungsweise man das Aufnahmeansuchen stellen kann. Entscheidend ist dann nicht nur das Probespiel, sondern auch die Probezeit. Spätestens nach Ablauf von zwei Jahren tritt die Jury noch einmal zusammen und muss jeden einzelnen Fall bestätigen, nicht bestätigen oder die Probezeit um ein weiteres halbes Jahr verlängern.

Ist dieses Procedere seit der Gründung der Wiener Philharmoniker im Jahr 1842 dasselbe geblieben?

Nein, aber es ist seit Jahrzehnten gleich ...

Stand bereits in den Gründungsstatuten, dass keine Frauen bei den Wiener Philharmonikern aufgenommen werden?

Nein, Frauen waren damals deshalb kein Thema, weil das der damaligen gesellschaftlichen Realität entsprach. Im 19. Jahrhundert dachte noch niemand daran, dass Frauen überhaupt in einem Orchester mitspielen könnten. Auch die erste Medizinstudentin gab es erst im Jahr 1900.

Diese Tradition hat sich bei den Philharmonikern nur etwas länger gehalten ...

Das ist richtig. Aber in den Statuten ist nie gestanden, dass Frauen nicht aufgenommen werden dürfen.

Wie viele Musiker spielen im Orchester?

Im Orchester der Wiener Staatsoper sind es derzeit 148. Beim Verein der Wiener Philharmoniker hängt es davon ab, wie viele Musiker sich gerade in der Zwei-Jahres-Warteschleife befinden. Aber wir brauchen auch philharmonisch jeden Mann beziehungsweise jede Frau, weil wir in mehreren Gruppen unterwegs sind – die einen haben Opernvorstellung, die anderen touren mit einem Konzert ...

Sie sind ja nicht nur als Musiker tätig, sondern auch Sprecher und Chefmanager des Vereins – wie viel Zeit verbringen Sie in der Woche mit Musik – wie viel als Geiger und wie viel als Manager?

Im Schnitt komme ich über das ganze Jahr gerechnet auf zirka 70 Wochenstunden. Davon entfallen mehr als zwei Drittel auf das Management.

Würden Sie nicht lieber mehr auf der Geige spielen als am Schreibtisch sitzen?

Das ist ein Drahtseilakt. Natürlich ist es auch eine große Herausforderung, Vorstand der Wiener Philharmoniker zu sein – das hat unbestritten eine große Faszination. Manchmal vielleicht sogar eine zu große, sonst hätte ich nicht ständig Probleme mit den Bandscheiben und der Wirbelsäule. Aber ich stehe durch meine Funktion mit den großen Künstlerpersönlichkeiten in Verbindung – und mit vielen sogar in fast freundschaftlichem Kontakt ...

... was sicherlich Ihr Leben sehr bereichert.

Absolut. Privat und beruflich. So habe ich zum Beispiel auch Yefim Bronfman und Lang Lang kennengelernt und durfte auch privat mit ihnen spielen. Abgesehen davon, dass wir mit den Philharmonikern die größten Dirigenten kennenlernen, ergeben sich daraus auch persönliche Beziehungen über Jahrzehnte hinweg. Immerhin spielt ein Dirigent im Laufe seines Lebens oft mit drei Musikergenerationen zusammen. So wird man in dieser philharmonischen Familie gemeinsam alt. 2011 feierten wir zum Beispiel das Jubiläum »50 Jahre Zusammenarbeit mit Zubin Mehta« und »40 Jahre Zusammenarbeit mit Riccardo Muti«. Im Jahr 2012 folgt »50 Jahre mit Lorin Maazel«. 50 Jahre sind länger, als eine Musikergeneration tätig ist. Von jenen Philharmonikern, mit denen Zubin Mehta einst sein erstes Konzert gegeben hat, spielt heute kein einziger mehr. Einen Geiger gibt es noch, der von Herbert von Karajan engagiert wurde, als er Direktor der Wiener Staatsoper war.

Aber sicherlich gibt es so wie in jeder Familie auch in der philharmonischen immer wieder Spannungen. Wie gehen Sie als Familienoberhaupt damit um?

Es gibt in dieser Familie zwei spannungsaktive Wirkungskreise: interne und externe. Aber da wir ein demokratischer Familienverbund sind, habe ich da eine ganz klare Vorgangsweise: Wir laden Gäste ein und das Podium ist nicht der geeignete Ort, um Spannungen auszutragen. Da wir als einziges Orchester der Welt die Möglichkeit haben, uns vorher in demokratischer Abstimmung für einen Gastdirigenten zu entscheiden, brauchen wir uns danach auch nicht über diese Entscheidung zu beschweren.

Haben Sie einen Lieblingsdirigenten und würden Sie ihn nennen, wenn es ihn gäbe?

Wenn es ihn gäbe, würde ich ihn nicht nennen.

»Den Gesetzmäßigkeiten eines Kunstwerkes muss sich sowieso jeder unterordnen.«

Manche Dirigenten lernen Sie doch sicherlich auch privat besser kennen?

Ja, es ist wunderbar, diese großen Künstler näher kennenzulernen und auch ihre Einstellung zur Musik oder zur Kulturgeschichte und Gesellschaftspolitik. Da dies alles sehr starke Persönlichkeiten sind, demonstrieren sie etwas, was auch mein Credo ist, nämlich dass zu jedem wirklichen Kunstwerk viele Wege führen. Und da muss es möglich sein, viele verschiedene Interpretationen zuzulassen. Der Zugang zu einem Werk wie »Don Giovanni« von Muti oder von Harnoncourt ist sehr gegensätzlich, aber eine Wertung darüber würde ich mir nicht erlauben.

Das heißt, ein Orchester hat sich dem Dirigenten unterzuordnen?

Musik läuft zwar einerseits nach strengen Regeln ab, bietet aber andererseits auch sehr viel Freiheit. Und ein Dirigent gibt nicht vom Anfang bis zum Ende alles vor. Er muss warten und schauen, was vom Orchester kommt. Es muss immer ein Wechselspiel zwischen dem Dirigenten und dem Orchester geben, und der Dirigent muss seine musikalische Überzeugung auch glaubhaft machen.

Spürt man diese Überzeugung und Kraft sofort?

Ja, von Anfang an.

Ist dabei das Alter oder die Erfahrung des Dirigenten wichtig?

Jeder Lebensabschnitt eines Dirigenten hat etwas anderes zu bieten. Herbert von Karajan hat am Ende seines Lebens einmal im Zusammenhang mit den Wiener Philharmonikern – sehr euphorisch – gesagt: »Das bekommt man von einem Orchester nur als alter Dirigent.«

Sie haben auch mit Lang Lang gespielt – und kennen ihn privat. Hinter ihm steht, auch der Zeit entsprechend, ein sehr starkes Management, eine PR-Maschinerie. Stört Sie dieser Starkult?

Nein, das ist mir egal, wenn es sich um einen großen Künstler handelt. Und Lang Lang ist zweifelsohne einer. Den Gesetzmäßigkeiten eines Kunstwerkes muss sich sowieso jeder unterordnen. Das gilt für einen Dirigenten genauso.

Gibt es nicht Dirigenten, die das nicht so sehen?

Es gibt welche, wo die Attitüde eine andere ist, aber wenn es ums rein Künstlerische geht, ordnen sich auch diese dem Kunstwerk unter.

> »Die wirklich großen Komponisten waren auch immer große Psychologen mit ungeheurem Einfühlungsvermögen.«

Das heißt, dem Kunstwerk zu dienen, steht über allem?

Ob das immer so bewusst passiert, weiß ich nicht. Denn ein Dirigent muss natürlich eine gewisse Egozentrik haben, und es gilt auch das eigene Empfinden, diese Auseinandersetzung mit der Musik und dass man sich auf die Suche danach begibt, was der Komponist schlussendlich gemeint haben könnte. Jedenfalls ist die Musik imstande, gegensätzliche Empfindungen gleichzeitig ausdrücken. Etwas, das man mit Worten nicht kann beziehungsweise mit Worten nicht parallel ausdrücken kann. Die wirklich großen Komponisten wie Mozart, Verdi, Puccini waren auch immer große Psychologen mit einem ungeheuren Einfühlungsvermögen.

Wenn Sie selbst ein Stück öfter spielen, ist dies je ident oder nicht doch immer ein wenig anders?

Es ist nie gleich ...

... und gibt es Momente, in denen Sie die Perfektion fast erreichen?

Ja, sehr selten. Aber, das sind wunderbare Augenblicke.

Wie groß ist der Einfluss des Publikums?

Die Interaktion mit dem Publikum ist sehr wichtig.

Wann spüren Sie, heute kann es ein großartiger Abend werden?

Manchmal sofort – man spürt die

Ernsthaftigkeit beziehungsweise das ernsthafte Interesse eines Publikums und das überträgt sich natürlich auch auf das Orchester.

Jetzt haben Sie mir die Frage nach Ihrem Lieblingsdirigenten nicht beantwortet, beantworten Sie mir jene nach Ihrem Lieblingskomponisten?

Auch dabei tu ich mir sehr schwer. Mozart, wenn man von seinem Gesamtwerk ausgeht, er deckt wirklich jedes Spektrum – von der Klaviersonate bis zur Oper – ab. Aber Bach steht für mich sowieso außerhalb von allem.

»Meine Geige und ich haben eine wirkliche Beziehung zueinander.«

Spielen Sie zuhause Geige – einfach nur der Entspannung wegen?

Nein, zuhause spiele ich nur zielgerichtet jene Stücke, die ich beruflich brauche. Aber natürlich kehrt man ein Leben lang immer wieder zu seinen Lieblingsstücken zurück.

Zum Beispiel?

Die 1. Brahms Violinsonate oder die Debussy-Violinsonate ... Aber es bleibt letzten Endes sehr wenig Zeit für privates Musizieren. Die Zeit ist sehr kostbar und langsam komme ich in das Alter beginnenden Abschiednehmens ...

Sie sind jetzt 59, haben Sie nicht noch ausreichend Zeit?

Ich werde noch sechs Jahre bei den Wiener Philharmonikern spielen, aber man kann nicht bis ins hohe Alter dieses Niveau halten.

Sie sind ja unabhängig von Ihrer Tätigkeit als Musiker auch Musikwissenschaftler, Autor und Chronist. Sie haben in dreijähriger Arbeit ein 700-Seiten-Buch über die Wiener Philharmoniker geschrieben, was ist das Unverwechselbare an diesem Orchester?

Die einzigartige Struktur unseres Orchesters impliziert mehr Selbstverantwortung und ermöglicht mehr Freiwilligkeit als in jedem anderen Orchester. Jede Entscheidung, die wir treffen, obliegt unserem eigenen, demokratischen Entschluss. Wir entscheiden als Gruppe, wie viel wir reisen, wo wir spielen, welche Dirigenten wir als Gäste einladen. Natürlich korreliert das auch mit der Einstellung zur Musik.

Ich glaube, dass bei uns der Anteil jener, die selbst nach Jahrzehnten noch immer von der Musik begeistert sind, höher ist als anderswo. Das hat auch damit zu tun, dass unser Orchester eine größere Abwechslung bietet als andere, da wir sowohl in der Wiener Staatsoper spielen als auch konzertant. Ich könnte mir einfach nicht vorstellen in einem Symphonieorchester zu spielen – auch wenn es auf allerhöchstem Topniveau wäre –, das nie oder selten Opern spielt. Ich kann mir ein Leben ohne Oper nicht vorstellen. Ich würde wahnsinnig viel vermissen, wäre ich nie ernsthaft mit der Musik von Wagner, Verdi oder Mozart konfrontiert worden. Nur ab und zu Oper zu spielen, ist zu wenig – man braucht eine gewisse Breite des Repertoires dazu.

Was für ein Verhältnis haben Sie als Streicher zu Ihrer Geige?

Meine Geige und ich haben eine richtige Beziehung miteinander. Das Instrument nimmt insofern menschliche Züge an, als es sich ständig verändert. Das hängt vom Wetter ab, von meinen Stimmungen ...

Leidet das Instrument auch an Ihren Stimmungen?

Natürlich, aber ich hoffe, es leidet am meisten, wenn ich es nicht spiele.

Wie lebt es sich als Musiker in Wien?

Wunderbar. Ich möchte als Musiker in keiner anderen Stadt der Welt leben. Hier ist der Anteil jener Menschen, die mit Musik verbunden sind, bei denen Musik tief verankert ist, wesentlich größer als in jeder anderen Stadt.

»Ich möchte als Musiker in keiner anderen Stadt der Welt leben.«

Was würden Sie einem kulturinteressierten Fremden raten, sich in Wien anzusehen?

Er soll durch die Stadt spazieren. Am Stephansplatz beginnend lässt sie sich bis in die Vorstädte hinaus durchwandern. Wien ist eine kleine Großstadt und hat eine humane Dimension.

Sie sagen auch politisch immer Ihre Meinung und nehmen Stellung, unter anderem haben Sie im ehemaligen Konzentrationslager von Mauthausen ein Konzert gegeben. Ist das für Sie als Künstler eine Selbstverständlichkeit?

Wenn man als Künstler das Privileg hat, mit den größten Kunstwerken konfrontiert zu sein, darf man sich nicht nur äußerlich zu etwas bekennen, man muss sich auch danach verhalten. Ich sehe in dem, was die Kunst gibt, auch eine Verpflichtung, und dieser kann und will ich mich nicht entziehen. Es muss Bereiche in unserer Gesellschaft geben, die außerhalb der Tagespolitik stehen. Dazu gehört die Kunst, aber auch der Sport. Man soll darüber streiten und diskutieren, aber es muss jenseits jeder politischen Richtung stehen. Ich fühle mich den zeitlosen Wahrheiten eines Kunstwerkes verpflichtet, und das hat nichts mit Tagespolitik zu tun. Ein großes Kunstwerk ist etwas zutiefst Humanes – Kunst ist einer der ganz wenigen Bereiche, der uns ein Gefühl der Unendlichkeit vermittelt. Nicht, dass wir sie je erreichen können – aber man hat das immanente Streben nach mehr, will Grenzen verschieben in Richtung Unendlichkeit. Es gibt in der Musik Momente – nicht sehr oft, aber es gibt sie –, in welchen die Zeit stehenbleibt ...

Wann haben Sie das zuletzt erlebt?

Als ich gemeinsam mit Yefim Bronfman und meinem ältesten Sohn die Brahms-Sonate f-Moll gespielt habe. Das war von Anfang an etwas ganz Besonderes. Oder einmal, als ich mit Lang Lang das Forellenquintett gespielt habe – ein unvergessliches Erlebnis. In diesen Augenblicken nimmt man jeden Moment wahr.

Sind Sie – jenseits der Musik – ein Mensch, der das Leben genießen kann, der gerne und gut isst?

Ja, aber ich bin davon überhaupt nicht abhängig. Ich muss fast eine gewisse Disziplin an den Tag legen, um mittags essen zu gehen. Manchmal vergesse ich sogar aufs Essen.

Wohin gehen Sie gerne essen?

Es ist beim Essen wie in der Musik, ich setze eine gewisse Qualität voraus und bin maßlos verwöhnt durch die Küche meiner Frau.

Was kocht sie besonders gut?

Sie kocht alles wunderbar. Ihre Linsen mit Speck sind hervorragend und ihre Marillenknödel meine Leibspeise. Elisabeth ist sehr scheu und tritt eigentlich nie öffentlich auf, aber sie macht eines, sie lädt meine beruflichen Gäste – Solisten und Dirigenten – zu uns nach Hause ein und bekocht sie.

Mit Marillenknödeln?

Die Gäste dürfen sich das meistens auswählen, und manche wünschen sich von ihr ganz bestimmte Speisen.

Zum Beispiel?

Bei Zubin Mehta muss es etwas Süßes sein. Meine Frau bäckt ihm daher meist eine Schokoladentorte. Christian Thielemann liebt ihr Käsehuhn ...

... und was bestellt sich Lang Lang?

Der isst am liebsten nur chinesisch, kommt aber trotzdem sehr gerne zu uns nach Hause. Pierre Boulez liebt Elisabeths Tafelspitz und hat sich in einem Brief folgendermaßen bedankt: »... was den Tafelspitz anbelangt, sagen Sie bitte Ihrer Frau frei nach Kennedy: ›Ich bin ein Wiener ...‹«

Palais Coburg Residenz | Coburgbastei 4 | 1010 Wien
T +43 (0)1 518 18 0 | gourmet@palais-coburg.com | www.palais-coburg.com
Öffnungszeiten (Weinbar): täglich 9–24 Uhr

Clemens Hellsberg

1952 in Linz geboren, lernte er bereits mit viereinhalb Jahren von seinem Vater Violine spielen. »Klassische Musik stand immer schon im Mittelpunkt meines Lebens. Bei uns zuhause hat immer irgendwer, irgendwo gespielt.« Sein Vater Dr. Eugen Hellsberg unterrichtete an einem Gymnasium Musik, seine Mutter Norberta an einer Volksschule. Clemens Hellsberg maturierte 1970 am Wiener Schottengymnasium, ehe er Musikwissenschaft und Alte Geschichte an der Universität Wien und Violine an der Musikhochschule Wien studierte.

1976 bekam er sein erstes Engagement im Orchester der Wiener Staatsoper, 1978 erfolgte die Aufnahme als Primgeiger in das Orchester der Wiener Philharmoniker, dessen Vorstand er seit 1997 ist.

Neben musikwissenschaftlichen Werken veröffentlichte Clemens Hellsberg 1992 das Buch »Demokratie der Könige. Die Geschichte der Wiener Philharmoniker«. 2002 wurde ihm der Berufstitel »Professor« verliehen.

Als Künstler auch politisch Stellung zu nehmen, ist für den großen Violinisten selbstverständlich, denn »wenn man als Künstler das Privileg hat, mit den größten Kunstwerken konfrontiert zu sein, darf man sich nicht nur äußerlich zu etwas bekennen, man muss sich auch danach verhalten. Ich sehe in dem, was die Kunst gibt, auch eine Verpflichtung, und dieser kann und will ich mich nicht entziehen.«